Eli Zaretsky

Psychoanalyse und politische Bewegungen

In *Political Freud* demonstriert Eli Zaretsky das Potenzial des freudianischen Denkens, Licht auf die entscheidenden Konflikte des 20. Jahrhunderts zu werfen. Mithilfe des von ihm entwickelten Konzepts des politischen Freudianismus durchleuchtet er, wie Radikale, Aktivisten und Intellektuelle psychoanalytische Ideen im 20. Jahrhundert nutzten, um Konsumkapitalismus, rassistisch motivierte Gewalt, Antisemitismus und Patriarchat zu erklären und zu kritisieren. Er hebt auch den nach wie vor lebendigen Einfluss und das kritische Potenzial dieser Ideen für die Gegenwart hervor.

Zaretskys Verständnis des politischen Freudianismus führt die beiden großen Themen des vergangenen Jahrhunderts – Totalitarismus und Konsumismus – zusammen. Theorien der Massenpsychologie und des Unbewussten erweisen sich unter seinem Blickwinkel als zentral für die Erforschung des Faschismus und des Holocaust, des afroamerikanischen radikalen Denkens, insbesondere der Kämpfe um die Überwindung des Erbes der Sklaverei, der Aufstände in den 1960er Jahren sowie des Feminismus und der schwulen Befreiungsbewegungen in den 1970ern. Dass der politische Freudianismus seinen Einfluss weiterhin geltend macht, wurde auch durch das Freud-Bashing nicht verhindert. Vielmehr weist Zaretsky nach, dass der politische Freudianismus weiterlebt – in den Kulturwissenschaften, in der Gedächtnisforschung, in Traumatheorien, im postkolonialen Denken, in Film und Medienwissenschaften, Computerwissenschaften, in der Evolutionstheorie und sogar in der Ökonomie.

Eli Zaretsky ist Professor für Geschichte an der New School for Social Research. Er veröffentlichte u. a. *Freuds Jahrhundert. Die Geschichte der Psychoanalyse* (2006 [2004]) und *Why America needs a Left: A Historical Argument* (2012).

Elisabeth Vorspohl lebt und arbeitet als Übersetzerin, Lektorin und Rezensentin in Bonn. Ihre Arbeitsschwerpunkte sind Psychoanalyse und Geschichte. Zu den von ihr übersetzten Autoren zählen u. a. Wilfred R. Bion, Shmuel Erlich, Peter Fonagy, Anna Freud, Patrick Geary, Melanie Klein, Ilany Kogan, Thomas Kohut, Mark Solms und Joel Whitebook.

Eli Zaretsky

Psychoanalyse und politische Bewegungen

Eine Geschichte für das 21. Jahrhundert

Aus dem amerikanischen Englisch übersetzt von Elisabeth Vorspohl

Brandes & Apsel

Deutsche Erstausgabe des 2017 bei © Columbia University Press, New York (USA), erschienenen amerikanischen Titels *Political Freud: a history.*

Die Übersetzung wurde von einem Mitglied der Deutschen Psychoanalytischen Vereinigung (DPV) finanziert, bei dem sich der Verlag und die Übersetzerin herzlich bedanken.

Die Arbeit der Übersetzerin am vorliegenden Text wurde vom Deutschen Übersetzerfonds gefördert.

1. Auflage 2021

DTP: Brandes & Apsel Verlag
Umschlag: Brandes & Apsel Verlag
Druck: STEGA TISAK d. o. o., Printed in Croatia
Gedruckt auf einem nach den Richtlinien des Forest Stewardship Council (FSC) zertifizierten, säurefreien, alterungsbeständigen und chlorfrei gebleichten Papier.

Bibliografische Information der Deutschen Nationalbibliothek:
Die Deutsche Nationalbibliothek verzeichnet diese Publikation in der Deutschen Nationalbibliografie; detaillierte bibliografische Daten sind im Internet über www.ddb.de abrufbar.

ISBN 978-3-95558-308-8

Inhalt

Für Natasha Zaretsky,
meine geliebte Tochter

»Das Gefühl, daß es notwendig sei, Wesen und Schicksal des Menschen aus neuer Sicht zu erfassen und neu einzuordnen, führte mich ab 1953 zu gründlichem Studium des Werkes von Freud. Aus dem Protestantismus kommend, hatte ich ein Gewissen geerbt, das von geistiger Arbeit Abhilfe für die Nöte der Menschheit fordert; dazu lebte ich, wie so viele meiner Generation, von den Restbeständen der politischen Gedankenwelt, welche die liberalen Ideen und Aktionen der dreißiger Jahre geformt hatte. Diejenigen unter uns, die vom Temperament her unfähig sind, sich mit einer Politik der Sünde, des Zynismus und der Verzweiflung abzufinden, wurden gezwungen, die klassischen Auffassungen vom Wesen der Politik und vom politischen Charakter der menschlichen Natur zu überprüfen.«

Norman O. Brown, *Zukunft im Zeichen des Eros*, S. 9

Einleitung

Der politische Freud

1968 entdeckte ich auf einer Versammlung der Students for a Democratic Society auf dem Büchertisch eine Broschüre von Herbert Marcuse: *The Obsolescence of the Freudian Conception of Man* (dt.: Das Veralten der Psychoanalyse, 1963). Dass Ideen wie das Unbewusste und die Verdrängung veraltet sein sollten, schockierte mich. Ich denke heute an diese Situation zurück, weil in ihr die beiden Bedeutungen von *Political Freud* auf den Punkt gebracht wurden. Erstens verkörperte Marcuse für einen Neuen Linken wie mich selbst die Überzeugung, dass Politik ohne Einsicht in die geschichtsprägenden irrationalen Kräfte nicht zu verstehen sei und es zu tiefen Einsichten keinen anderen Weg gebe als das freudianische Denken. Zweitens legte der Titel der Broschüre nahe, dass Freuds Denken selbst historisch und von den gesellschaftlichen und kulturellen Bedingungen abhängig sei, die es hervorgebracht hatten und es auch veralten lassen konnten. In den nächsten Jahren beobachtete ich, wie das freudianische Denken zumindest teilweise und aus Gründen, die mit seinen intellektuellen Verdiensten nichts zu tun hatten, tatsächlich »obsolet« wurde. Seine Plausibilität wurde durch die Dynamik des Konsumkapitalismus, die kommerziellen Interessen der Pharmaindustrie und Versicherungskonzerne, die Aufgeschlossenheit des öffentlichen Raumes für Sensationsmeldungen jeder Art und gleich welcher Grundlage, die Gender- und Sexualitätspolitik und die sich wandelnden Bedeutungen des Privatlebens untergraben.

Viele Jahre nach jener Konferenz beschäftigte ich mich als Historiker mit der Geschichte der Psychoanalyse und gelangte zu dem Schluss, dass beide Bedeutungen des »politischen Freud« – als Möglichkeit, Geschichte zu verstehen, und als Produkt der Geschichte – gerechtfertigt sind. Einerseits war freudianisches Denken ein integraler Bestandteil vieler, wenn nicht aller bedeutsamen progressiven Strömungen des 20. Jahrhunderts einschließlich der Kulturkämpfe der 1920er Jahre, des afroamerikanischen Radikalismus, des Antifaschismus der Volksfronten, der Neuen Linken, des radikalen Feminismus und der Queertheorie. Seiner Erhellung der psychischen Grundlagen gesellschaftlicher Herrschaft sind einige der wegweisenden politisch-kritischen Bücher des letzten Jahrhunderts zu verdanken, etwa Wilhelm Reichs Untersuchung der psychofamiliären Wurzeln des Faschismus (*Die Massenpsychologie des Faschismus*, 1933), Franz Fanons Freilegung rassistischer kolonialer Gewalt (*Schwarze Haut, weiße Masken*, 2013 [1952]) und Juliet Mitchells Neulektüre der Psychoanalyse als Theorie patriarchaler oder männlicher Herrschaft (*Psychoanalyse und Feminismus*, 1976 [1974]). Diese Beispiele verweisen auf eine Nähe des »politischen Freud« zur Linken und bisweilen auch zu einem heterodoxen Marxismus. Andererseits wurde jeder einzelne Aspekt der Psychoanalyse – von der Kandidatenrekrutierung und -ausbildung bis hinein in die privatesten Nischen der Sitzungen – durch starke politische Kräfte geprägt und häufig verzerrt, z. B. durch Antisemitismus, Rassismus, Sexismus, Homophobie und wirtschaftlichen Eigennutz. Selbst innerhalb des privilegierten Raumes des Behandlungszimmers bestand immer eine Spannung zwischen freien Assoziationen, die es in die Tiefe zieht, und dem Geschehen an der Oberfläche des Alltagslebens.

Wiederholt beeindruckt hat mich auch der Preis, der für das Veralten des politischen Freud zu zahlen war. Die Seichtheit und der manipulative Charakter der politischen Sphäre des ausgehenden 20. Jahrhunderts, die Macht kollektiver Gefühle wie Hoffnung, Furcht und Verleugnung, die Schwäche der lediglich auf Identifizierung beruhenden sozialen Bindungen, die Leichtigkeit, mit der sich Gruppenparanoia mobilisieren lässt, die Rolle von Projektionen bei der Rechtfertigung von Aggression, die vergebliche Sehnsucht nach Führung, die rasante Entwicklung begrüßenswerter ethnischer, sexueller und familialer Revolutionen und vieles andere mehr schienen mir nach psychoanalytischer Erklärung und Einsicht nachgerade zu schreien. In Ermangelung dieser Einsicht wie auch der Radikalität, die sie in der Vergangenheit begleitet hat, beobachtete ich, wie mindestens eine große Nation vom Weg abkam. Gleichzeitig beeindruckten mich die erhebliche Unwissenheit bezüglich der Persönlichkeit Freuds, die Unverfrorenheit, mit der einige der tiefsten und komplexesten Konzepte, die er ausgearbeitet hat, als *sexistisch* oder *homophob* kritisiert wurden, die schockierenden Unterstellungen seitens ahistorischer und unphilosophischer Gatekeeper wie Frederick Crews und die außerordentliche Manipulierbarkeit von Nachrichtenmedien – vor allem durch angeblich wissenschaftliche Fakten.[1] Am meisten überrascht haben mich aber die fehlende Entschlossenheit US-amerikanischer Psychoanalytiker und ihre fast mitleiderregende Unfähigkeit, sich selbst oder ihr Projekt zu verteidigen.

Als Historiker fand ich die Situation vor allem deshalb bedauerlich, weil die Psychoanalyse von Beginn an eine kritische oder politische Seite hatte. In Europa, wo sie um 1900 vor dem Hintergrund einer brüchigen feudalen Vergangenheit, aufkommender Diktatoren und stets drohender Gewaltausbrüche entstanden war, hatte sich ihre kritische Seite folgerichtig dem »Vaterkomplex« gewidmet. Um Licht auf den faschistischen Führerkult zu werfen, beriefen sich in den 1920er und 1930er Jahren viele Autoren auf Freuds Erkenntnisse über den Wunsch, sich zu unterwerfen und »Vaterfiguren« zu idealisieren, sowie über die Allgegenwart von Aggression und Sadismus. Als sich der Freudianismus in den Vereinigten Staaten verbreitet hatte, benutzte man Freuds Ausführungen über den Ich-Verlust in Gruppen, die Leichtgläubigkeit eines unreflektierten »Individualismus« und die Macht des Narzissmus, um den Triumph der Massengesellschaft oder Konsumgesellschaft nach dem Zweiten

1 Dazu ein Beispiel. Im Januar 2012 bekam ich einen Anruf von Paul Vitello, Reporter der *New York Times*. Er teilte mir mit, dass Frederick Crews ihm vorgeschlagen habe, einen Nachruf auf den Philosophen Frank Cioffi zu schreiben, und zwar ausgehend von der Rolle, die Cioffi für den Niedergang von Freuds Ansehen gespielt habe. Ich erklärte Vitello, dass Crews eine tiefe persönliche Feindseligkeit gegen Freud hege und dass Cioffi, dessen philosophisches Werk zweifellos einen Nachruf verdiene, zum Verlust des hohen Ansehens, das Freud einst genossen hatte, nur unwesentlich beigetragen habe. Die entscheidenden Faktoren dafür, so erläuterte ich, seien vielmehr die Kritik seitens der feministischen Bewegung, die neoliberalen »Reformen« des Gesundheitswesens und, entfernt damit zusammenhängend, die Arbeiten revisionistischer Historiker wie Henri Ellenberger und Frank Sulloway gewesen. Der Nachruf, der am 1. Februar 2012 erschien, gab die von Crews und seinen Verbündeten ausgeklügelt konstruierte Auffassung wieder, dass Cioffi die Psychoanalyse als eine Pseudowissenschaft enttarnt habe. Als hochspezialisierter Wissenschaftsphilosoph hatte sich Cioffi offensichtlich keinen Nachruf verdient, sehr wohl aber als Riesentöter. Auch eine nicht vereinfachende Diskussion über die wechselhafte Geschichte der Psychoanalyse erschien überflüssig.

Weltkrieg zu beleuchten. Sowohl in Europa als auch in Amerika erklärte die Psychoanalyse die Schwäche oder den Verlust der individuellen Autonomie, die in den neuen Massengesellschaften allerorten zutage trat. Hatte sich die Gefährdung der Autonomie unter dem Faschismus in Form der Unterwerfung unter Führer und Vaterfiguren gezeigt, so trat sie in der Konsumgesellschaft als Verschmelzung der individuellen Identität mit einer »Masse« oder einem Markt zutage oder in Form eines Rückzugs ins Privatleben, den eine modische Politikverachtung begleitete. Eine gemeinsame unterschwellige Strömung kritischen Denkens schien daher den europäischen und den amerikanischen Strang des Freudianismus zu einen.

Irgendwann in den 1970er Jahren aber kam ein Punkt, an dem die kritische Tradition des politischen Freudianismus vor allem außerhalb der Universitäten im Grunde darniederlag und ein geschrumpftes, verzerrtes Freud-Bild an ihre Stelle getreten war. Ich verstehe dieses Buch als Reaktion darauf und habe mir deshalb zwei miteinander zusammenhängende Aufgaben gestellt: Ich möchte erstens die kritischen Elemente des Freudianismus herausstreichen und zweitens erklären, aus welchen Gründen der politische Freud »veraltete«. Von Anfang an war mir intuitiv klar, dass die beiden Aufgaben miteinander zusammenhängen. Einerseits war der politische Freudianismus entstanden, um das gefühlte Bedürfnis zu befriedigen, die irrationale oder unbewusste Dimension historischer Erfahrung zu begreifen. Er erlebte einen Aufstieg unter Afroamerikanern, weil der psychische Preis der Sklaverei weit über politische und ökonomische Benachteiligung oder sozialen Ausschluss hinausreichte. Er erlebte einen Aufstieg unter Juden, weil die Absichten der Nationalsozialisten weit über jegliche Großmachtambitionen hinausreichten. Er erlebte einen Aufstieg unter Frauen, weil die Erklärung der Misogynie als einer Möglichkeit, die Frauenarbeit oder auch nur den weiblichen Körper unter Kontrolle zu bringen, eindeutig zu kurz griff. In jedem dieser Fälle blieb ein erklärungsbedürftiges »Extra« übrig. In den folgenden Kapiteln identifiziere ich dieses »Extra« im unbewussten Seelenleben und untersuche die verschiedenen Bemühungen der politischen Freudianer, seine Tiefen zu ergründen.

Gleichzeitig war mir stets klar, dass der Ablehnung der Psychoanalyse ein hochgradig irrationales Element innewohnt. Klar war mir freilich auch, dass nicht jede Kritik unberechtigt war. Als Kind eingewanderter Juden hatte ich mich noch nie in einem wirklich sexistischen professionellen Milieu bewegt, bevor ich aufstrebende, neureiche amerikanische Psychoanalytiker, zumal in ihrem privaten häuslichen Umfeld, kennenlernte. Ich wusste zwar, dass Freud selbst eine für die damalige Zeit durchaus fortschrittliche Einstellung zur Homosexualität vertreten hatte, wusste aber auch, dass viele spätere Analytiker Ansichten vertraten, die ich abstoßend fand. Ich begriff sehr wohl, weshalb Frauen von einem Konzept wie dem des »Penisneides« nicht angetan sein konnten. Ich wusste, dass die Angehörigen der psychoanalytischen Profession mehrheitlich der weißen Mittelschicht angehörten. Und obwohl mir klar war, dass die amerikanische Kultur jeglicher Form des Denkens, das keinen sofortigen Nutzen verspricht, misstraut, hielt ich dies nicht für ausnahmslos negativ. Doch all dies änderte nichts an meiner Grundüberzeugung, dass die einseitige Ablehnung des Freudianismus politisch und kulturell Teil eines gewaltigen Rückschrittes war, dass man das Kind mit dem Bade ausschüttete und dass es notwendig war, sowohl die kritische Seite des Freudianismus als auch seine affirmative, ja sogar repressive Seite zu untersuchen und ihre Verflechtung durchzuarbeiten. So entstand dieses Buch.

Man kann das erste Kapitel, »Die Psychoanalyse und der Geist des Kapitalismus«, als einen Versuch lesen, den politischen Freudianismus – insbesondere seinen amerikanischen Flügel – zu kontextualisieren. Es betrachtet den Hergang der psychoanalytischen Geschichte von ihren charismatischen Anfängen bis zu ihrem »Veralten« im Kontext des Wandels vom Konkurrenzkapitalismus des 19. Jahrhunderts, den eine strenge Arbeitsethik und das Ideal der Sparsamkeit charakterisierten, zum Konzernkapitalismus des 20. Jahrhunderts mit seiner Propagierung hedonistischen, expansiven Konsumverhaltens. Dieser Wandel leitete ein neues Verständnis des persönlichen, privaten Lebens ein. In der älteren, traditionsgebundenen Ära des Konkurrenzkapitalismus wurde die individuelle Identität weitgehend bestimmt durch Familie, Gemeinschaft und Arbeit. Die neuen Horizonte des Konzernkapitalismus gaben einem neuen Gefühl der Innerlichkeit Raum, das nicht auf soziale Beziehungen reduzierbar war, aber zutiefst durch frühe Erfahrungen in der Familie geprägt wurde. Die Psychoanalyse verlieh diesem Gefühl eines unverwechselbaren, idiosynkratischen intrapsychischen Lebens eine Stimme. Sie verdankte ihre führende Position der Überzeugung, dass die bestehenden

Kontrollen der Sexualität und der Triebe irrational und ungerecht seien. Ebendiese Überzeugung wies eine Nähe zu den neuen Möglichkeiten des Großkapitalismus auf.

Das Kapitel erklärt diese Affinität, indem es zeigt, dass die Psychoanalyse für das Zeitalter des Massenkonsums einen »neuen Geist des Kapitalismus« – in Max Webers Wortsinn – bereitzustellen half. Wie von Weber analysiert, war der ursprüngliche Geist des Kapitalismus, die protestantische Ethik, asketisch, zwanghaft und »pharisäerhaft« oder heuchlerisch; sie rechtfertigte Gewinn und sogar Ausbeutung, solange sie nur Geld einbrachten. Im Gegensatz dazu tolerierte der neue Geist die Sexualität, war eingestimmt auf die emotionalen Strömungen des persönlichen Lebens, offen, unumwunden und direkt. Der ursprüngliche Geist war Teil einer traditionellen Kultur gewesen, die sich auf Gehorsam, harte Arbeit, Anspruchslosigkeit stützte und in der die Familie im Allgemeinen auch die Produktionseinheit war. Der neuere kapitalistische Geist spiegelte eine Welt wider, in der die Familie eine Konsumeinheit bildete und ein ständiges Streben nach Ausgabenerhöhung aktiv war. Den Übergang zu einer konsumentenzentrierten Ethik begleitete eine lange Revolution der sexuellen und familialen Normen, für die der Freudianismus eine zentrale Rolle spielte. Sie erreichte ihren Höhepunkt in den 1960er und 1970er Jahren. Letztlich aber trennte sich diese Revolution vom Freudianismus ab, weil sie der Triebbefreiung oder der Befriedigung von Triebbedürfnissen Vorrang vor Freuds Ziel des Triebverzichts oder der Sublimierung einräumte.

In diesem gesamten 1. Kapitel spielen beide Bedeutungen des politischen Freud eine Rolle. Ich benutze die Psychoanalyse einerseits, um Webers Erklärung zu erweitern und zu zeigen, dass die kapitalistische Gesellschaft nicht allein die vorbewusste Struktur wirtschaftlicher Motivation und wirtschaftlichen Verhaltens beeinflusste, sondern auch primäre Prozesse und unbewusste Phantasien auf der Ebene der Massenkultur freisetzte; gleichzeitig untergrub sie die väterliche Autorität, indem sie deren unbewusste Quellen aufdeckte. Andererseits historisiere ich die Psychoanalyse. Indem ich ihre Position gegenüber der Veränderung von Gesellschaften, die auf Selbstverleugnung, Kontrolle und Schuldgefühlen ausgerichtet waren, in solche beschreibe, die Triebentfesselung, Spontaneität und Empowerment anstrebten, zeige ich auf, wie der Freudianismus selbst Bedingungen hervorbrachte, die ihn schließlich veralten ließen. Das Verständnis dieser Bedingungen aber verweist auf die Möglichkeit, dass die Psychoanalyse für die Untersuchung der neuen repressiven oder entsublimierenden Aspekte der »Entfesselung« relevant bleiben kann.

Das 1. Kapitel legt die Wechselwirkung zwischen dem Freudianismus und dem »amerikanischen Jahrhundert«, also der weltweiten Ausbreitung einer Ethik des Massenkonsums amerikanischen Stils, offen und zeigt auf diese Weise, dass das Ideal einer auf dem Zugang zur Technologie und zu Konsumgütern beruhenden individuellen Freiheit lediglich die äußere Fassade des amerikanischen Kapitalismus ist. Auf einer tieferen Ebene gründen die Vereinigten Staaten bis heute in einer unbewältigten – unbewussten – Vergangenheit. Sklavenhaltung, Plantagensystem und Jim Crow sind für diese Vergangenheit ebenso wie Gewalt, Enteignung und Krieg von fundamentaler Bedeutung. Ein tieferes Verständnis Amerikas muss deshalb nach *Erinnerung* und *kollektivem Gedächtnis* fragen. Dieser allgemeine, kollektive Prozess, den es von der Geschichtsschreibung zu unterscheiden gilt, ist das Thema des 2. Kapitels. »Jenseits des Blues« ist den radikalen afroamerikanischen und afrokaribischen Intellektuellen gewidmet, die sich auf Freuds Kritik des Vaterkomplexes stützten, um in der schwarzen Community ein kollektives Gedächtnis aufzubauen. Auch hier kommt das Problem des Veraltens ins Spiel, denn anhand der Lektüre moderner historischer Untersuchungen oder Kulturstudien könnte man zu dem Schluss gelangen, dass das schwarze Amerika gegen den im 20. Jahrhundert allgegenwärtigen Freudianismus immun gewesen sei.

Tatsächlich aber hat psychoanalytisches Denken in drei bedeutsamen Episoden des afroamerikanischen und afrokaribischen Radikalismus bereits vor der Bürgerrechtsbewegung eine zentrale Rolle gespielt: für die Harlem Renaissance der 1920er Jahre, für die Popular Front der 1930er Jahre und für das vom Existenzialismus beeinflusste antikoloniale und postkoloniale Paradigma, das nach dem Zweiten Weltkrieg auftauchte. In allen drei Episoden zielte der politische Freudianismus weniger auf eine Theorie des Rassismus (obwohl es entsprechende Ansätze gab) als auf die Offenlegung der Erinnerung an die Erfahrung der Sklaverei und deren Folgen. Wenn William E.B. Du Bois (1965 [1940]), nachdem er im Schaufenster eines Geschäfts ausgestellte

Körperteile eines gelynchten Schwarzen erblickt hatte, begriff, »nicht genügend ›Freudianer‹« gewesen zu sein, »um zu verstehen, wie wenig sich die Menschen bei ihrem Handeln nur von der Vernunft leiten lassen« (S. 258); wenn Richard Wright in Harlem die Gründung einer psychoanalytischen Klinik für schwarze Migranten aus den Südstaaten unterstützte oder Frantz Fanon (2013 [1952]) ahnte, dass er niemals vergessen würde, wie Kinder auf der Straße bei seinem Anblick ausriefen: »›Dreckiger Neger!‹ Oder einfach: ›Sieh mal, ein Neger!‹« (S. 93), dann sind dies Beispiele für afroamerikanische oder afrokaribische Intellektuelle, die auf Freud rekurrierten, um nicht nur die Verletzungen der inneren Welt durch Sklaverei und Kolonialismus zu ergründen, sondern um diese rekonstruierte Erinnerung zu politisieren. Freilich trat der politische Freudianismus anderen Medien der kollektiven Selbsterforschung und Selbstentfaltung schwarzer Menschen, vor allem der Musik, ergänzend zur Seite. Insbesondere der Blues bewies die afroamerikanische Fähigkeit und Entschlossenheit, das Erbe der Sklaverei sowohl zu erinnern als auch zu überwinden. Dennoch wies der politische Freudianismus auch über den Blues hinaus. In den Händen von Persönlichkeiten wie Du Bois, Wright und Fanon verwandelte er selbstverachtenden Humor, Weisheitsliteratur und Lobgesänge auf die Ambivalenz in direkte Äußerungen von Wut und Leid und förderte so politisches Handeln anstelle von Erduldung.

Mithin zeigen die Kapitel 1 und 2, wie der politische Freudianismus als kritische Intervention im historischen Prozess auftauchen und dann wieder verschwinden, »obsolet« werden, kann. Das 3. Kapitel handelt von Freuds *Der Mann Moses und die monotheistische Religion* und nimmt ebendiesen Prozess in den Blick, indem es ein für das Freud'sche Geschichtsverständnis maßgebliches Konzept, die Regression, untersucht. Erstmals verwendet hat Freud (1900) es in der *Traumdeutung*, wo er schrieb: »Heißen wir die Richtung, nach welcher sich der psychische Vorgang aus dem Unbewußten im Wachen fortsetzt, die *progrediente*, so dürfen wir vom Traum aussagen, er habe *regredienten* Charakter« (S. 547). Das Konzept hat weitreichende Implikationen, weil es klar macht, dass sich die Geschichte der menschlichen Spezies ebenso wenig wie die Geschichte der individuellen menschlichen Psyche auf einer »progressiven« Oberfläche abspult, sondern dass sie aus aktiven Schichten oder Lagen besteht, die sich in der Vergangenheit formiert haben und zu denen wir *zurückkehren* oder auf die wir regredieren können. In diesem breiten Sinn verstanden, behauptete Theodor W. Adorno, dass die Konsumgesellschaft die »narzisstische Regression« in Form der unendlich vervielfältigten Celebrity-Prints im Stile Warhols fördere. So verwendet, diente das Regressionskonzept als eine neue Möglichkeit, über Geschichte nachzudenken. In Abgrenzung zu der üblichen Gegenüberstellung von Fortschritt einerseits und Niedergang oder Dekadenz andererseits erklärten politische Freudianer, dass Geschichte sich auf unterschiedlichen Ebenen und in unterschiedlichen Zeiträumen entfalte, dass es Punkte in der Vergangenheit gebe, auf die wir regredieren, Prädispositionen, Stadien oder Konflikte, zu denen wir »zurückkehren«. Mithin weigerten sich Freudianer, dem direkten empirischen Zugang zur historischen Forschung exklusive Autorität beizulegen. Stattdessen verbanden sie historisches Denken mit philosophischer und politischer Kritik sowie mit einer Gedächtnistheorie.

Verfasst am Vorabend des Zweiten Weltkriegs und im Schatten des Naziterrors, geht Freud in seiner Abhandlung *Der Mann Moses und die monotheistische Religion* von der Annahme unbewusster Prozesse in der Geschichte aus, um die Entstehung des Monotheismus in Ägypten, die damit einhergehende Gründung des jüdischen Volkes und den später aufkommenden Antisemitismus zu analysieren. Kennzeichnend für die Geschichte des jüdischen Volkes sind laut Freud *Wiederholungen*, Ereignisse, die in Form innerlich empfundener Gebote, kategorischer Imperative oder religiöser Anforderungen *wiederkehren*, allerdings erst nachdem sie der Bearbeitung durch unbewusste Prozesse unterzogen wurden. Solche Prozesse lassen sich nicht durch Verhaltensweisen erklären, denn sie wurden nicht erlernt oder durch Erziehung erworben und entziehen sich dem »Zwang des logischen Denkens« (Freud 1939a, S. 208). Im Unterschied zu vielen modernen Interpretationen des Buches, z. B. durch Yosef Yerushalmi (1992 [1991]) und Jacques Derrida (1997 [1995]), die sich auf die Frage der jüdischen Identität beschränken, zeigt meine Lesart, dass der *Mann Moses* der Frage nachgeht, wie genuiner geistiger Fortschritt – Monotheismus, Philosophie und, als besonderes Anliegen Freuds, die Psychoanalyse – angesichts des permanenten Drängens auf Regression bewahrt werden kann. Hinter Freuds Interesse an der jüdischen Identität steht als Antrieb die Frage des Fortschritts oder des Überlebens an sich.

Ich interpretiere den *Mann Moses* als eine Reflexion über die Geschichte der Psychoanalyse, eine *Summa*, in deren Mittelpunkt Freuds vorbewusste Identifizierung der Psychoanalyse mit dem Judentum steht. Ebenso wie Freud die Regression vom Monotheismus auf sinnliche Erfahrung für die Hauptgefahr hielt, die den Hebräern in biblischer Zeit gedroht habe, war er überzeugt, dass das Wissen um das verdrängte Unbewusste Gefahr lief, durch die rückwärtsgewandten Kräfte seiner Zeit ausgelöscht zu werden. Gefahren drohten der Psychoanalyse aus *zwei* Richtungen – einerseits durch die Nazis und andererseits durch die Integration der Psychoanalyse in eine banale Massenkultur amerikanischen Stils. Der Aufstieg der Nazis – eine furchtbare Regression in einem Land, das viele für das fortschrittlichste ganz Europas gehalten hatten – bewog Freud, das Buch zu schreiben. Indem er aber das Regressionsthema auf das Schicksal der Psychoanalyse in den Vereinigten Staaten erweiterte, erhielt seine Untersuchung des Fortschritts Implikationen, die über den aufziehenden Krieg hinausreichten. Sie beleuchtet nicht nur Judentum und Antisemitismus, sondern wirft zudem die Frage auf, ob das Veralten der Psychoanalyse auch ein regressives Element enthielt.

Das jüdische Volk hat den Zweiten Weltkrieg überlebt, doch kann man dasselbe von der Psychoanalyse sagen? Die psychoanalytische Profession hat tatsächlich überlebt, vor allem in den Vereinigten Staaten und in England, von wo aus sie nach dem Krieg reexportiert wurde, um den Wiederaufbau der Nachkriegswelt voranzutreiben. Etwas Wichtiges aber war verlorengegangen. Die bedeutendsten psychoanalytischen Gesellschaften und Zentren – in Wien, Budapest, Berlin und Frankfurt am Main – waren ausgelöscht worden, viele Analytiker und Schüler hatten ihr Leben verloren, und darüber hinaus war der innere Geist der analytischen Welt durch die Bemühungen zentraler Persönlichkeiten, zu denen auch Freud selbst gehörte, die Psychoanalyse in Deutschland selbst dann noch zu erhalten, nachdem die Nazis die jüdischen Analytiker ausgeschaltet und vertrieben hatten, kompromittiert worden. Einmal mehr erwies sich die politische Seite der Psychoanalyse als unverwüstlich, diesmal in einem unmittelbaren, praktischen Sinn. 1933 hatte Freud gefleht: »[B]efreien Sie mich von [Wilhelm] Reich« (Brecht et al. 1985, S. 101), weil dieser Sexualkliniken im Kampf gegen die Nazis einrichten wollte und Freud befürchtete, dadurch die psychoanalytischen Institute in Gefahr zu bringen.

Ich betrachte Reich als ein Beispiel für die Tradition des politischen Freud, weil er die Notwendigkeit erkannte, sich gegen die Nazis zu organisieren, und halte es für eine tragische Schwäche Freuds, an der irrigen Hoffnung festgehalten zu haben, dass die Psychoanalyse in Deutschland selbst nach der Vertreibung jüdischer Analytiker noch würde überleben können.

Nach dem Zweiten Weltkrieg stand das Überleben des kritischen Elements des Freudianismus mehr und mehr infrage. Diesem Problem ist das 4. Kapitel, »Das Ich im Krieg. Von der Todestriebtheorie zu Judith Butlers *Precarious Life*«, gewidmet, in dem ich das politische freudianische Denken in Bezug auf die beiden Weltkriege und die US-amerikanische Invasion im Irak im Anschluss an den 11. September 2001 untersuche. Auf Bitten des Völkerbundes führten Freud und Albert Einstein 1932 einen Briefwechsel über das Thema Krieg, und Freud (1933b) fragte: »Wie lange müssen wir nun warten, bis auch die Anderen Pazifisten werden?« (S. 26) Freuds Überzeugung, dass der Mensch von Natur aus aggressiv sei, war allgemein bekannt, weshalb also bezeichnete er sich selbst als Pazifisten? Die Antwort hängt direkt mit dem Auftreten der – heute als posttraumatische Belastungsstörung bezeichneten – Kriegsneurose, des Granatschocks, im Ersten Weltkrieg zusammen. Freud sah die Ursache des Syndroms nicht in der Aggression des Soldaten, sondern in der ihm aufgezwungenen Passivität des Ausharrens und Wartens, die aufgrund seiner defensiven Verleugnung der eigenen Verwundbarkeit bzw. aufgrund der, wie Freud (1931b) es ausdrückte, »Bevorzugung der aktiven Rolle« (S. 529) durch das Ich zur Erkrankung führte. Im Unterschied zu anderen Antikriegsbewegungen seiner Zeit, etwa den marxistisch oder den feministisch-maternalistisch beeinflussten Initiativen, hielt Freud die Aggression für einen normalen und gesunden Teil der Kultur – allerdings nur, insofern ihre Wurzeln in der Vulnerabilität, Abhängigkeit und im Fortbestehen infantiler Zustände in der erwachsenen Psyche anerkannt werden. Seine Formulierung erhielt in der politischen freudianischen Tradition, die sich mit dem Krieg auseinandersetzte, zentralen Stellenwert. Die Untersuchung dieser Tradition deckt einen bedeutsamen Wandel des Menschenbildes auf, der sich im 20. Jahrhundert vollzog.

Anfang des Jahrhunderts beruhte die Einstellung zum Krieg auf der älteren, durch den Vaterkomplex geprägten Kriegerethik, die untrennbar mit Idealen wie Ruhm, Ehre und Selbstopferung verbunden war. Das massenhafte Auftreten der Kriegsneurose im Ersten Weltkrieg veranlasste Freud zu einer Neuformulierung seiner Theorie des Ichs, das – insoweit es seine Verbindungen zur frühen Kindheit und zum Unbewussten bewahrt – jene Ideale zweifelhaft erscheinen lässt. Damit schienen die Freudianer den modernen Geist des Jazz-Zeitalters zu bestätigen und mit den Antikriegsbewegungen und dem pazifistischen Feminismus jener Zeit gemeinsame Sache zu machen. Mit zunehmender theoretischer Reife aber verlagerte die Psychoanalyse ihr Interesse vom Vaterkomplex auf die präödipale Mutter. Während des Zweiten Weltkriegs benutzten die britischen Analytikerinnen und Analytiker um Melanie Klein die Theorie der frühen Beziehung zur Mutter, um die Appeasement-Politik der Regierung gegenüber Hitler zu erklären: Soldaten und männliche Bürger ließen ihre Mütter, Schwestern und Töchter im Stich. Auf diese Weise ersetzten diese Autoren Freuds Ich-Theorie durch eine Theorie der Objektbeziehungen. Jahrzehnte später, nach den Angriffen vom 11. September 2001 auf das World Trade Center, vertrat die Philosophin Judith Butler ebenfalls unter Berufung auf die politischen freudianischen Traditionen die Ansicht, dass die narzisstische Kränkung Amerikas durch die Angriffe die selbstzerstörerische Abwehrreaktion in Form der Invasion im Irak ausgelöst habe. Als Butler dies schrieb, war die Ich-Theorie, mittlerweile als »männlich« oder »cartesianisch« kodiert, aber längst fragwürdig geworden. Sie begriff ihr Projekt als Infragestellung der Theorie eines umgrenzten und schützenden Selbstgefühls, das die dschihadistischen Angriffe verletzt hatten. So spiegelt die politische freudianische Tradition ein Fortschreiten von der klassischen cartesianischen oder kantianischen Sicht des rationalen, unabhängigen, »umgrenzten« Ichs zu der Auffassung wider, dass das Ich durch Anerkennung, durch Objektbeziehungen und durch Sprache gebildet wird. Dieser Wandel führte zur Vertiefung der freudianischen Untersuchung der Vulnerabilität; gleichzeitig aber drohte die Fokussierung auf die Ich-Autonomie verlorenzugehen, der die Psychoanalyse ihr kritisches Potenzial verdankte. Dieser Verlust, untrennbar verbunden mit dem Problem des Veraltens, wird im 5. Kapitel, »Von der Ethik der Reife zur Psychologie der Macht«, gründlicher untersucht.

Das 5. Kapitel handelt vom Freud der Neuen Linken und vom radikalen Feminismus, der womöglich letzten Inkarnation des politischen Freud.

Es beginnt im Amerika des Kalten Krieges, als freudianisches Denken in eine antikommunistische »Ethik der Reife«, einen neuen Puritanismus oder Calvinismus, integriert wurde. In dieser für den Kalten Krieg charakteristischen Version von Webers Geist des Kapitalismus klang ihre Vorgängerin insofern noch nach, als sie den Narzissmus oder die Selbstliebe verurteilte – womit sie sich zur Zielscheibe der Kritik radikaler Bewegungen der 1960er Jahre machte. Wenn Herbert Marcuses *Triebstruktur und Gesellschaft* zur psychoanalytischen »Bibel der Neuen Linken« werden konnte, lag dies vor allem daran, dass das Buch den primären, antinomischen Narzissmus der Mutter-Kind-Beziehung rühmte, der laut Marcuse den Weg wies von der Fesselung der Sexualität durch den Genitalprimat zur Erotisierung des gesamten Körpers, mehr oder weniger so, wie ein Säuglingskörper vollständig und nicht nur in der Genitalregion erotisiert ist. In den 1970er Jahren aber verschob sich die Landschaft erneut. Die unbegrenzte »polymorphe Perversität« und das ozeanische Gefühl des antinomischen Moments wurden durch den sekundären Narzissmus in Gestalt »guter Werke«, in Form der Meritokratie und der Selbstbehauptung in den Hintergrund gedrängt, und zwar vor allem in der feministischen Bewegung und durch deren Leitspruch, dass Macht, nicht Sexualität, die zentrale Antriebskraft in der Privatsphäre sei. Dem Beispiel der Neuen Linken folgend, ersetzten die Feministinnen der 1970er Jahre die für die Psychoanalyse charakteristischen »individuellen Erklärungen« durch eine soziologische und politische Interpretation von Herrschaft. Das Ergebnis war eine neue Ethik des persönlichen Lebens, die mit der neoliberalen Kritik an der traditionellen, familialen und verwandtschaftsbasierten Autorität zusammenlief und, durchaus unbeabsichtigt, dem Siegeszug des Konsumkapitalismus den Weg bereitete. Damit findet die Geschichte, deren Anfang wir im 1. Kapitel erzählt haben, ihren Abschluss. Die kulturellen Revolutionen der Sechziger und Siebziger beendeten die Kritik an der protestantischen Ethik, deren Anfänge der klassische Freudianismus formuliert hatte. Der Narzissmus ersetzte die Askese, die Flexibilität (die Netzwerkgesellschaft) ersetzte die Zwanghaftigkeit und der »pharisäerhafte« oder heuchlerische Geist des älteren Kapitalismus wich einem lauthals gefeierten »Empowerment«. Als die Selbstkontrollen und Hemmungen sich aufzulösen schienen, wurde der Freudianismus »obsolet«.

Grundsätzlich zeichnet das Buch also Aufstieg und Niedergang des politischen Freudianismus nach. Jedes Kapitel stellt zwei nur scheinbar gegensätzliche Momente in den Mittelpunkt: einen kritischen Moment, in dem politische Denker und soziale Bewegungen auf die Psychoanalyse blickten, um die irrationalen Quellen von Herrschaft aufzudecken, und einen affirmativen Moment, in dem der Freudianismus von der breiteren Geschichte aufgenommen wurde und »veraltet« zu sein schien. Nacheinander gelesen, bringen die Kapitel einen untergründig geführten Kampf um den Schutz einer kritischen Perspektive vor Kräften ans Licht, die ihre Verdrängung oder Unterdrückung anstrebten. Das Nachwort, »Freud im 21. Jahrhundert«, ist speziell diesen Auseinandersetzungen gewidmet. Es entstand aus Anlass der 150. Wiederkehr von Freuds Geburtstag und untersucht die Frage, ob psychoanalytisches Denken für die heutige Welt noch relevant oder ob es lediglich von historischem Interesse ist. In seiner Blütezeit war der Freudianismus die Synthese einer Theorie der menschlichen Psyche, eines neues Paradigmas der Kulturinterpretation und einer ethischen Verpflichtung zur Selbstreflexion. Im Laufe der 1970er Jahre haben sich diese drei Stränge, einhergehend mit der traditionellen, familienzentrierten Kultur der Selbstkontrolle, voneinander getrennt. Die Theorie der Psyche wich den Neurowissenschaften. Die Kulturinterpretation fand eine Heimstatt in der Universität, vor allem in den Kulturwissenschaften, in der Frauenforschung, der Queertheorie, der postkolonialen Theorie und in den Filmwissenschaften. Das Schicksal der ethischen Verpflichtung zur Selbstreflexion aber bleibt zweifelhaft. Um was geht es dabei?

Die Beantwortung dieser Frage setzt voraus, dass wir uns – wie einst Freud es tat – in der langen Dauer der Evolution und der Geschichte verorten. Was Moses zu einer transzendenten Persönlichkeit und für Freud so anziehend machte, war die Erkenntnis, dass eine große Idee wie der Monotheismus bedeutungslos bleibt, wenn sie lediglich eine kleine intellektuelle Elite erreicht. Sie muss von einem ganzen Volk internalisiert werden. Doch zwischen Bewegungen, die – wie der Monotheismus oder der Calvinismus – das geistige Leben eines Volkes zu erneuern suchen, und der Psychoanalyse besteht ein entscheidender Unterschied. Ältere Bewegungen hatten versucht, den inneren Zustand des Individuums an eine objektive moralische oder »axiale« Ordnung anzupassen, indem sie Moral, Sünde oder Verhalten ins Zentrum der

Aufmerksamkeit rückten. Die Psychoanalyse hingegen entwarf ein neues und im Wesentlichen postaxiales Menschenbild. Demnach werden soziale oder kulturelle Reize, die auf das Individuum einwirken, nicht direkt verarbeitet, sondern zuerst aufgelöst und innerlich dergestalt rekonstruiert, dass sie persönliche, sogar idiosynkratische Bedeutungen erhalten. Infolgedessen weisen individuelle Subjektivität und soziale Ordnung keinen direkten oder zwangsläufigen Zusammenhang auf. Das Ziel der Analyse besteht daher nicht in der Internalisierung eines spezifischen Wertes, sondern in der Verinnerlichung der analytischen Haltung an sich: der Fähigkeit, die eigenen Gedanken, Wünsche und Konflikte möglichst vorbehaltlos zu untersuchen, ohne sie unverzüglich zu beurteilen.

Die Verbreitung der analytischen Haltung repräsentierte einen bedeutsamen Fortschritt des moralischen Denkens, weil die kritische Selbstreflexion nicht länger auf Handlungen beschränkt blieb, sondern auf Gedanken und Wünsche ausgedehnt wurde. Dieses Buch vertritt die These, dass eine ähnliche Erweiterung oder Neuorientierung auf das Innere auch in der radikalen Politik eingesetzt hatte. Während sich die Mainstream-Liberalen in den Jahren des Kalten Kriegs als Gegner des Faschismus oder »Totalitarismus« verstanden, übten die Radikalen auch am Kapitalismus Kritik. In den Augen der Liberalen wurde der Fortschritt durch äußere antiliberale Kräfte blockiert, während die demokratische Linke *gesellschaftsinterne* Faktoren wie Klassenausbeutung und ideologische Mystifizierung als fortschrittswidrige Kräfte identifizierte. In entsprechender Weise hatte Freud die Widerstände gegen Rationalität und Fortschritt nicht etwa auf äußere Erschwernisse wie mangelnde Bildung oder Unwissenheit zurückgeführt, sondern auf Kräfte, die dem Bewusstsein und dem Ich *inhärent* sind. Was den politischen Freudianismus auszeichnete, war also der Versuch, die Fortschrittsblockaden *innerhalb* der Fortschrittsbewegung selbst aufzudecken. Afroamerikanische Freudianer zeigten, dass Sklaverei und ethnozidale Gewalt keine marginalen oder kontingenten Entwicklungen waren, sondern dem Liberalismus und sogar der schwarzen Befreiungsbewegung *innewohnten*; feministische Freudianerinnen deckten Misogynie *in* der Familie und *im* Denken und Fühlen der Frauen selbst auf; die Freudianer, die sich in Antikriegsbewegungen engagierten, zeigten, dass Gewalt *in* Massendemokratien und modernen Nationalstaaten entsteht.

Somit beruhte eine wichtige Unterströmung der radikalen Tradition des 20. Jahrhunderts auf kollektiven Selbstreflexionsprozessen, die über das, was Kommunisten oder Mainstream-Liberale anstrebten, hinausgingen. Wie können wir den politischen Freudianismus in der Gegenwart bewahren und für die Zukunft erhalten?

Heute müssen nur noch wenige Menschen davon überzeugt werden, dass das Maß an Kooperation und Umsicht, für das sich frühere liberale Gesellschaften eingesetzt haben, nicht ausreicht, um Probleme wie die soziale Ungleichheit, die die jahrzehntelange Vorherrschaft des Neoliberalismus begleitete, oder die Gefahren des Klimawandels lösen zu können. Was nach Erklärung verlangt, sind die *inneren* Blockaden, die es uns verwehren, das notwendige Maß an Kooperation und Umsicht zu realisieren. Ebenso wie in der Vergangenheit wurzeln diese Hindernisse nicht nur in dem mitunter kleingeistigen Eigeninteresse der Eliten, sondern auch in der Oberflächlichkeit der progressiven Bewegungen selbst. Damit die radikale Tradition in eine neue Phase eintreten kann, muss sie sich mit ihrer eigenen Geschichte und Identität auseinandersetzen. Dann wird deutlich werden, dass das heutige Selbstverständnis des Radikalismus, sich vor nur einer Generation aus eigener Kraft hervorgebracht zu haben, keine Illusion ist, sondern, schlimmer, das Resultat einer Verdrängung, die bewirkte, dass weder die politischen Freudianer jener Vergangenheit noch die allgemeine Krise des 20. Jahrhunderts, deren Erben wir sind, Anerkennung finden. Dieses Versäumnis macht es wahrscheinlicher, dass wir die blinden Flecken der Vergangenheit wiederholen, statt die regressiven Kräfte unserer Gegenwart, die sich wie üblich als die fortschrittlichsten ausgeben, zu identifizieren.

1. Kapitel
Die Psychoanalyse und der Geist des Kapitalismus

Freud veröffentlichte seine *Traumdeutung* vor mehr als 120 Jahren, und doch hat die Integration der Psychoanalyse in die breite Matrix der modernen Sozial- und Kulturgeschichte noch kaum begonnen. Zu Freuds Lebzeiten lag die ihn umgebende historische Landschaft im Schatten seines Charismas. Erst Jahrzehnte nach seinem Tod warf Carl Schorskes 1980 erschienene Monographie *Fin-de-Siècle Vienna* (dt.: *Wien. Geist und Gesellschaft im Fin de Siècle*, 1982), der wohl bedeutendste frühe Versuch, die Psychoanalyse zu historisieren, Licht auf den untergehenden klassischen Liberalismus und die aufkommende Massenpolitik und -kultur als historischen Kontext des Freud'schen Werkes.

Zu Recht ordnete Schorske die Psychoanalyse in einen breiten historischen Rahmen ein. Ihr glänzendes Debüt im Jahr 1899, ihr spektakulärer Einzug in die Massenkultur amerikanischer Machart, das weitverbreitete Interesse, das sie bei einer faszinierten Jugend fand, bei den Flappers, den Künstlern und Intellektuellen ebenso wie bei Werbetextern und Betriebspsychologen, der maßgebliche Beitrag, den sie nach dem Zweiten Weltkrieg zur Entwicklung der Sozialstaaten leistete, das Wiederaufleben ihrer utopischen Dimensionen in den 1960er Jahren, ihre zentrale Bedeutung für die zweite Welle des Feminismus, für die Schwulenbewegung und für den lateinamerikanischen Marxismus – all dies bezeugt die weitreichenden und engen Verbindungen zwischen der Psychoanalyse und der Kultur des 20. Jahrhunderts. Deshalb ist es nicht übertrieben zu behaupten, dass uns in der Psychoanalyse der *Geist* der Kultur dieses Jahrhunderts – zumindest bis in die Mitte der 1970er Jahre hinein – begegnet.

So gesehen, weist das Problem einer historischen Verortung der Psychoanalyse möglicherweise eine gewisse Nähe zu dem Problem auf, vor dem Max Weber stand, als er 1905 die Formulierung »Geist des Kapitalismus« berühmt machte. Während Adam Smith und die britische Schule der politischen

Ökonomie die Psychologie und Kultur des Kapitalismus eher als eine Selbstverständlichkeit vorausgesetzt hatten, hielten Weber und seine Zeitgenossen angesichts der späten Entwicklung der deutschen Wirtschaft sie für erklärungsbedürftige Probleme.[1] Indem er die »Form« des Kapitalismus, insbesondere die Tauschbeziehungen, vom »Geist des Kapitalismus« unterschied und die moderne Wirtschaftsordnung als einen »mächtigen Kosmos« (Weber 1986 [1904–1905, S. 389) von Bedeutungen bezeichnete, stellte Weber in *Die protestantische Ethik und der Geist des Kapitalismus* einen entscheidenden Moment in der Evolution des kapitalistischen Geistes heraus, nämlich den Ursprung bürgerlicher Tugenden wie Sparsamkeit, Disziplin und Selbstverleugnung in den protestantischen Reformationsbewegungen des 16. und 17. Jahrhunderts.[2] Die calvinistische Idee einer rationalisierten, methodischen, weltlichen Angelegenheiten gewidmeten Lebensführung – einer »Berufung« – war laut Weber entscheidend für die Entstehung des kapitalistischen Geistes. Mit ihren Wurzeln im Streben nach Erlösung, so sein Gedankengang, blieb die rationale, zielgerichtete, methodische Selbstorganisation ein integraler Bestandteil der aufkommenden industriellen und kommerziellen Ordnung auch dann noch, als sie ihre religiösen Konnotationen längst abgestreift hatte.[3]

1 Präziser wäre es zu sagen, dass die englischen politischen Ökonomen an äußere Anreize glaubten. Dass sie die Kultur des Kapitalismus *tendenziell* für selbstverständlich hielten, legt die folgende Passage nahe: »[...] Dagegen ist der Antrieb zum Sparen in dem Verlangen zu finden, unsere Lage zu verbessern, ein Verlangen, das zwar gewöhnlich ruhig und leidenschaftslos ist, aber uns auch von der Wiege bis ans Grab begleitet. In der ganzen Zeit zwischen diesen beiden Endpunkten gibt es vielleicht kaum einen einzigen Augenblick, wo ein Mensch so vollständig mit seiner Lage zufrieden wäre, daß er nicht den Wunsch hegen sollte, sie irgendwie zu verändern oder zu verbessern« (Smith 1905 [1799], S. 92).

2 Für eine Beschreibung der Weber'schen Theorie des Kapitalismus, die von seiner Konzipierung des kapitalistischen Geistes zu unterscheiden ist, siehe Collins (1992).

3 Max Webers Abhandlung »Die protestantische Ethik und der Geist des Kapitalismus« erschien zuerst 1904–1905 in zwei Teilen in der Zeitschrift *Archiv für Sozialwissenschaft und Sozialpolitik*, deren Chefredakteur Weber selbst war. Eine überarbeitete Fassung eröffnete Webers *Gesammelte Aufsätze zur Religionssoziologie*, die 1920–1921, unmittelbar nach seinem Tod, erschienen. 1930 fertigte Talcott Parsons eine englische Übersetzung dieser Fassung an, die bis heute maßgeblich ist. Ein weiterer Aufsatz, »Die protestantischen Sekten und der Geist des Kapitalismus«, der sich vor allem den Beziehungen von Protestantismus und Ka-

Als Weber *Die protestantische Ethik* verfasste, war er überzeugt, dass der Kapitalismus eine transzendentale Rechtfertigung, einen *Geist*, nicht länger brauche. Die innerweltliche Askese, der Calvinismus, hatte die Welt erfolgreich umgestaltet und war dem »stahlharte[n] Gehäuse« (S. 390) entflohen. An ihre Stelle war der »siegreiche Kapitalismus« getreten, auf »mechanischer Grundlage« ruhend – d. h. wirtschaftliche Notwendigkeit und Ursache-Wirkung-Beziehungen treiben den Kapitalismus, der die Reformation hinter sich gelassen hat, an. In Wahrheit aber bedarf der Kapitalismus immer eines »Geistes«; er rechtfertigt sich nie rein instrumentell, auch wenn der Geist sich wandelt. So werde ich in diesem Kapitel zeigen, dass die Psychoanalyse maßgeblich daran beteiligt war, die Veränderungen des kapitalistischen Geistes herbeizuführen, die wir mit der *zweiten* industriellen Revolution – dem Aufkommen von Massenproduktion und Massenkonsum – in Verbindung bringen. Dieser Prozess hatte, als Weber sein berühmtes Buch schrieb, gerade erst begonnen.

Um meine These zu erläutern, stütze ich mich auf ein weiteres Weber'sches Konzept, das allerdings in der *Protestantischen Ethik* nur am Rande auftaucht: das Charisma (vgl. Eisenstadt 1968). Weber war überzeugt, dass selbst gesellschaftliche Veränderungen wie der Aufstieg des Kapitalismus nicht allein durch objektive Faktoren zu erklären seien. Sie gehen darüber hinaus mit Neuorientierungen innerer Einstellungen einher, zu denen charismatische Individuen den Anstoß geben. Diese »Charismaträger« motivieren ihre Anhänger zu neuen oder innovativen Zielen oder Ideen.[4] Solche Neuorientierungen

pitalismus in den USA widmet, wird in Diskussionen über Webers These häufig einbezogen. Festzuhalten ist auch, dass diese These zu den meistkommentierten und umstrittensten in der Geschichte der Sozialwissenschaften zählt. Sozialtheoretiker, die wichtige einschlägige Beiträge verfasst haben, sind u. a. Robert Bellah, Clifford Geertz, Michael Walzer, Robert Merton, Daniel Bell, Jürgen Habermas und Erich Fromm. Unter den Historikern seien genannt: Henri Sée, Richard Tawney, Christopher Hill, Henri Pirenne, Perry Miller, E. P. Thompson, Eric Hobsbawm und Le Roy Ladurie. Auf die zahlreichen Kontroversen kann ich hier nicht eingehen.

4 Webers Charisma-Definition verdient es, zitiert zu werden: eine als »außeralltäglich […] geltende Qualität einer Persönlichkeit […], um derentwillen sie als mit übernatürlichen oder übermenschlichen oder mindestens spezifisch außeralltäglichen, nicht jedem anderen zugänglichen Kräften oder Eigenschaften begabt oder als gottgesandt oder als vorbildlich und deshalb als ›*Führer*‹ gewertet wird« (Weber 2013 [1921–1922], S. 419f.). Das Charisma kann »eine Umformung von innen her sein, die,

der »Gesinnungs- und Tatenrichtung« spiegeln objektiven sozialen Wandel weder wider noch verursachen sie ihn; sie haben vielmehr eine »Wahlverwandtschaft« mit solchen Veränderungen und funktionieren deshalb als *Katalysatoren*.[5] Ob noch lebendig wie im Individuen und in Sekten oder routinisiert in Institutionen – das Charisma garantiert, dass die Aspirationen und Legitimationen, die mit gesellschaftlicher Veränderung einhergehen, auf einer inneren und persönlichen Ebene verwurzelt sind und nicht auf die Ebene materieller Interessen oder Zwänge begrenzt bleiben. Für Weber halfen das frühe calvinistische oder puritanische Charisma, die entscheidenden Umformungen »von innen her« anzustoßen, ohne die der Kapitalismus keinen Aufstieg erlebt oder zumindest eine ganz andere Gestalt angenommen hätte.[6]

Charisma spielte für den Siegeszug des Kapitalismus insbesondere wegen seiner Auswirkungen auf die Familie eine wichtige Rolle. Weber nahm an, dass es sich normalerweise gegen das alltägliche, profane Wirtschaftsleben und infolgedessen *gegen* die Familie richte. So drängten Jesus und Buddha – frühe charismatische Persönlichkeiten – ihre Anhänger, ihre Familien zu *verlassen* und eine wahrhaft geistige Gemeinschaft zu bilden. Die puritanischen »Heiligen« des 17. Jahrhunderts hingegen hatten die Familie als einen Hort charismatischer Bedeutungen neudefiniert, ihre tägliche Arbeit geheiligt und ihr einen religiös-ethischen Charakter verliehen. In den ersten Jahrhunderten des Kapitalismus, in denen die Familie der Motor der wirtschaftlichen Entwicklung war, beflügelte diese Neudefinition familienbasierte Tugenden wie

aus Not oder Begeisterung geboren, eine Wandlung der zentralen Gesinnungs- und Tatenrichtung unter völliger Neuorientierung aller Einstellungen zu allen einzelnen Lebensformen und zur ›Welt‹ überhaupt bedeutet« (Weber 2013: 497).

5 Die beste Erörterung des Begriffs der Wahlverwandtschaft verfasste Michael Löwy (1992). Weber fand das alchemistische Konzept bei Goethe. Die entscheidende Annahme besagt, dass das Universum unter dem Aspekt von Ähnlichkeit und Unterschied, Anziehung und Abstoßung zu verstehen sei und nicht im Sinne der Newton'sche Verursachung. Die Wahlverwandtschaft ist keineswegs als adäquate Theorie der gesellschaftlichen oder kulturellen Verursachung anzusehen, doch dies gilt auch für die positivistischen Methodologien, die sich von Isaac Newton und John Locke herleiten.

6 Die Relevanz von Webers Argument für den anglo-amerikanischen im Unterschied zum mitteleuropäischen Kapitalismus gehört zu den umstrittensten Fragen, die Webers Werk aufwirft. Für eine gute Einführung siehe Philip Benedict (1993).

Sparsamkeit, Fleiß und Disziplin. Einige Jahrhunderte später erfüllten methodistische Erweckungsbewegungen ähnliche Funktionen. Für die englischen und amerikanischen Fabrikarbeiter, die sich zu ihm bekannten, war der Methodismus nicht nur »Opium«, sondern auch ein Medium der persönlichen Veränderung zugunsten ebenjener Enthaltsamkeit und familiären Verantwortlichkeit, die die erste industrielle Revolution ermöglichten. So war in beiden Fällen die Durchdringung des familiären und wirtschaftlichen Alltagslebens mit charismatischer oder geheiligter Bedeutung ausschlaggebend für die Herbeiführung einer sozioökonomischen Transformation.

Die zweite industrielle Revolution – der Aufstieg des vertikal integrierten, bürokratisch organisierten und auf Massenkonsum zielenden Unternehmens – ging ebenfalls mit einer charismatischen Neuausrichtung auf Arbeit und Familie einher, die mit der reformatorischen zumindest vergleichbar, wenn nicht genauso intensiv war.[7] Gerade so, wie Männer und Frauen den Übergang von der Agrargesellschaft zum Industriekapitalismus nicht aus reinem Nützlichkeitsdenken oder aus ökonomischen Gründen mitvollzogen, wurden sie im 20. Jahrhundert nicht zu Konsumenten, weil sie Märkte schaffen wollten. Vielmehr sagten sie sich von der traditionellen familiären und kommunalen Moral los, ließen ihre Orientierung auf Selbstverleugnung und Sparsamkeit hinter sich und begaben sich zugunsten einer Neuausrichtung auf ein persönliches, privates Leben hinein in die sexualisierten »Traumwelten« des Massenkonsums. Die Psychoanalyse, so meine These, war der »Calvinismus« dieses Wandels. Doch während der Calvinismus die profane Arbeit in der Familie geheiligt hatte, drängte Freud seine Schüler, ihre »Familien«, die archaischen Imagines der frühen Kindheit, zu verlassen – nicht um zu predigen, sondern um authentischere, d. h. persönlichere Beziehungen zu entwickeln.[8]

7 Der Begriff »zweite industrielle Revolution« wird gelegentlich auf Patrick Geddes und sein Buch *Cities in Evolution* (1915) zurückgeführt. Wichtige Diskussionsbeiträge verfassten David Landes, der in *Der entfesselte Prometheus* (1973 [1969]) insbesondere technischen Wandel und finanzielle Innovationen hervorhebt, und Eric Hobsbawm, *Industrie und Empire* (1985–1989 [1968]). Hobsbawm erörtert u. a. die neue Rolle der Wissenschaften, die Einführung des Fließbandes und den Konsumismus (S. 144–149). Vgl. auch N. Rosenberg (1982), P. Temin (1981) und J. P. Hull (1996).

8 Da die Psychoanalyse verhältnismäßig wenig zum Wirtschaftsleben zu sagen hatte, mag manch ein Leser protestieren, wenn ich sie als den »Calvinismus« der zweiten

Ich werde diese These in vier Teilen entfalten, die jeweils eine bestimmte Phase in der Geschichte der Psychoanalyse zum Gegenstand nehmen. In der ersten Phase, die in den 1890er Jahren begann und bis zum Ende des Ersten Weltkriegs andauerte – und die frühen Jahre der Massenproduktion umfasste –, war die Psychoanalyse im Grunde eine Sekte, die das damals neue Streben nach einem »persönlichen Leben« auf hochcharismatische Weise zum Ausdruck brachte. In der zweiten Phase, den Zwischenkriegsjahren (1919–1939), wurde die Psychoanalyse zu einem Phänomen der Massenkultur und zu einem festen Bestandteil der neuen Massenmedien, die sie weiterverbreiteten. Dadurch half sie mit, die utopische Ideologie der Individualität hervorzubringen, die mit dem Massenkonsum Hand in Hand ging. In einer dritten Phase, vom Beginn des Zweiten Weltkriegs bis in die Mitte der 1960er Jahre hinein, wurde die Psychoanalyse in die keynesianischen Sozialstaaten integriert. Sie wurde, wie Weber es formulierte, zu einem innerweltlichen Programm der ethischen Rationalisierung und diente dem häuslichen Leben nach dem Zweiten Weltkrieg als eine, wie ich es nenne, Ethik der Reife. In einer vierten Phase, die ich grob auf die Jahre 1965–1974 datiere, führten die Neue Linke und die Frauenbewegung Angriffe auf die Ethik der Reife und den Sozialstaat und bahnten den Weg für den postfordistischen netzwerk- oder kommunikationsgestützten Geist des Kapitalismus, der unsere Gegenwart charakterisiert. Im Laufe eines halben Jahrhunderts durchlief die Psychoanalyse somit den vertrauten Weber'schen Zyklus von Charisma, Veralltäglichung und Verbreitung, wiewohl sie selbst noch in der langen Phase ihres Niedergangs neue, wenn auch flüchtige Turbulenzen in Gang setzte.

industriellen Revolution bezeichne. Der wichtigste einschlägige analytische Beitrag bestand in der Untersuchung der analen Grundlage der Struktur des bürgerlichen Charakters; siehe z. B. Fenichel (1976 [1938]) sowie Brown (1962 [1960]). Vielleicht sollte ich Robert Skidelsky folgen, der dem Kapitalismus des 20. Jahrhunderts zwar ebenfalls einen neuen, post-calivinistischen Geist als Grundlage zuschreibt, aber behauptet, dass Keynes mit seiner radikalen Degradierung des Sparens und seinem Lobpreis des Ausgebens als »Calvin« des 20. Jahrhunderts angesehen werden sollte (Skidelsky 1977, S. 2). Ich betone die Rolle der Psychoanalyse, weil sie die Beziehung des Individuums zu sich selbst und zur Familie untersucht, Beziehungen, die dem Geist des Kapitalismus zutiefst innewohnen.

I.

Ich möchte mit einem Zitat aus Luc Boltanskis und Éve Chiapellos (2006 [1999]) Beschreibung des Bourgeois des 19. Jahrhunderts beginnen, des Bürgers, »der Ländereien, Fabriken, Frauen besitzt, mit dem Besitz verwachsen, von dessen Wahrung verblendet ist und sich um seine stete Reproduktion, Nutzbarmachung und Mehrung müht. Er ist verdammt zu detaillierter Planung [...] und einem nahezu zwanghaften Produktionsstreben um der Produktion willen« (S. 82). Im Kern geht es in dieser Beschreibung um den Versuch, Autorität durch erweiterte Kontrolle und vorgeschriebene Zurückhaltung zu stärken. Weil Besitz überwiegend Landbesitz oder von geringem Umfang war und weil die Familie im Zentrum des Kleinbesitzes stand, bildete sie das Zentrum dieses Autoritätssystems. Sie organisierte nicht nur das Alltagsleben, sondern auch Abstammung, Erbwesen und Heirat. Ihre patriarchalen oder paternalen Beziehungen wurden in Geschäften und Gewerben reproduziert und bildeten das Zentrum des kommunalen Lebens. Das daraus resultierende bedrückende Pflichtbewusstsein war das, was Weber – der unter Bürgern aufgewachsen war – im Sinn hatte, als er schrieb, die Puritaner hätten ihre wirtschaftlichen Pflichten getragen wie einen leichten Mantel, den man jederzeit abwerfen kann, doch für seine Generation sei aus dem Mantel ein »stahlhartes Gehäuse« geworden.

Als er *Die protestantische Ethik* verfasste, war Weber überzeugt, dass Pflicht, Selbstbeherrschung und Sparsamkeit ihren Zusammenhang mit der charismatischen Bedeutung, der ihnen ursprünglich zu eigen war, verloren hätten. Er schrieb das Buch, während er eine psychische Krise durchmachte, und gab die Hoffnung, dass eine neue Askese, eine neue Wendung nach innen, auftauchen und die kapitalistische Rationalisierung infrage stellen oder verändern würde, nie auf. Tatsächlich wurden sein Eindruck, dass sich die protestantische Ethik erschöpft hätte, und sein Bedürfnis, dem stahlharten Gehäuse zu entkommen, von vielen geteilt. Das Aufkommen des Marktes, der Eisenbahn, des Dampfschiffes, neue Kommunikationsformen wie Boulevardblätter und öffentliche Vorträge, vor allem aber die Lohnarbeit ermöglichten es den »nachfolgenden Generationen[,] sich von den lokalen Gemeinschaften, der Abhängigkeit vom Boden und der Vereinnahmung durch die Familie [zu] lösen. Sie konnten dem Dorf, dem Ghetto und den traditionellen Formen persönlicher Abhängigkeit entfliehen« (Boltanski & Chiapello 2006 [1999], S. 54f.). In dem Bewusstsein, das sich nun herausbildete und das wir oft als Modernismus oder als Moderne bezeichnen, erlangte die Psychoanalyse – die von Weber ersehnte neue Askese – ihren besonderen Platz. Das Charisma der Analyse ergab sich meiner Meinung nach, weil sie dem Streben, sich vom Geist des Kapitalismus des 19. Jahrhunderts zu befreien, eine Stimme verlieh. In *Secrets of the Soul* (dt.: *Freuds Jahrhundert*, 2006) habe ich als Ziel dieses Strebens das »personal life«, das persönliche Leben und private Leben, bezeichnet (Zaretsky 2006 [2004]).

Unter dem persönlichen und privaten Leben verstehe ich die Erfahrung, eine Identität zu besitzen, die sich von der eigenen Stellung in Familie, Gesellschaft und gesellschaftlicher Arbeitsteilung unterscheidet. In gewissem Sinn ist die Möglichkeit, ein privates Leben zu besitzen, ein universaler Aspekt des menschlichen Lebens, nicht aber in dem Sinn, um den es mir zu tun ist. Ich denke an eine historisch spezifische Erfahrung der Singularität und Innerlichkeit, die soziologisch in der Industrialisierung und Urbanisierung gründet. Die (physische wie auch emotionale) Trennung von Lohnarbeit und Haushalt, d.h. der Aufstieg des Industriekapitalismus, ließ ganz neue Formen der Privatheit, Häuslichkeit und Intimität auftauchen. Im viktorianischen Zeitalter wurden diese als die geschlechtsspezifizierten Gegenparts zur unpersönlichen Welt des Marktes erlebt. Später brachte man sie mit der Möglichkeit und dem Ziel eines privaten Lebens in Verbindung, das sich von der Familie unterscheidet und sich zudem außerhalb der Familie abspielt. Zu den Äußerungen dieser Möglichkeit zählen beispielsweise die »neue« (oder unabhängige) Frau, das Auftauchen homosexueller Identitäten in der Öffentlichkeit und die Abwendung junger Menschen von einer vorrangigen Beschäftigung mit dem Geschäftsleben und ihre Hinwendung zu sexueller Experimentierlust, zur Bohème und zur künstlerischen Moderne. Die persönliche Identität wurde zu einem Problem und einem Projekt für den Einzelnen, weil der Platz in der Familie oder Gemeinschaft nicht länger identitätsstiftend war. Die Psychoanalyse war eine Theorie und Praxis dieses neuen Strebens nach einem persönlichen, privaten Leben. Ihr ursprüngliches historisches Telos war die *Entfamilisierung*, die Befreiung der Individuen von den unbewussten, in der Familie wurzelnden Autoritätsbildern.

Als eine Theorie und Praxis des privaten Lebens bezeugt wird die Psychoanalyse durch die zentralen Konzepte ihrer Entstehungsjahre: das Unbewusste und die Sexualität. Freilich war keines dieser Konzepte neu, aber Freud verlieh ihnen radikal innovative Bedeutungen. Was das Unbewusste anlangt, so artikulierte er die neue – auch von Persönlichkeiten wie Baudelaire in der Gestalt des Dichters oder des Flaneurs verkörperte – Erfahrung des Individuums, nicht länger durch seine sozialen Beziehungen wie Herkunft, Religion, Nationalität oder auch nur Geschlecht definiert zu sein. Thema seines 1899 veröffentlichten Werkes *Die Traumdeutung* ist ein schlafendes Individuum, jemand, der von der realen sozialen Welt vollständig abgesondert ist. Die äußere Welt ist fern, und so tauchen sämtliche Stimuli aus dem Innern auf. Kein Gedanke, der dem Individuum in den Sinn kommt – ganz gleich, ob er der Kindheit entstammt oder den »Tagesresten« –, wird unmittelbar bewusst wahrgenommen. Stattdessen wird er zerlegt und innerlich auf eine Weise wieder zusammengesetzt, die ihm eine einzigartige und kontingente Bedeutung verleiht. Damit einher ging ein neues Verständnis der Beziehungen zwischen dem Individuum und der Gemeinschaft, in der es lebt. Traditionelle Heiler hatten Erfolg, weil sie mit Symbolen arbeiteten, die *zugleich innere und gemeinschaftliche* waren. In der Psychoanalyse hingegen gibt es keine direkte – keine isomorphe oder komplementäre – Beziehung zwischen der Gemeinschaft und der intrapsychischen Welt. Während sich die kommunale Welt aus kollektiven Symbolen wie Gott oder *la République* zusammensetzt, treten in der intrapsychischen Welt Symptome an die Stelle von Symbolen: ein nervöser Husten, ein Tic, das Händewaschen. Indem sie ihre privaten Welten zu deuten lernten, distanzierten sich moderne Männer und Frauen von Kollektiven. Die Psychoanalyse lehrte das Individuum, sich von den unlustvollen Spannungen zurückzuziehen, die aus seinem Verhältnis zur Gesellschaft herrührten, und ermutigte es zu einer »affirmativen Einstellung zu seinem Inneren« (Rieff 1959).

Dieselbe Neuorientierung auf eine unverwechselbar persönliche, intrapsychische Welt charakterisiert den psychoanalytischen Blick auf die Sexualität. War diese in der von Boltanski und Chiapello beschriebenen Welt des 19. Jahrhunderts weitgehend durch familiäre Beziehungen organisiert, tauchte die Psychoanalyse in einer Welt auf, in der die familienzentrierte Moral der

Bourgeoisie von vielen Kreisen abgelehnt wurde (vgl. z. B. Tilly & Scott 1988). Dazu zählten Männerbünde (Sekten, die sich um einen charismatischen Führer wie Klimt oder Marinetti sammelten), Künstlercliquen, die für freie Liebe eintraten, und marxistische Gruppen wie die Anhänger Trotzkis, der die russische Psychoanalyse heimlich unterstützte, bis er ins Exil gehen musste. Vor allem aber bahnten männliche Homosexuelle der Idee eines außerfamilialen und nicht durch Fortpflanzung definierten Sexuallebens den Weg, z. B. die von Edward Carpenter gegründete Londoner Society for the Study of Sex Psychology. »Neue Frauen« wiederum machten sich für Elizabeth Cady Stantons Wunsch stark, über »die zufälligen Beziehungen des Lebens, zum Beispiel als Mutter, Schwester oder Tochter«, hinauszugelangen und sich stattdessen auf die »Individualität einer jeden menschlichen Seele« zu konzentrieren (Stanton 1978 [1892], S. 325–326).

In diesem Kontext hatte Freud zunächst ein Schema übernommen, das den der Fortpflanzung dienenden Unterschied der Geschlechter betonte. Er verwarf es aber schon bald und behauptete stattdessen, dass der Unterschied, der zum Verständnis des Seelenlebens notwendig sei, nicht derjenige zwischen Männlichkeit und Weiblichkeit sei, sondern zwischen Libido und Triebunterdrückung. Indem er eine Unterscheidung zwischen dem Sexualobjekt und dem sexuellen Ziel – also dem libidinösen Impuls, zu dessen Befriedigung der sexuelle Akt dienen soll – traf, grenzte Freud die Geschlechterfrage auf die Frage der Objektwahl ein. Im Gegensatz zu den geschlechtsspezifischen viktorianischen Theorien der Psychologie und Sexualität habe die Psychoanalyse, so behauptete er, erkannt, »daß jeder Mensch durch das Zusammenwirken von mitgebrachter Anlage und von Einwirkungen auf ihn während seiner Kinderjahre eine bestimmte Eigenart erworben hat, wie er das Liebesleben ausübt, also welche Liebesbedingungen er stellt, welche Triebe er dabei befriedigt, und welche Ziele er sich setzt« (Freud 1912b, S. 365). Während sich frühere Diskussionen über die Rolle der Frau um die Frage drehten, ob Männer und Frauen von Grund auf gleich oder von Grund auf verschieden seien, gab die Psychoanalyse einer neuen Sensibilität Stimme, deren Leitprinzip weder Gleichheit noch Differenz waren, sondern Individualität.

In ihren Anfangsjahren schien die Freud'sche Analyse einen Komplex postviktorianischer intuitiver Einsichten zu kodifizieren, die bis dato Künstlern, sexuellen und ethnischen Minderheiten und Philosophen vorbehalten gewesen waren. Das Ergebnis war ein weithin strahlendes Charisma, das vor dem Ersten Weltkrieg von Los Angeles bis Russland (wo die weltweit größte Anzahl von Freud-Übersetzungen erschien) reichte und in den 1920er Jahren bis Indien, Mexiko, China und Japan. Die Psychoanalyse sprach Frauen ebenso wie Männer, Homosexuelle ebenso wie Heterosexuelle an; wahrscheinlich machten Frauen sogar die Mehrheit der Leser aus.[9] Vor allem aber wurde ihr Charisma intensiv wahrgenommen und erlebt. Lincoln Steffens (1948 [1931]) hat die Emotionalität, die die Freud-Lektüre und die Diskussionen über Psychoanalyse vor dem Ersten Weltkrieg prägte, in seiner Autobiographie anschaulich beschrieben. So führte Walter Lippmann die Besucher von Mabel Dodges Salon in Greenwich Village 1911 in die Theorie ein, »daß das menschliche Denken durch unbewußte Verdrängungen oft so verkrampft ist, daß es ganz unzurechnungsfähig wird [...]. Keine der Gespräche bei Mabel Dodge waren wärmer, ruhiger, hatten mehr nachdenkliche Vertiefung als diese Diskussionen über Freud und seine Lehre« (S. 651). In dieser ersten Phase ihrer Geschichte schien die Psychoanalyse geradezu einen Fluchtweg aus dem stahlharten Gehäuse aufzuzeigen, indem sie die Sexualität ins Zentrum der Psychologie stellte. Wie Max Weber (1915), an die »kalten Skeletthände[] rationaler Ordnungen« (S. 827) erinnernd, schrieb, war die Sexualität »die Pforte zum irrationalsten und dabei realsten Lebenskern gegenüber den Mechanismen der Rationalisierung« (S. 824), jedem rationalen Begreifen auf ewig unzugänglich.

Zusammenfassend können wir also festhalten, dass der Kapitalismus, auch wenn er umfassender organisiert, systematisierter und integrierter wurde, den ökonomischen Schraubstock dennoch lockerte, eine größere Unbefangenheit in den Beziehungen zwischen den Geschlechtern ermöglichte und das Bewusstsein der individuellen Subjektivität, obwohl zunächst vorwiegend in bestimmten Schichten, förderte. Als charismatische Sekte brachte die Psychoanalyse das neue Subjektivitätsgefühl in seiner unmittelbarsten, weil persönlichsten Form zum Ausdruck. Freud (1917a) selbst räumte ein, dass ihre zentralen Konzepte, etwa die Triebe und das Unbewusste, nicht wirklich

9 Freilich lesen Frauen ganz allgemein mehr als Männer; siehe z. B. Jamieson (2009).

neu seien. Doch was die Psychoanalyse auszeichne, sei nicht der Inhalt ihrer Konzepte, sondern »daß sie die beiden dem Narzißmus so peinlichen Sätze von der psychischen Bedeutung der Sexualität und von der Unbewußtheit des Seelenlebens nicht abstrakt behauptet, sondern an einem Material erweist, welches jeden einzelnen persönlich angeht und seine Stellungnahme zu diesen Problemen erzwingt« (S. 12). Gerade weil die Psychoanalyse den Einzelnen bewog, sich von den Zwängen und Erfordernissen der familienbasierten Gemeinschaft abzuwenden und den Anforderungen zu widmen, die ihren Ursprung im Selbst nahmen, spielte sie für das Auftauchen eines neuen kapitalistischen Geistes eine maßgebliche Rolle.

2.

Wenden wir uns nun der zweiten Epoche in der Geschichte der Psychoanalyse zu, den Jahren von 1919 bis 1945. In dieser Zeit, wegen ihres berühmtesten Aushängeschildes mitunter auch als »Fordismus« bezeichnet, begegnen wir einem ganz anderen kapitalistischen Geist. Schlüsselfiguren sind nicht länger die Angehörigen des Besitzbürgertums, sondern Manager. So wurden die Spitzenpositionen großer, hierarchischer, bürokratisierter Firmen, Unternehmen oder Kartelle häufig von Managern eingenommen, die Ingenieure waren oder zumindest eng mit Ingenieuren zusammenarbeiteten und deren Interesse im Allgemeinen vorrangig der auf billige Massenkonsumgüter zielenden wissenschaftlichen Planung und Effizienz galt statt unmittelbaren, kurzfristigen Profiten. Der Aufstieg der großen, von Managern organisierten Unternehmen brachte Veränderungen mit sich, die man mit dem Wandel vergleichen kann, der den Aufstieg des Kapitalismus begleitete. Beruhte die Produktionserweiterung ehedem auf der Steigerung der in der Produktion verbrachten Arbeitszeit, so war sie nun ein Ergebnis neuer Technologien, neuer Formen der Arbeitsplatzorganisation und der wissenschaftlich fundierten Unternehmensführung. Die erste industrielle Revolution wäre ohne die Volksschule nicht möglich gewesen, für die zweite war die Universität unverzichtbar. Nach der ersten Welle wissenschaftlichen Managements erlangten sogar die Arbeiter am Fließband nach und nach mehr Flexibilität und Kontrolle.[10] Vor allem aber war das Zeitalter der Großunternehmen das Zeitalter des Massenkonsums. Vor dem 20. Jahrhundert wurden Konsumgüter vorwiegend in Mengen produziert, die zur Reproduktion der Arbeitskraft ausreichten; fortan lautete das Motto, den Konsum nicht einzuschränken, sondern zu steigern.[11]

Diese Veränderungen gingen mit einer psychologischen Revolution einher, die ohne die Psychoanalyse schwerlich denkbar gewesen wäre. Im Zusammenhang mit der Granatschock-Katastrophe des Ersten Weltkriegs und der Schwierigkeit, den Behandlungsbedarf zu decken, war sie zu einem globalen Phänomen geworden. Ihre Weiterentwicklung vollzog sich im Schatten der bolschewistischen Revolution und des Aufstiegs des Nationalsozialismus – der sogenannten allgemeinen Krise des 20. Jahrhunderts. Vor diesem Hintergrund büßte sie einen Großteil ihres frühen Utopismus ein (vgl. Mayer 1988) und entwickelt Theorien der Aggression, des Todestriebes und des Widerstandes, die ihre frühere Betonung der Sexualität ergänzten und verkomplizierten. Wie den Calvinismus mit den frühen familien- und marktbasierten Gesellschaften verband eine Wahlverwandtschaft sie mit dem Zeitalter der Großunternehmen. Die Grundlage für diese Verwandtschaft bestand darin, dass die Psychoanalyse eine *immanente* Calvinismus-Kritik in einer Phase konstituierte, in der die protestantische Ethik – der ältere Geist des Kapitalismus – nicht nur obsolet, sondern auch dysfunktional geworden war.

Erinnern wir uns daran, dass der Calvinismus laut Weber einen dreifachen Beitrag zum Geist des Kapitalismus geleistet hatte. Erstens stärkte und bestätigte er dessen *asketischen* Geist. Es ist »natürlich«, so Weber, zu arbeiten, um Bedürfnisse zu befriedigen. Der Kapitalismus hat diese Beziehung umgekehrt: Er forderte den Befriedigungsaufschub ein, um Kapital zu mehren. Die calvinistische Idee der Berufung erleichterte es, diese Umkehrung zu rechtfertigen. Die religiösen Wurzeln der Berufung erklären auch Webers zweites Attribut des kapitalistischen Geistes, nämlich seinen *Zwangscharakter*. Damit Männer und Frauen unbefriedigende, beschwerliche Beschäftigungen

10 Waring (1991) datiert die Wurzeln der Transformation des Taylorismus auf die Zeit vor dem Zweiten Weltkrieg.

11 Luxusgüter waren zuvor für Eliten und für die anwachsende Mittelschicht produziert worden, nicht für die Masse der Arbeiterklasse (siehe McKendrick 1982).

durchhalten konnten, mussten sie daran glauben, von einer transzendenten, unergründlichen Autorität dazu ausersehen zu sein. Diese Autorität war Gott, den die Calvinisten auch auf eine neue Weise präsent und unmittelbar machten. Und schließlich argumentierte Weber (1986 [1904–1905]), dass der Calvinismus entscheidend zur Entfesselung des »Erwerbstriebes« beigetragen habe: »Was jene religiös lebendige Epoche des 17. Jahrhunderts ihrer utilitaristischen Erbin vermachte, war aber eben vor allem ein ungeheuer gutes – sagen wir getrost: ein *pharisäisch* gutes – Gewissen beim Gelderwerb, wenn anders er sich nur in legalen Formen vollzog« (S. 377).

Als eine immanente Kritik am Calvinismus modifizierte oder transformierte die Psychoanalyse jede dieser Eigenschaften auf eine Weise, von der die Herausbildung eines neuen kapitalistischen Geistes profitierte. So milderte und verkomplizierte sie die Askese, indem sie die Ubiquität des Trieblebens – Oralität, Analität, Exhibitionismus, Narzissmus, phallischer Stolz, Voyeurismus, Sadismus, Masochismus – postulierte und für natürlich erklärte. Und während Weber einen zwanghaften und unerbittlichen Geist beschrieben hatte, lenkte sie die Aufmerksamkeit auf eine neue Frage: Wieviel Triebverdrängung ist notwendig und wieviel nicht? Drittens, und dies ist der vielleicht wichtigste Punkt, half die Psychoanalyse, nicht nur den Erwerbs-, sondern auch den Aggressionstrieb zu befreien, indem sie ihn der Macht des Über-Ichs, vor allem den Schuldgefühlen, dem moralischen Masochismus und der moralischen Heuchelei, entzog. Während also der Calvinismus zum Unterhalt eines Teufelskreises beitrug, durch den jede moralische Anstrengung das Gefühl der Unzulänglichkeit vertiefte und infolgedessen Schuldgefühle produzierte, die wiederum Aggression und weitere moralische Anstrengung und weitere Schuldgefühle hervorriefen, war die Psychoanalyse von Grund auf ein Versuch, diesen Kreislauf zu durchbrechen.

Die freudianische Infragestellung der Selbstverleugnung, Zwanghaftigkeit und Heuchelei hilft zu erklären, weshalb sie in dem Zeitalter, in dem das Großunternehmen zur vorherrschenden Wirtschaftsform wurde, solch großen Anklang fand. In den 1920er Jahren trug die Psychoanalyse dazu bei, die einflussreichen neuen Medien der zweiten industriellen Revolution zu prägen, z. B. Radio, Fotojournalismus und Film. Noch vom Gefängnis aus wies Antonio Gramsci (1971) darauf hin, dass die Psychoanalyse »einen neuen

Mythos des [edlen] ›Wilden‹ auf einer sexuellen Basis« geschaffen habe. Der Schriftsteller Nathaniel West sah in Freud eine Art modernen Gustav Schwab, der die phantasievollen Fabeln gesammelt und veröffentlicht habe, die von Radiosprechern, Drehbuchautoren und anderen Erzählern weiterverwendet würden. William Randolph Hearst veröffentlichte den ersten Bericht über eine Analyse, ein Schlüsselmoment in der Entwicklung einer Kultur der Selbstenthüllung. 1925 begab sich der Filmproduzent Sam Goldwyn nach Europa und gab vor seiner Abreise kund, Freud $ 100.000 bieten zu wollen, damit dieser ihm helfe, entweder eine »wirklich große Liebesgeschichte« zu verfilmen oder »nach Amerika zu kommen und bei einem ›Großangriff‹ auf die Herzen dieser Nation zu helfen«. Wer wäre dazu schließlich besser geeignet als Freud mit seiner Einsicht in »emotionale Motive und unterdrückte Wünsche« (Douglas 1996, S. 122)?

Die Massenverbreitung der Psychoanalyse ging sowohl mit der Demokratisierung als auch mit der Banalisierung einer neuen psychologischen Denkweise einher. Mehr und mehr etablierte sich der Begriff »Freudianismus« als pauschale Bezeichnung für psychologisches Denken und spiegelte ein neues Objekt – die persönliche Erfahrung – nicht nur wider, sondern trug auch zu seiner Konstruktion bei. Die Psychoanalyse definierte Wörter von Grund auf neu oder führte neue Wörter ein, z. B. *oral*, *anal*, *phallisch*, *genital*, *unbewusst, Psyche*, *Triebe*, *Konflikt*, *Neurose*, *hysterisch*, *Vaterkomplex*, *Ich-Ideal*, *narzisstisch*, *Hemmung*, *Ich*, *Es* und *Über-Ich*. Im Zeitalter der Großunternehmen, in dem sich alles um Standardisierung und Massenreproduzierbarkeit drehte, ermutigte die Psychoanalyse die Menschen anzuerkennen, dass ein großer Teil ihres Erlebens ihrem eigenen Innern entstammte, und beförderte damit den Prozess der Innenorientierung, die einzige sichere Basis des Fortschritts.

Auf den neuen Geist des Kapitalismus im 20. Jahrhundert übte die Psychoanalyse einen tiefen Einfluss aufgrund ihrer engen, ja unterschwelligen Verbindungen zur protestantischen Ethik aus und einen breiten, weil sie auf einer neuen Massenbasis, nämlich dem Privatleben, beruhte. So positioniert, trug die Psychoanalyse dazu bei, die mit der Aufklärung und den demokratischen Revolutionen einhergegangen Verheißungen der Moderne zu verändern. Zunächst übte sie Einfluss auf eine Neukonzipierung der Autonomie aus. Frühere Konzeptionen waren mitnichten persönlich oder privat im Sinne des 20. Jahrhunderts gewesen. Kant verstand unter Autonomie die Freiheit, sich der Vernunft zu bedienen, um allgemeingültige moralische Regeln zu entdecken. Freud hingegen verstand unter Autonomie die Freiheit zu entdecken, was man mit dem eigenen Leben anfangen möchte. Dieser Wandel hing zutiefst mit der zweiten industriellen Revolution zusammen. Im Zeitalter der Großunternehmen fürchtete sich jeder vor Konformität. Ikonische Werke wie Charlie Chaplins Film *Moderne Zeiten* (1936), dessen Eingangsszene eine sich in die U-Bahn drängelnde Schafherde zeigt, oder Aldous Huxleys *Schöne neue Welt* (1932), eine dystopische Gesellschaft, die von einem Führer manipuliert wird, der abwechselnd »Our Ford« und »our Freud« genannt wird, haben diese Furcht zum Thema. Die Allgegenwart dieses Diskurses bewies die hohe Wertschätzung, die das neue Ideal der persönlichen – im Unterschied zur moralischen – Autonomie genoss. Huxleys Wortspiel zum Trotz trat die Psychoanalyse für ebendieses Ideal ein.

Darüber hinaus half die Psychoanalyse dem einzelnen Menschen, ein in höherem Maß personalisiertes Ideal des Familienlebens zu verfolgen, das auch ein höheres Maß an Intimität, sexuelle Intimität inbegriffen, zwischen Männern und Frauen vorsah. Manche Autoren haben dies als eine »neue Heterosexualität« bezeichnet (siehe z. B. Katz 2007). Auch diese Veränderung hing mit der zweiten industriellen Revolution zusammen. Während die Familie ihre frühere Identität als Produktionseinheit, die auf Eigentum beruhte, einbüßte, verlieh ihr die Psychoanalyse eine neue Bedeutung als Schauplatz des Privatlebens. Den Individuen, die sich nicht länger als Teil eines integrierten Eigentums- und Hierarchiesystems wahrnehmen konnten, bot sie eine neue Sichtweise an, nach der Individualität in der eigenen Kindheit gründet und in Ehe und Elternschaft ihren Ausdruck findet. In dieser Phase durchlief die Psychoanalyse selbst eine Veränderung. Ursprünglich Mittlerin der Entfamilisierung, wuchs ihr nun eine refamilisierende Rolle zu.

Und schließlich trug die Psychoanalyse dazu bei, einem neuen Identitätsbewusstsein den Weg zu bahnen, das in einem persönlichen Lebensgefühl wurzelte und die ältere Betonung der sozialen Klasse problematisch machte. Das heißt nicht, dass die Psychoanalyse die Arbeitspsychologie nicht beeinflusst hätte. Sie tat dies direkt in Bereichen wie den »Human relations« und indirekt durch ihre expansive Konzipierung der Psyche, aber es war das Leben außerhalb der Produktion, in dem sie den stärksten Eindruck hinterließ. Vor dem Hintergrund der Annahme, dass das Individuum auf ewig begehrt und der Befriedigung nicht fähig ist, war die Psychoanalyse für eine Epoche, der es um die Erweiterung des Konsums zu tun war, unverzichtbar. Sie revolutionierte die Werbung, die nun statt bewusster Bedürfnisse unbewusste Wünsche ansprach, und übte einen tiefgreifenden Einfluss auf die visuellen Medien einschließlich der Fotografie aus, die sich – ebenso wie die Psychoanalyse – als eine Möglichkeit verstand, zu zeigen, wie der Mensch ist, wenn er sich nicht unter bewusster Kontrolle hat. Insgesamt gesehen, trug die Psychoanalyse zur Veränderung der Art und Weise bei, wie der Kapitalismus verstanden wurde – nicht länger als Produktions-, sondern als Distributions- und Konsumptionsweise.

Die wichtigsten all dieser Veränderungen vollzogen sich im Bereich der Selbstwahrnehmung oder Introspektion. Laut Weber (1986 [1904–1905]) zeichnete sich der Calvinismus vor allen übrigen reformatorischen Sekten und Kirchen dadurch aus, dass er eine »tiefe[ ] innerliche[ ] Isolierung« (S. 97) förderte. So schrieb Weber mit Blick auf die Prädestination: »In der für die Menschen der Reformationszeit entscheidendsten Angelegenheit des Lebens: der ewigen Seligkeit, war der Mensch darauf verwiesen, seine Straße einsam zu ziehen, einem von Ewigkeit her feststehenden Schicksal entgegen. Niemand konnte ihm helfen« (S. 93f.). Im Kern reproduzierte die Psychoanalyse diese »innerliche[ ] Isolierung«. Ebenso wie für den Calvinismus zählte auch für die Psychoanalyse der Zwischenkriegszeit vor allem eines: nicht weltlicher Erfolg, nicht sinnliche Befriedigung, nicht »Selbstwertgefühl«, sondern der Zustand der Seele. Dies verlieh ihr einen besonderen Platz unter den übrigen maßgeblichen Strömungen.

Als immanente Kritik am Calvinismus unterwanderte die Psychoanalyse traditionelle, religiös fundierte Annahmen über Familienleben, Sexualität und Arbeitsethik. So wie der Kapitalismus des 17. Jahrhunderts auf der Sakralisierung des Familienlebens beruhte und die Industrialisierung des 19. Jahrhunderts auf einer neuen Arbeitsdisziplin, wurde der Aufstieg der Massenkonsumgesellschaft durch entsprechende Vermittlungsinstanzen zur Transformation der Subjektivität befördert. Die Psychoanalyse zählte zu den effektivsten dieser Vehikel, indem sie innere, im Charisma gründende Motivationen aktivierte und dazu beitrug, die Familie von einer traditionsgebundenen, produktionsorientierten Einheit in den Träger expressiver Individualität zu verwandeln.

3.

Bislang habe ich den Einfluss beschrieben, den die Psychoanalyse auf den Geist des Kapitalismus ausübte; im Folgenden wechsle ich die Richtung und beschreibe den Einfluss, den der Kapitalismus auf die Psychoanalyse ausübte. Von Beginn an machten sich in der Psychoanalyse zwei Impulse bemerkbar: der eine drängte auf Eingliederung in die für den Kapitalismus des 20. Jahrhunderts maßgeblichen Institutionen, vor allem in die Universität und in die für »soziale Kontrolle« zuständigen Berufe wie Sozialarbeit, Therapie und Testung und in die neue Massenkultur; der andere, Ausdruck des Wunsches, einen auf Freud zentrierten, proto-calvinistischen, letztlich hebräischen oder mosaischen Kern zu bewahren, drängte in Richtung Sektierertum. Beide Impulse brachten Gefahren mit sich. Die Eingliederung würde den unverwechselbaren Charakter der Psychoanalyse zerstören; das Sektierertum würde ihre Identität schützen, aber nur um den Preis der Marginalität und des Schismas. Bis 1930 konnte die Psychoanalyse eine heikle Balance wahren. Nachdem sie aber auf dem Kontinent praktisch ausgelöscht worden war und jüdische Psychoanalytiker sich nach England und in die USA geflüchtet hatten, kippte das Gleichgewicht. Die Psychoanalyse wurde, um mit Weber zu sprechen, zu einem »innerweltlichen Programm der ethischen Rationalisierung« – mit starken Verbindungen zu Normalisierungsinstanzen wie den Sozialberufen, der Medizin und dem Sozialstaat.

Diese dritte Phase gründet im New Deal und in der Popular Front. Vor allem in England erlangte die Beziehung zur Mutter während des Zweiten Weltkriegs vorrangigen Stellenwert in der analytischen Theorie. *Ich*, *Sexualität* und *Individuum* wichen dem *Objekt*, der *Mutter* und der *Gruppe*. Analytiker entwickelten einen neuen »objektbeziehungstheoretischen« Blick auf das Ich als ethisch verantwortliche Instanz. Diese ethische Verantwortlichkeit war weniger eine Frage der Befolgung universaler moralischer Normen; vielmehr ging es um konkrete Verpflichtungen gegenüber bestimmten Anderen. Nicht zufällig spielte Bloomsbury mit seiner Ethik transfamilialer Geselligkeit für die Herausbildung des objektbeziehungstheoretischen Denkens eine wichtige Rolle. Unter dem Eindruck des furchtbaren Krieges trat die klinische und theoretische Aufmerksamkeit für Bindung, Verlust und Trauer an die Stelle der älteren, auf Es, Ich, Über-Ich aufbauenden Metapsychologie.

In den Vereinigten Staaten nahm die Psychoanalyse der Nachkriegszeit einen etwas anderen Akzent an. Der New Deal und die Kriegserfahrung begünstigten eine revolutionäre Umorientierung der amerikanischen Gesellschaft von Statusformen und traditioneller Autorität hin zu neuen Vorstellungen einer verinnerlichten Selbstkontrolle. Die freudianische Ich-Psychologie wurde mit ihrer Betonung der Stärke, dank deren das Ich unbewusste Prozesse lenkt und kontrolliert, in der Epoche des Sozialstaates institutionalisiert. Während des Krieges hatte das United States Surgeon General's Office angeordnet, dass jeder Militärarzt mit den Grundprinzipien der Psychoanalyse vertraut zu sein habe (vgl. Howells 1975, S. 464; Menninger 1948, S. 452). Als die Ärzte dem Behandlungsbedarf nicht länger gerecht werden konnten, sprangen neue Professionen, die klinische Psychologie und die psychiatrische Sozialarbeit, in die Bresche. Nach dem Krieg entledigte die Psychiatrie sich ihres vormundschaftlichen Images, indem sie sich der Psychoanalyse zuwandte. In den Kliniken trugen Analytiker in leitenden Funktionen dazu bei, ganze Bereiche wie Beratung, Testverfahren, Fürsorgewesen, Bildung und Erziehung, Personalwesen und Justiz – hier insbesondere neue Spezialgebiete wie Jugend- und Familienrecht sowie Kriminologie – zu reformieren (vgl. Fuller Torrey 1992, S. 165; Hale 1995, S. 211f.; Szaz 1963). Religiöse Einrichtungen wurden zu Zentren der psychologischen und nicht lediglich geistlichen Beratung; das Schulwesen wandelte sich, weil nun auch psychologische Aspekte Berücksichtigung fanden (vgl. Klausner 1964). Die Medizin selbst veränderte sich von der fokussierten Behandlung spezifischer Krankheiten zum Management der sozialen und interpersonalen Dimensionen von Erkrankungen (vgl. Janowitz 1978, S. 417–429). Als »psychodynamische« Disziplin, die auf die Stärkung der von Michel Foucault so genannten »produktiven Macht« zielte – einer Macht, die nicht von außen wirkt, sondern von innen –, wurde die Analyse zwischen 1945 und 1975 zu einem integralen Bestandteil des sogenannten Goldenen Zeitalters des Kapitalismus, d. h. des florierenden keynesianischen Sozialstaates – eines organisierten, staatlich gelenkten Kapitalismus.

Die Ethik der Reife war das öffentliche Gesicht dieser neuen Ära. Von ihrem Platz in der etablierten Ordnung aus vertrat die Psychoanalyse eine neue Ethik der »Verantwortung« und des »Erwachsenseins«, die mit einer vermeintlichen neuen Reife der globalen Rolle Amerikas zusammenhing, aber auch auf die familienbasierten Massenkonsumgesellschaften ausgerichtet war, die sich damals in England, Frankreich und Deutschland herausbildeten. Das wichtigste Element der Ethik der Reife waren die Ablehnung radikaler Politik und die Überzeugung, dass Freiheit in erster Linie im privaten Raum zu finden sei. Bruno Bettelheim (1980 [1943]) vertrat in seiner Abhandlung »Individuelles und Massenverhalten in Extremsituationen« die Ansicht, was die ersten Konzentrationslager so furchtbar gemacht habe, sei der Umstand gewesen, dass man sich vor den Aufsehern nicht zurückziehen konnte. Stanley Elkins' *Slavery* porträtierte das Fehlen einer Privatsphäre, etwa eines Gartens, als Wurzel der speziellen Virulenz des amerikanischen Rassismus (Elkins 1976). Hannah Arendt unterschied in *Elemente und Ursprünge totaler Herrschaft* die »totalitäre« Untergrabung der Privatsphäre von der »Tyrannei«, die sie auf den öffentlichen Raum beschränkt sah. Die Privatsphäre war das Terrain, auf dem die Ethik der Reife erblühte. »Reife« lag auch einer sich wandelnden Konzipierung des öffentlichen Raumes zugrunde. Während des Zweiten Weltkriegs drängte Talcott Parsons Franklin Roosevelt, auf Antikriegsproteste nicht »hysterisch« zu reagieren, sondern sich den Psychoanalytiker zum Vorbild zu nehmen, der neurotische Wahrnehmungen entkräftet, indem er schlichtweg nicht auf sie eingeht. George Kennan argumentierte, dass die sowjetische Paranoia in sich zusammenfiele, solange nur die Vereinigten Staaten standhaft blieben und nicht impulsiv reagierten. In dem 1956 entstandenen Film *Der Mann im grauen Flanell* überwindet die Protagonistin ihre narzisstische Kränkung und erkennt die Verantwortung ihres Mannes für das Kind, das er während seines Kriegseinsatzes in Übersee gezeugt hat, an – ein Symbol der amerikanischen Verantwortung für Europa, die ihren Ausdruck im Marshall-Plan fand. Der reife Mensch, so schrieb Erik H. Erikson (1974 [1950]), ist »tolerant gegenüber Unterschieden

[…], in der Wertverteilung vorsichtig und methodisch, im Urteil gerecht, im Handeln umsichtig und – trotz all dieser scheinbaren Relativismen – fähig zu glauben und fähig, sich zu empören« (S. 406).[12]

Mithin veranschaulichte die Psychoanalyse der Nachkriegszeit die Dialektik von Integration einerseits und Marginalität oder Sektierertum andererseits. Da sie aufgrund ihrer Betonung des Privatlebens für die Ideologie des Kalten Krieges zentralen Stellenwert besaß und einen integralen Bestandteil des Normalisierungsprojekts des keynesianischen Sozialstaates bildete, befürworteten Analytiker die neue Gewichtung der produktiven Kraft, die aus dem Innern des Individuums wirkt und ihm nicht von oben oder außen aufgezwungen wird. Solcherart integriert oder absorbiert, erfüllte die Ich-Psychologie eine Funktion der sozialen Kontrolle. Beispielsweise wurde die Scham, die nur allzu viele Homosexuelle empfanden, zusätzlich dadurch verstärkt, dass Psychoanalytiker die Homosexualität nicht länger als Straftat definiert sehen wollten und sie stattdessen als »Krankheit« neudefinierten. Und während sie die Sexualität der Frau in der Theorie anerkannten, setzten manche, aber keineswegs alle Analytiker Begriffe wie *Weiblichkeit*, *Mutter* und *vaginaler Orgasmus* als Waffen gegen durchsetzungsstarke Frauen ein. Manche, vielleicht auch viele Analytiker beanspruchten Überlegenheit gegenüber der Politik und kooperierten begeistert mit dem Defense Department und der CIA, die im Dienst des Kalten Krieges analytische Forschungsprojekte finanzierten (vgl. Herman 1995; Chase 2003). Freilich gab die Erfahrung des Faschismus und des Militarismus auch Anlass zu tiefen Selbstreflexionen, die vom analytischen Denken profitierten. Zu nennen sind hier Masao Maruyamas Theorie des »modernen Ichs« (1963) in Japan, Alexander und Margarete Mitscherlichs Buch *Die Unfähigkeit zu trauern* (1967) in Nachkriegsdeutschland und Richard Hofstadters Essay »The paranoid style in American politics« (1964) in den USA. Von amerikanischen Analytikern wurde diese Denkweise nicht geteilt. Weit davon entfernt, sich für solche Projekte zu engagieren, unterstützten sie die Rekrutierung Deutschlands und

12 Vgl. auch Lasch (1981 [1977)]. Laschs brillantes Buch beruht ebenso wie die Feindseligkeit, mit der die feministische Bewegung nach den 1960er Jahren darauf reagierte, zu einem Gutteil auf der Loyalität, die der Autor der für die 1950er Jahre charakteristischen Ethik der Reife weiterhin entgegenbrachte.

Japans in die Ordnung des Kalten Kriegs und erklärten sich ausdrücklich mit dem McCarthyismus einverstanden.[13]

Doch auch als die amerikanische Nachkriegspsychoanalyse, die Ich-Psychologie, in den Sozialstaat des Kalten Krieges integriert wurde, bewahrte sie sich Verbindungen zu ihren charismatischen, anti-institutionellen Ursprüngen, und zwar teils durch »die Aura ihrer Nähe zu den Gründervätern« (Coser 1984, S. 30), teils durch ihre Beziehungen zu Kunst und religiöser Erfahrung, vor allem aber durch ihre Beziehung zur geschlechtlichen Liebe, jener »Pforte zum irrationalsten und dabei realsten Lebenskern gegenüber den Mechanismen der Rationalisierung« (Weber 2017 [1915], S. 824). In den 1950er Jahren beriefen Analytiker sich auf diese engen Verbindungen, um die heterosexuelle Familie erneut heilig zu sprechen. Sie schrieben dem häuslichen Leben tiefe persönliche, ethische und sexuelle Bedeutungen zu, die man zuvor mit außerfamilialen Formen des Privatlebens in Verbindung gebracht hatte. Dadurch aber beschworen sie charismatische Kräfte herauf, deren sie nicht immer Herr zu werden wussten. In den 1960er Jahren griffen antinomische, durch einen freudianischen Geist inspirierte Unruhen auf die psychoanalytische Profession, die heterosexuelle Familie und den Sozialstaat über. Die Psychoanalyse, die ihre charismatischen Quellen zu normalisieren bestrebt war und sich gleichzeitig aus ihnen nährte, bildete das Zentrum *sowohl* der in den 1950er Jahren mehr und mehr zunehmenden Rationalisierung des privaten Lebens *als auch* der dräuenden Kritik an der Rationalisierung, der charismatischen Zurückweisung des Alltäglichen, die in den 1960er Jahren in den Vordergrund rückte.

13 Gelegentlich ist zu hören, dass die 1950er Jahre eine konservative Ära gewesen seien und die amerikanischen Psychoanalytiker diesen Konservatismus lediglich widergespiegelt habe. In Wirklichkeit repräsentierten sie einen der beiden Pole.

4.

Eine Phase der Selbsterforschung, wie z.B. die Psychoanalyse sie anregt, ist von Natur aus kurzlebig. Normalerweise richtet sich der Geist nach außen. Deshalb überrascht es nicht, dass neue wissenschaftliche Theorien, Therapien und Alltagspsychologien die analytische Betonung der Selbsterforschung infrage stellten; ebenso wenig überraschend lehnten die Neue Linke und die Frauenbewegung die »Ethik der Reife« und die institutionalisierte Psychoanalyse ab und zerstörten das Charisma der Analyse. Eine ausführlichere Darstellung der in den 1960er Jahren auftauchenden »nachanalytischen« Welt enthält das 5. Kapitel, doch zuvor ist hier ein letzter Punkt abzuhandeln: der Beitrag, den die Angriffe auf die Psychoanalyse dazu leisteten, dass der Geist des Kapitalismus eine weitere Veränderung erfuhr.

In die letzte Phase der Beziehungen zwischen Psychoanalyse und Kapitalismus fallen der Wandel von Kontrolle zur Befreiung und die damit einhergehende Veralterung der Psychoanalyse. Dieses Stadium spiegelte die »keynesianische Revolution« wider, den Triumph der Konsumentenökonomie während der »glorreichen dreißig Jahre« – den 1940ern bis 1970ern – sowie die Veränderung hin zu einem neuen »postfordistischen« Geist des dezentralisierten, dienstleistungsorientierten, kreditgestützten, vernetzt und global organisierten neoliberalen Kapitalismus, der auf den Niedergang des keynesianischen Modells in den 1970er Jahren folgte. Ebenso wie das Aufkommen der Massenproduktion ging auch der postfordistische Neoliberalismus mit einer Veränderung der Familie einher, mit einer Tendenz zur Doppelverdiener-Familie, der Aufwertung der Berufstätigkeit von verheirateten Frauen und Müttern und der Entstigmatisierung »atypischer« Formen des Familienlebens wie homosexueller Elternpaare, geschiedener Paare und der von Frauen dominierten schwarzen Familie. Dieser gleichermaßen kulturelle und psychologische wie soziologische Wandel brachte die Auflösung traditioneller Kontrollen der Sexualität und Aggression mit sich. Weil die Psychoanalyse ein integraler Bestandteil des Familiensystems der keynesianischen Ära gewesen war und weil jedes Nachfolgesystem auch neue Sicht- und Verständnisweisen des privaten Lebens beinhalten musste, kam der Herausforderung der Autorität von Analytikern zentrale Bedeutung zu. Tatsächlich fiel der Aufstieg des zur vollen Blüte gelangenden Konsumgeistes des Kapitalismus mit dem Niedergang der Psychoanalyse zusammen.

Die tiefsten Ursachen für die Faszination, die Freud auf die Massen ausgeübt hatte, hingen seit jeher mit seiner Theorie zusammen, dass die Kultur das Individuum mit außergewöhnlichen Anforderungen konfrontiere. Dennoch plädierte Freud keineswegs dafür, die Triebe aus den kulturellen Anforderungen zu entlassen. Vielmehr empfahl er ihre *Sublimierung*, die wiederum »Abstinenz« oder Befriedigungsaufschub voraussetzt, damit sexuelle Energie in entsexualisierte Einsicht oder Rationalität umgewandelt werden kann. Es gab, wenn auch in geringer Zahl, durchaus Persönlichkeiten in der psychoanalytischen Bewegung, die für die Befreiung der Triebe als eigentliches Ziel plädierten. Zu ihnen gehörte Otto Groß, ein Vorläufer Wilhelm Reichs. Als Max Weber 1907 die Veröffentlichung eines Artikels ablehnte, den Groß eingereicht hatte, bediente er sich einer Sprache, die auch Freud selbst benutzt haben könnte. Weber zufolge war Groß überzeugt, dass »*jede* Unterdrückung von affektbetonten Wünschen und Trieben zur ›Verdrängung‹ führt« (Marianne Weber 1989 [1926], S. 380), woraus er die Notwendigkeit einer Revolution ableitete. Doch ethisches Leben verlangt immer auch Verdrängung. Groß vertrete, so klagte Weber, eine »Nerven-Ethik« (ebd., S. 380) oder »psychiatrische Ethik« (ebd., S. 382): »[G] estehe dir ein, wie du ›bist‹, was du gewollt hast« (ebd., S. 382).

In den frühen Jahren der Psychoanalyse blieb Groß' theoretischer Ansatz randständig, doch im Laufe des 20. Jahrhunderts wuchs ihm mehr und mehr Bedeutung zu. Mit der Verbreitung der Massenproduktion war das Potenzial des Kapitalismus, Überschuss zu generieren und den Imperativ der Selbstbeschränkung und Sparsamkeit auf diese Weise zu relativieren, unverkennbar. In den »glorreichen dreißig Jahren« des keynesianischen Wohlstands fand dieses Potenzial Ausdruck in Begriffen wie Überfluss, *Automatisierung* und *Dreifachrevolution*. Der Wohlstand ging auch mit einer demographischen Revolution einher, dem *Babyboom*. Die Werbung appellierte an die enorme Kaufkraft der neuen Kohorte. Auf den Davy-Crockett-Hype folgten Blue-Jeans, Rockmusik und sogenannte Freizeitdrogen. Die Studentenzahlen schossen in die Höhe. Technologische Veränderungen vertieften die »Generationenkluft«. Die jugendzentrierte Rock- und Soulmusik ließ einen imaginären Eros der Triebabfuhr explodieren. New-Age-Psychologien, die Neue Linke und die Frauenbewegung – sie alle brachten nie gekannte Möglichkeiten der Befreiung zum Ausdruck, und sie alle waren bestrebt, die Psychoanalyse in ihrem Sinn zu interpretieren.

Drei Momente stechen heraus, weil sie die Psychoanalyse sehr entschieden infrage stellten. Diese nahm – erstens – für sich in Anspruch, »die überdauernde, einzigartige individuelle Persönlichkeit« zu erforschen, während eine ganze Reihe neuer »intersubjektiver« Theorien und Behandlungsverfahren davon ausging, dass dergleichen nicht existiere und nie existiert habe.[14] Die analytische Fokussierung auf das Individuum hatte zur Stigmatisierung von Geisteskrankheit, Normabweichungen und Weiblichkeit geführt, doch in den 1960er Jahren wurde die Stigmatisierung als Resultat der autoritären Etikettierung abgelehnt. Darüber hinaus forderte eine »relationale Revolution«, dass sich die Psychotherapie als ein authentischer Austausch »offener«, sozial bewusster Individuen gestalten solle und nicht als Unterordnung des Individuums unter eine vermeintlich objektive Autorität. In Verbindung mit ihren manchmal begrüßenswerten therapeutischen Implikationen trugen die neuen »relationalen« Theorien dazu bei, den neuen postfordistischen, finanz- und informationsgestützten Kapitalismus voranzubringen, dessen charakteristische Vorstellungsinhalte sich auf offene, unbestimmte, wandelbare Netzwerke, rhizomorphe Kontexte und enträumlichte Abläufe konzentrierten. Die Vorstellung eines individuellen, inneren persönlichen Lebens wurde zugunsten einer Betonung der Flexibilität, Geselligkeit und Sensibilität für Unterschiede abgelehnt.

Zweitens vertraten Psychoanalytiker eine kritische Einstellung zum Narzissmus, den sie regelmäßig der Autonomie gegenüberstellten. Er galt als Erschwernis der Analyse und als eine, wie Karl Abraham (1982 [1926]) es formuliert hatte, »optimistische Wegleugnung« jeder »Art von Minderwertigkeit,

14 Vgl. Sullivan (1950). Die Umorientierung zu relationalen Theorien ist von den klassischen Objektbeziehungstheorien, etwa der kleinianischen, zu unterscheiden. Melanie Kleins Theorie beschäftigte sich mit der *inneren* Objektwelt; die neuen intersubjektiven Theorien betrafen zwischenmenschliche Beziehungen. Kleins Theorie gründete in Freuds Lehre; die neuen intersubjektivistischen Theorien schauten auf die amerikanische Sozialpsychologie, vor allem auf George Herbert Mead.

mag sie real oder nur in der Vorstellung des Individuums bestehen« (S. 366). Im Gegensatz dazu propagierten Denker und Bewegungen der 1960er Jahre eine neue Kultur der Expressivität, die den Narzissmus wertschätzte. In der Psychoanalyse lehnte Heinz Kohut Freuds Auffassung, der Narzissmus sei lediglich eine »Stufe« der Ich-Entwicklung, verächtlich ab. Er geißelte die »heimliche Moral« der traditionellen Analyse, »der Wahrheit mutig ins Gesicht zu sehen«, ihre »Selbstständigkeitsmoral« (Kohut 2001 [1981], S. 160) und die »Gesundheits- und Reifemoralität« (Kohut 1979 [1977], S. 190) und behauptete, dass der Narzissmus die Sexualität als definierendes Thema des Zeitalters ersetzt habe. Auch hier aber waren die Folgen der Kritik keineswegs immer beabsichtigt. Wie sich herausstellte, förderte die Wertschätzung des Narzissmus den Wandel zu der »dichten interpersonalen Umwelt« der postindustriellen Gesellschaft, einer Umwelt, die nicht Dinge, sondern Beziehungen (»Netzwerke«) produziert und in der Image, Persönlichkeit und interpersonale Kompetenz, nicht Autonomie oder Wissen, den höchsten kommerziellen Wert besitzen.

Vor allem aber markierten die 1960er Jahre den Höhepunkt der Revolution, die sich, beginnend mit der zweiten industriellen Revolution, in der Familie vollzog. Benjamin Spock gab seine analytische Praxis in den 1940er Jahren auf, weil ihm eine »sehr überzeugte Feministin«, die »zwei Jahre lang gegen jede Deutung entschieden protestiert hatte«, tiefes Unbehagen bereitete (Bloom 1972, S. 72, S. 83f.). Indes war Spocks Reaktion keineswegs typisch für eine Zeit, in der das Familiensystem nach wie vor nur mit der Vollzeitmutter funktionierte. In den 1960er Jahren aber wurde ein Leben außerhalb des herkömmlichen Familienkontextes, ein Leben als Single, als Schwuler oder Lesbe oder in einer Doppelverdienerfamilie realistischer und attraktiv. In diesem Zusammenhang erzählte ein New Yorker Analytiker Betty Friedan einmal, er habe eingesehen, dass er »der Psyche seiner Patientinnen seit zwanzig Jahren Freuds Theorie der Weiblichkeit übergestülpt« habe, und sei nun nicht länger dazu bereit. Er hatte zwei Jahre lang eine Patientin in Behandlung, bevor ihm deren »eigentliches Problem klar wurde – es reichte ihr nicht, lediglich Hausfrau und Mutter zu sein. Eines Tages träumte sie, in einer Schulklasse Unterricht zu geben. Ich konnte die tiefe Sehnsucht, die der Traum dieser Hausfrau ausdrückte, nicht als Penisneid abtun [...] und sagte zu ihr: ›Ich kann diesen Traum nicht weganalysieren. Sie müssen selbst etwas unternehmen.‹«[15]

Die zweite Welle des Feminismus übersetzte Freuds intrapsychische Theorie in eine Theorie der sozialen Unterdrückung. Vorausgegangen war die Ablehnung des Psychologisierens durch die Neue Linke. Als sich die Frauenbewegung der Bewusstseinsbildung in Selbsterfahrungsgruppen zuwandte, waren »individuelle Erklärungen« nicht länger gern gesehen. Was in der Psychoanalyse untersagt war oder zu unterbleiben hatte – das »Agieren« –, wurde nun bevorzugt. Der Ödipuskomplex wurde als eine »Psychologie der Macht« uminterpretiert, der Penisneid als »Machtneid« erkannt (Firestone 1970, S. 49, 51; siehe auch Bernheimer & Kahane 1985, S. 5f.; Ramas 1980). Weil Dora ihr Schicksal angeblich selbst in die Hand genommen und sich einer psychoanalytischen Behandlung verweigert hatte, wurde sie zu einer feministischen Ikone (Cixous & Clement 1986).[16] Gayle Rubin (1975) definierte die Psychoanalyse um und nannte sie eine »feministische Theorie *manqué*«, eine »verhinderte feministische Theorie« (S. 185), will sagen: Der Feminismus bezog die soziale Perspektive (die patriarchale Organisation der Verwandtschaftsverhältnisse), die der Freudianismus lediglich spiegelte. Die Abfuhr, die die Protagonistin in Erica Jongs Roman *Angst vorm Fliegen* ihrem Analytiker erteilt, ist dafür emblematisch: »›Wissen Sie denn nicht, daß die männliche Definition des Wesens der Frau schon immer davon bestimmt wurde, wie sie die Frauen am besten unterdrücken konnten? Und warum sollte ich auf Sie hören, um zu wissen, was es heißt, Frau zu sein? Sind Sie eine Frau? Warum sollte ich zur Abwechslung nicht einmal auf mich hören? Und auf andere Frauen?‹ […] Und wie im Traum (ich hätte mir das nie zugetraut) erhob ich mich von der Couch (wie viele Jahre hatte ich dort gelegen?), griff nach

15 Friedan (1963), S. 112.
A. d. Ü.: Die deutsche Übersetzung von *The Feminine Mystique*, 1970 unter dem Titel *Der Weiblichkeitswahn oder die Selbstbefreiung der Frau* erschienen, wurde »im Einverständnis mit der Autorin leicht gekürzt« (Impressum) und enthält diese Passage nicht.

16 Für Hélène Cixous ist Dora »diejenige, die sich dem System widersetzt, diejenige, die es nicht erträgt, dass die Familie und die Gesellschaft auf dem Körper der Frauen errichtet wurden, auf verabscheuten, abgelehnten Körpern, die gedemütigt werden, sobald man sie benutzt hat« (Cixous & Clement 1986, S. 153f.).

meiner Handtasche und ging … zur Tür hinaus. … Keine 8-Uhr-Sitzungen mehr! … ich war frei!« (Jong 1976 [1973], S. 30, 32f.)

Zusammengenommen, bereiteten diese drei Veränderungen – die Geburt einer Ideologie der Intersubjektivität, die Wertschätzung des Narzissmus und das Auftauchen des Feminismus sozusagen als Calvinismus oder »Psychoanalyse« der dritten industriellen Revolution – einem neuen postfordistischen Geist des Kapitalismus den Weg. Wenn wir den von Max Weber beschriebenen ursprünglichen Geist des Kapitalismus mit dem neuen Geist vergleichen, der im letzten Drittel des 20. Jahrhunderts auftauchte, scheint die Psychoanalyse eine entscheidende, wenngleich vorübergehende, Mittlerrolle gespielt zu haben. Aus der Askese – herausgefordert durch die analytische Betonung der Triebe und die Bekämpfung der Verdrängung – war der Narzissmus, aus der Zwanghaftigkeit – herausgefordert durch die freudianische Analyse der puritanischen Schuldgefühle – war die Flexibilität und aus der Heuchelei – herausgefordert durch die freudianische Ethik der Offenheit und Aufrichtigkeit – war das Empowerment geworden. In einem gewissen Sinn hatte die Psychoanalyse ihre historische Aufgabe erfüllt, als sich das Zeitalter, in dem sie das öffentliche Bewusstsein beherrscht hatte, seinem Ende zuneigte.

Kommen wir zum Schluss. Die Psychoanalyse, so meine These, war der Calvinismus der zweiten industriellen Revolution. Damit will ich sagen, dass sie dem Einzelnen die Chance gab, einem tiefen gesellschaftlichen Wandel, der andernfalls rein pragmatisch, soziologisch oder ökonomisch geblieben wäre, eine persönliche, private Bedeutung zuzuschreiben. Im letzten Jahrzehnt seines Lebens versuchte Freud, ein neues Geschichtsbild zu zeichnen, das die Rolle grundstürzender Veränderungen hervorhob, Momente höchster emotionaler Intensität mit langfristigen Folgen für Tradition, Charakter und Kultur. Die Psychoanalyse war selbst ein solcher Moment, in dem, um mit Weber zu sprechen, die Geschichte einen Gleiswechsel vornahm. In gewisser Weise ist es noch immer zu früh, um die langfristigen Auswirkungen jenes Moments wirklich erfassen zu können. Verweist er, wie der Calvinismus, auf eine höhere Form der sozialen Organisation oder aber auf einen zunehmenden Antinomismus, auf wachsende Anomalie und den Niedergang der Führerschaft? Vieles hängt von der Entwicklung der neuen sozialen Bewegungen ab, dem Feminismus und der Schwulenbewegung, die die Psychoanalyse ersetzt haben. Wie dem auch sei – wir können heute eines der auffälligsten Merkmale der Geschichte der Analyse würdigen: ihren paradoxen Charakter. Fast augenblicklich als bedeutende Antriebskraft der menschlichen Emanzipation erkannt, sieht sie sich heute zu einer »Pseudowissenschaft« degradiert, deren Überleben fraglich erscheint. Verständlich wird diese Paradoxie, wenn wir uns klar machen, dass die Psychoanalyse einerseits emanzipatorischen Bestrebungen eine Stimme verlieh, die als Kritik an der ersten industriellen Revolution dienten, und andererseits ebendiese Bestrebungen innerhalb eines der zweiten industriellen Revolution entsprechenden revidierten Geistes des Kapitalismus wiederauflebten.

2. Kapitel

Jenseits des Blues. Das rassische Unbewusste und das kollektive Gedächtnis

Zwischen dem Erscheinen von *The Souls of Black Folk* im Jahr 1903 (dt.: *Die Seelen der Schwarzen*, 2003) und der Sit-in-Bewegung der 1960er Jahre hat sich das Selbstbild amerikanischer Schwarzer drastisch verändert. Die afroamerikanische Gesellschaft des frühen 20. Jahrhunderts war ein verwüsteter Kontinent, protoliterat, arm und nach wie vor beherrscht von Despoten wie Booker T. Washington oder weißen Oberherren, »Philanthropen«, und deren politischen Verbündeten. Zwei Generationen später befreiten sich schwarze College-Studenten aus jeglicher Vormundschaft und trugen die Bürgerrechtsbewegung bis ins tiefste Mississippi, Alabama und Georgia hinein. Die Rolle, die radikale kulturelle und politische Bewegungen wie die Harlem Renaissance, die Popular Front und die antiimperialistische, in der Idee des Black Atlantic gipfelnde Strömung dabei spielten, diesen Wandel zu ermöglichen, wird von den meisten Historikern anerkannt. Der Beitrag der freudianischen Psychoanalyse wird hingegen selten gewürdigt.

Das afroamerikanische Interesse an Freud hatte vielerlei Gründe, einschließlich des Bedürfnisses, die Irrationalität des Rassismus zu begreifen. Maßgeblich aber war tatsächlich etwas anderes. Afrikaner waren von ihren Familien getrennt, aus ihren Heimatländern verschleppt und ihren Verwandtschafts- und Sprachgruppen entrissen worden; sie waren verkauft, weiterverkauft und abermals verkauft, in Ahnungslosigkeit gehalten, geschlagen, vergewaltigt und niedergemetzelt worden. Bestenfalls wurden sie bevormundet und von oben herab behandelt. Um dieses grauenvolle Erbe bewältigen zu können, mussten Afroamerikaner sich mit ihrer Geschichte auseinandersetzen – sie betrauern und durcharbeiten und ein kollektives Gedächtnis begründen. Diese Aufgabe war zwangsläufig schmerzvoll und bisweilen demütigend. Die Wut, die damit einherging, war ungeheuer. In Schlüsselmomenten dieses Prozesses rekurrierten Afroamerikaner auf den Freudianismus.

Weshalb und wie dies geschah, versteht man nur, wenn man sich vor Augen hält, dass die Sklaverei letztlich ein patriarchales System war; der Sklave war ursprünglich Teil des Haushaltes seines »Masters« gewesen, und noch lange nach dem Bürgerkrieg mussten Afroamerikaner, vor allem wenn sie sich in die amerikanische Gesellschaft zu assimilieren versuchten, gezwungenermaßen akzeptieren, dass sie sich »in the master's house« befanden. Schwarze Intellektuelle, die mit dem Problem des Erinnerns und der Rekonstitution einer patriarchalen Vergangenheit, die sie nach wie vor festhielt, rangen, konsultierten Freuds Schriften. Um diesen Prozess zu beleuchten, stütze ich mich auf Hegels kanonische phänomenologische Beschreibung des Kampfes, in dem der Knecht seine Freiheit erringt.[1]

In der ersten Phase des Kampfes ist das Bewusstsein des Knechts insofern ein gespaltenes oder »doppeltes«, als er sich »des Anderen«, d. h. des Herrn, ständig bewusst ist. In der zweiten Phase erkennt er sein Wesen als freie Person in einem Kampf, in dem er buchstäblich sein Leben aufs Spiel setzt. In einer letzten Phase kehrt sich die Beziehung zwischen Herr und Knecht um; der Herr ist vom Knecht abhängig geworden, und das Bewusstsein des Knechts existiert »für sich«. Hegels Schema kann Licht auf den *inneren* Kampf des afroamerikanischen Volkes gegen seine psychischen Herren werfen, der die sozialen und politischen Kämpfe, die sich auf Straßen, öffentlichen Plätzen, in Kirchen und Schulen abspielten, ergänzte. In drei Momenten blickten afroamerikanische Radikale auf die Psychoanalyse, um ein Gedächtnis und eine Identität zu konstituieren. Diese drei Momente, die Harlem Renaissance, die Popular Front und der Postkolonialismus, entsprechen, wie wir sehen werden, den drei Phasen im Kampf des Knechts um seine Freiheit.

Die Begegnung zwischen afroamerikanischen Intellektuellen und der Psychoanalyse verdankt ihre Relevanz für das Thema des politischen Freud dem Umstand, dass sie weder durch die Entwicklung einer Profession noch durch das Aufkommen einer isolierten akademischen Strömung herbeigeführt wurde, sondern durch die intensive Beschäftigung schwarzer Intellektueller mit einem ganzen Volk. Dies verlieh der Psychoanalyse eine politische Di-

1 Meiner Hegel-Interpretation liegt Alexandre Kojèves berühmte Auslegung zugrunde, die auch auf marxistische und existenzialistische Themen rekurriert.

mension, die größer war als üblich. Der weißen amerikanischen Mittelschicht diente die Psychoanalyse als Avatar, als Dolmetscher und als Autorität über den privaten, intimen Raum. In der afroamerikanischen Gesellschaft war die Linie zwischen dem Öffentlichen und dem Privaten von vornherein porös, aufgebrochen durch rassistische Einschüchterung, ökonomische Ausbeutung und sexuellen Missbrauch. Die Call-and-response-Tradition der afroamerikanischen Musik und der schwarzen Kirchen illustriert den speziellen Charakter des Verhältnisses zwischen Öffentlichkeit und Privatheit. Wenn ein Blues- oder Gospel- oder Jazz-Sänger den Zuhörern seinen Schmerz klagte, teilten sie alle einen gemeinsamen, kollektiven Schmerz. In analoger Weise war Freud in der afroamerikanischen Community nicht allein Dolmetscher des privaten Lebens, sondern musste zugleich auch politisch sein. Die Durchlässigkeit von Öffentlichem und Privatem in der schwarzen Community hilft auch zu erklären, warum diese für die politische Kultur Amerikas eine solch zentral Bedeutung erlangte. Die psychologische Erforschung des schwarzen Amerika war nicht nur ein notwendiges Element im Aufbau einer afroamerikanischen Community. Sie trug auch dazu bei, das kollektive Unbewusste der weißen Mittelschicht ans Licht zu bringen.

In seiner Essaysammlung *The Souls of Black Folk – Die Seelen der Schwarzen* – erläuterte William E.B. Du Bois (2003 [1903]) den zentralen Stellenwert der Musik für das afroamerikanische Gedächtnis. Auf Du Bois' Spur werden wir den afroamerikanischen Freud in den Kontext der Musik, insbesondere des Blues, einordnen. Die versklavten afrikanischen Gefangenen erschufen die Spirituals, heilige Gesänge, die ihnen versicherten, dass sie ein auserwähltes Volk seien und dass sie befreit werden würden. Blues-Songs tauchten in den Vereinigten Staaten gegen Ende des 19. Jahrhunderts als säkularer Abkömmling der Spirituals auf, eine Antwort der Unter- und Arbeiterklasse auf die lange Geschichte der Knechtschaft, des Ausschlusses und der verletzten Würde der afroamerikanischen Community. Die Blues-Songs erzählen von der Traurigkeit über Schmerz und Leid, vom »blues«, doch die Lieder kündigten zugleich etwas Neues an. Hervorgegangen aus kollektiven Quellen wie Kreisgesängen, Arbeitsliedern, Protestliedern und Feldgesängen, waren die Blues-Songs die erste explizit *persönliche* Form in der Geschichte der afroamerikanischen Musik, ein eng mit der Psychoanalyse verwandter

Klangausbruch, in dem sich nicht nur die emotionsgeladene, kollektive Stimme einer unterdrückten Gruppe Gehör verschaffte, sondern die private, persönliche Stimme eines sich nach Emanzipation – auch von der rassischen Gemeinschaft selbst – sehnenden Individuums.

Die traumatischen Ursprünge der afroamerikanischen Gesellschaft werden im Leiden der Sänger hörbar, im traurigen Summen zur Gitarre, in den Themen, die so oft von Blindheit, Alter und Ohnmacht handeln, und in einer von Aussichtslosigkeit, Passivität, Stasis geprägten Stimmung. Wenn Blind Willie Johnson stöhnt: »My mother is dead«, Fred MacDowell sich als verloren, gedemütigt und entmannt beschreibt oder Ma Rainey über ihren Mann, der sie betrogen hat, klagt, geht es nicht um Selbstmitleid. Vielmehr war der Blues, wie Ralph Ellison (1995) schreibt, »der Impuls, eine brutale Erfahrung mit all ihren schmerzlichen Einzelheiten und Geschehnissen in qualvoller Erinnerung am Leben zu erhalten, ihre zerklüftete Maserung zu ertasten und zu bezwingen, nicht durch den Trost einer Philosophie, sondern indem man eine beinahe tragische, beinahe komische Lyrik aus ihr herauspresste« (S. 129). Als Form, so Ellison, war »der Blues eine autobiographische Chronik der persönlichen, in Lyrik gefassten Katastrophe« (ebd.). Dies bedeutet aber, dass die Blues-Songs letztlich affirmativ waren. Sie bestätigten den Triumph der Sänger über ihren Schmerz – den Triumph der Kunst über die Realität. Indem sie ein großes, als fast allgegenwärtig erlebtes Unrecht oder Unglück beklagten, erhoben sich die Blues-Sänger über den Schmerz durch Kunst, Musik und Humor. Sie zeigten jedoch keinen Weg auf, das Unrecht zu überwinden.

Als Ellison den Blues als Teil des Bedürfnisses charakterisierte, »eine brutale Erfahrung am Leben zu erhalten«, beschrieb er die Rolle der Blues-Lieder für die Konstruktion des afroamerikanischen Gedächtnisses. Die Psychoanalyse leistete einen Beitrag zu dieser Aufgabe, indem sie die Erinnerung mehr als jede andere Bewegung des 20. Jahrhunderts ins Zentrum allen menschlichen Freiheitsstrebens rückte. Unter »Erinnerung« verstehe ich nicht so sehr objektives Wissen über die Vergangenheit und die Geschichte als vielmehr den subjektiven Prozess der Bewältigung einer Vergangenheit, die dadurch zu einem Teil der eigenen Identität wird – einen individuellen ebenso wie einen Gruppenprozess. Afroamerikaner brachten die Psychoanalyse in die kollektiven Prozesse ein, durch die sie ihr Gruppengedächtnis rekonstruierten.

Dies war eine von verschiedenen Möglichkeiten, über die Sackgasse, die der Blues repräsentierte, hinauszugelangen. Andere Möglichkeiten waren der Marxismus, der Panafrikanismus, die künstlerische Moderne und der Existenzialismus, die allesamt mit dem Freudianismus ebenso wie mit dem Blues interagierten. Gleichwohl war der freudianische Beitrag ein spezieller. Indem Afroamerikaner die Gewalt, Zwietracht und Negativität der afroamerikanischen Geschichte ins Bewusstsein zu heben versuchten, trafen sie auf Schwierigkeiten – Sackgassen – ähnlich jenen, die Analysepatienten zu schaffen machen. Der Versuch, ein verdrängtes Unbewusstes in ein bewusstes kollektives Gedächtnis und in bewusste Willensbildung zu übersetzen, aktivierte *Abwehrmechanismen* oder *Widerstände*, die zum Teil die unnachgiebige Intensität des Rassismus und zum Teil die Scham- und Schuldgefühle, aber auch die Wut der afroamerikanischen Community selbst widerspiegelten. So lernten Afroamerikaner, dass der Weg in die Vergangenheit unweigerlich durch Widerstand, Scham-, Schuld- und Wutgefühle hindurchführt. Vor allem in diesen heiklen, schwierigen Momenten nahmen sie Rekurs auf die freudianische Psychoanalyse.[2]

Freud und die Harlem Renaissance

Die erste Phase in der über den Blues hinausweisenden Bewegung, die *Harlem Renaissance*, begann mit William E. B. Du Bois' Konzept des doppelten Bewusstseins. Du Bois formulierte es 1903, als er schrieb, dass das Bewusstsein gespalten sei zwischen der Selbstbewusstheit und der Selbstwahrnehmung durch den Blick der Anderen. Ursprünglich ein intersubjektives Konzept – Selbst und Anderer –, erfuhr das doppelte Bewusstsein unter dem Einfluss der freudianischen Theorie eine tiefenpsychologische Interpretation im Sinne des »rassischen Unbewussten«. Dementsprechend wandte sich das Bewusstsein, wenngleich auf kollektiver Ebene, nach innen, und so tauchte, einhergehend

2 Man könnte den Imperativ, Widerstände durchzuarbeiten, in Analogie zu Jacques Derridas Auffassung, dass die Bedeutung eines Textes nie unmittelbar, sondern nur qua Durcharbeiten seiner Abwehroperationen zu begreifen sei, als dekonstruktiv bezeichnen.

mit der neuen Weise, das Selbst als eines zu denken, das ein Unbewusstes besitzt, auch eine neue Weise auf, Gedächtnis und Erinnerungen als unbewusste Ressourcen einer Gruppe, etwa ihrer Volksmärchen, ihrer Musik und ihres Habitus, zu denken.

Die Idee eines rassischen Unbewussten gründete in einem weit verbreiteten Kulturverständnis, das sich während der demokratischen Revolutionen des 18. Jahrhunderts herausgebildet hatte, als romantische Dichter und Philosophen wie Johann Gottfried Herder die Vorstellung, dass jedes »Volk«, jede Nation oder »Rasse« ihren eigenen, spezifischen Geist, ihre eigene Sprache oder »Kultur« besitze, dem vermeintlich wurzellosen Kosmopolitismus der aristokratischen »Zivilisation« gegenüberstellten. Ende des 19. Jahrhunderts fand die Idee der Kultur Ausdruck in einer Reihe von Philosophien und Theorien, die den Menschen als Lebewesen, das Symbole bildet, definierten. Werke wie W. E. B. Du Bois' Aufsatzsammlung *Die Seelen der Schwarzen* (2003 [1903]) bewiesen, dass schwarze Amerikaner sich in der Sklaverei eine Kultur bewahrt hatten und somit über eine Basis verfügten, auf der sie an der amerikanischen und an der Weltgeschichte teilhaben konnten. In ebendiesem Geist erklärte James Weldon Johnson im Vorwort zu der von ihm 1922 herausgegebenen Anthologie *Book of American Negro Poetry*, dass »kein Volk, das große Literatur und Kunst hervorgebracht hat, von der Welt jemals als geringwertig angesehen« worden sei.

Ungeachtet dessen war es vor allem die Musik, die in der afroamerikanischen, in der Sklaverei herangewachsenen Community ein Bewusstsein ihrer historischen Kontinuität wachhielt. Schon die ersten Sklaven hüteten heimlich kleine Musikinstrumente, und sie erinnerten und bewahrten die afrikanischen (pentatonischen) Rhythmen. Du Bois' Essays *leben* auch von der zentralen Bedeutung gerade der *erinnerten* Musik für die afroamerikanische Geschichte. Über die Liedzeilen, die er ihnen jeweils vorangestellt hat, schreibt er: »Schon als Kind haben mich diese Songs seltsam berührt. Sie kamen aus dem Süden, der mir unbekannt war, und doch erkannte ich sie sofort als einen Teil von mir und den Meinen« (Du Bois 2003 [1903], S. 252). Mitgebracht hatte sie die »Großmutter meines Großvaters«, die »vor zwei Jahrhunderten von einem holländischen Sklavenhändler eingefangen worden [war]. [...] sie schaute sehnsuchtsvoll auf die Berge und sang dem Kind zwischen ihren Knien eine heidnische Melodie:

»Do bana coba, gene me, gene me!
Do bana coba, gene me, gene me!
Ben d'nuli, nuli, nuli, nuli, ben d'le.« (Ebd., S. 255)

Du Bois bekennt, nicht zu wissen, woher diese Bruchstücke stammten, aber sie waren für ihn Preziosen, dem anbrausenden, oft schmerzenden Strom der Vergangenheit entrissen.

Die Seelen der Schwarzen bereitete die Bühne für Freuds Eintritt in die afroamerikanische Kultur. Hier Du Bois' berühmte Passage:

»Nach den Ägyptern und Indern, den Griechen und Römern, den Teutonen und Mongolen ist der Neger eine Art siebenter Sohn, geboren mit einem Schleier und einer besonderen Gabe – dem zweiten Gesicht[...] – in diese amerikanische Welt, eine Welt, die ihm kein wahres Selbstbewusstsein zugesteht, und in der er sich selbst nur durch die Offenbarung der anderen Welt erkennen kann. Es ist sonderbar, dieses doppelte Bewusstsein, dieses Gefühl, sich selbst immer nur durch die Augen anderer wahrzunehmen, der eigenen Seele den Maßstab einer Welt anzulegen, die nur Spott und Mitleid für einen übrig hat. Stets fühlt man seine Zweiheit, als Amerikaner, als Neger. Zwei Seelen, zwei Gedanken, zwei unversöhnte Streben, zwei sich bekämpfende Vorstellungen in einem dunklen Körper, den Ausdauer und Stärke allein vor dem Zerreißen bewahren.« (Ebd., S. 255f.)

Der Verweis auf das doppelte Bewusstsein lässt viele Interpretationen zu, etwa Auslegungen im Sinne Kants, Emersons und James'. Einprägsam aber ist vor allem die Nötigung, sich durch die Augen anderer Menschen definieren zu müssen und deshalb kein »wahres Selbstbewusstsein« zu besitzen. Indem Du Bois das Problem auf diese Weise formuliert, rückt er die Herr-Knecht-Beziehung ins Zentrum des Rassenproblems.

Unabweisbar suggerieren schon Du Bois' unsterbliche Sätze neben der »Zweiheit« von Selbst und Anderem eine Innerlichkeit – »Zwei Seelen, zwei Gedanken, zwei unversöhnte Streben, zwei sich bekämpfende Vorstellungen in einem dunklen Körper«. Doch das Element des inneren Kampfes wurde zusätzlich verstärkt, als die afroamerikanische Kultur sich dem Freudianismus öffnete. Diese Entwicklung vollzog sich parallel zum explosiven Wachstum des urbanen schwarzen Rassenbewusstseins während des Ersten Weltkriegs und in den Jahren danach. In der Harlem Renaissance fand diese Explosion ihren Ausdruck. Freud war für das schwarze kulturelle Milieu der Zwanziger genauso wichtig wie für das weiße Mittelschichtsmilieu der »Jazz-Ära«. Ebenso wie die weißen Flappers und die modernistischen Radikalen rekurrierten Afroamerikaner auf den Freudianismus, um die viktorianische sexuelle Repression zu bekämpfen, die Booker T. Washingtons Hygieneempfehlungen und der Puritanismus der afroamerikanischen Kirchen repräsentierten. Mochten Psychoanalytiker in Harlem praktizieren oder nicht, die schwarzen Medien brachten in Hülle und Fülle Artikel mit Überschriften wie »The Psychoanalysis of the Ku Klux Klan«, »The Madness of Marcus Garvey« oder »The Mirrors of Harlem: Psychoanalyzing New York's Colored First Citizens«. Populäre afroamerikanische Zeitungen wie *Messenger* oder *Crisis* spekulierten über die »verdrängte Liebe« weißer zu schwarzen Menschen (Ahad 2010). In diesem Kontext erhielt Du Bois' »doppeltes Bewusstsein« eine zunehmend freudianisch gewichtete Wertigkeit, die Ausdruck im Bild eines »rassischen Unbewussten« fand.

Diese Idee des rassischen Unbewussten tauchte im Zuge der Erforschung afroamerikanischer Volkskultur auf. Hier bieten sich die ethnographischen Reisen durch den amerikanischen Süden, die Zora Neale Hurston in den 1920er Jahren unternahm, als Ausgangspunkt unserer Betrachtung geradezu an. Hurston, Schülerin von Franz Boas und Edward Sapir (der mehr als jeder andere dafür getan hat, dass die Psychoanalyse Eingang in die amerikanische Anthropologie fand), klagte zunächst, dass es so etwas wie eine afroamerikanische Volkskultur gar nicht gäbe, weil sich die Schwarzen aus den Südstaaten lediglich für Radio und Filme interessierten. Später entdeckte sie eine Volkskultur in den »Künsten und Kunstgewerben, in den Überzeugungen und Bräuchen unserer Holzfällerlager, evangelikalen Schaufensterkirchen, Hinterhofkneipen, Dorffeste und Kirchweihen, in Schneeballschlachten und Karnevalsfeiern, in Feuerwehrwachen, Schiffskajüten, Sträflingskolonnen und Zuchthäusern« (Hemenway 1977, S. 8). Hurston sah im Dialekt des schwarzen Südens, in den Geschichten der schwarzen Community, ihren Bräuchen und ihrem Humor den kollektiven, auralen Katalog einer Vergangenheit, die mit dem ihr eigenen Charakter nach wie vor hartnäckig präsent war.

»Die Weißen denken in einer Schriftsprache, die Schwarzen in Hieroglyphen« (ebd.), schrieb sie.

Wir könnten durchaus schon die Volkskultur als Ausdruck eines schwarzen kollektiven Gedächtnisses betrachten, doch der freudianische Einfluss trug dazu bei, das Element des inneren Konflikts, das die afroamerikanische Erfahrung des Erinnerns durchzog, in den Vordergrund zu rücken. Ein Anzeichen dafür hängt mit Hurstons Interesse an Dissonanz und Negativität zusammen. Mit direkter Bezugnahme auf Ruth Benedicts freudianische Abhandlung *Urformen der Kultur* (Benedict 1955 [1934]) beschrieb sie 1934 in »Characteristics of Negro Expression« die unbewusste Grammatik des schwarzen Amerika, als deren Kennzeichen sie einen Mangel an Ehrfurcht, »Steifheit«, Redundanz, Nachahmung und »beherrschte Grausamkeit in allem« (Hemenway 1977, S. 114) ausmachte. In ihrem bekanntesten Werk, *Vor ihren Augen sahen sie Gott*, beschreibt Hurston [2011 [1937]) die inneren Kämpfe einer schwarzen Frau, die sich der warmen, feuchten Tremolos und nachhallenden Vibrati des tiefen Südens besinnt, um ihre traumatischen Erfahrungen durchzuarbeiten. Doch erst als sie das kollektive Gedächtnis ihres Volkes – das rassische Unbewusste – in etwas Autonomes, Persönliches und Ureigenes verwandelt, wird sie zu einem »sprechenden schwarzen Subjekt« (Gates jr. 1988).

Auch Jean Toomer, Verfasser des Romans *Zuckerrohr* (1985 [1923]), brachte das Konzept eines rassischen Unbewussten mit einer zerrissenen, fragmentierten, schmerzvollen Vergangenheit in Verbindung. So schrieb er 1921 in einer Besprechung von Eugene O'Neills Stück *Kaiser Jones* (1920): »Der Inhalt des Unbewussten ist nicht nur bei jedem Individuum ein anderer, er unterscheidet sich auch aufgrund der Rasse. [...] Jones durchlebte Bereiche eines Unbewussten, die typisch für den Neger sind. Sklavenschiffe, Schandpfähle und so weiter. [...] Seine Angst wird zur Angst eines Negers, erkennbar verschieden von einer ähnlichen Emotion, auf die andere rassische Erfahrung eingewirkt haben.« *Kaiser Jones*, so Toomer abschließend, sei »ein Ausschnitt der Negerpsychologie, dargeboten in aussagekräftiger dramatischer Form« (Toomer 1996 [1921], S. 6).

Toomer führt die Dissonanz und die Widersprüche des rassischen Unbewussten nicht allein auf die Sklaverei zurück, sondern auch auf die Große Wanderung. In *Zuckerrohr* dienen visuelle Bilder und musikalische Effekte als literarische Äquivalente der Versetzungen, zu denen es kommt, »wenn man Menschen von der Scholle auf den Asphalt umsiedelt, wo sie sich ihrer traditionellen volkstümlichen Kultur schämen oder diese in kommerzielles Entertainment verwandeln« (Sollors 2001, S. 20).

Freuds Einfluss auf die Konstruktion eines afroamerikanischen Gedächtnisses blieb noch lange nach dem Untergang der Harlem Renaissance spürbar. Seine These, dass Moses sowohl Ägypter als auch Hebräer gewesen sei, inspirierte Hurston (1939), in *Moses, Man of the Mountain* ein unwandelbares Element der Unbestimmtheit zu beschreiben, das ebenso wie die Besonderheit einer von Geheimnissen umrankten Geburt in die afroamerikanische Identität eingegangen sei. In den Spirituals, die die Sklaven sangen, in Du Bois' *Die Seelen der Schwarzen* und schließlich bei Hurston sind die Afroamerikaner das auserwählte Volk. Sie verglich den langwierigen, mühevollen Prozess der afroamerikanischen Emanzipation mit der vierzigjährigen Wüstenwanderung der Hebräer und betonte, dass die Freiheit innere Herausforderungen mit sich bringe, die mindestens ebenso schwierig zu bewältigen seien wie die Nöte der Sklaverei – weshalb Hurstons Moses seinem Volk nach der Flucht aus Ägypten wiederholt mahnend in Erinnerung ruft, dass Freiheit ein innerer Zustand sei und »kein Barbecue«.

So erhielt das Konzept eines doppelten Bewusstseins in der ersten afroamerikanischen Begegnung mit Freud eine tiefenpsychologische Dimension. Gleichwohl stand diese Begegnung weiterhin im Zeichen eines Abwehrimpulses. Trotz all ihres Reichtums und aller Komplexität ging es der Harlem Renaissance darum, Licht auf die Menschlichkeit der afroamerikanischen Vergangenheit zu werfen und zu zeigen, dass die Schwarzen selbst in der Sklaverei ein Leben führten, dass sie nicht nur Holzfäller, Tabak- und Baumwollpflücker waren, nicht auf *zoon*, rein animalische Existenz, um mit Aristoteles zu sprechen, reduziert worden waren. Du Bois, Toomer, Hurston und viele andere mehr zeigten, dass Schwarze sich sogar in der Sklaverei ihre Musik, Geschichte, ihren Humor, ihre Volkssagen, Sexualpraktiken, ihre Religion, ihre Familienbande, kurz: ihre Kultur, bewahrt hatten. Freilich haben Du Bois, Toomer, Hurston und andere das afroamerikanische Bewusstsein als ein geteiltes, konflikthaftes, doppeltes beschrieben, »zwei sich bekämpfende Vorstellungen in einem dunklen Körper«. Doch ebendiese Zweiheit verriet, dass die afroamerikanische Gesellschaft ein Telos hatte, welches es zu verwirklichen galt, nämlich die Freiheit. Die *Seele*, wie Du Bois sie definierte, ähnelt dem Blues in der Akzeptanz eines mehrdeutigen Zustands, der Akzeptanz eines Dazwischen, die auf dem ungerechten, traurigen (blue), letztlich aber auch komischen – im Sinne von triumphierenden – Charakter schwarzer Erfahrung beruht. Wenn Hurston Gefühle der Verbitterung durch Humor und Sinnlichkeit auflockert, Toomer seine Schilderungen schwarzer Karriereambitionen mit Ironie würzt und Du Bois' Werk auf gewaltige spirituelle Ressourcen rekurriert, sind all dies Beispiele für »Seele«: für den Triumph des Geistes über Widrigkeiten. Die bittersüße »blue« Eigenschaft dieses Triumphs ist es, was schwarzer Literatur, Musik und visueller Kunst ihren tief berührenden Charakter verleiht.

Gleichwohl konnte sich das afroamerikanische Projekt der kulturellen Rekonstruktion nicht mit den Konzepten der Seele, der Kultur und eines rassischen Unbewussten zufriedengeben, selbst wenn diese freudianisch gefärbt waren. Du Bois, der mit dem Kommunismus sympathisierte, seit er 1927 die Sowjetunion bereist hatte, spürte, dass die Psychoanalyse einen tieferen Einblick in die menschliche Irrationalität gewähren konnte und es mit dem Konzept eines rassischen Unbewussten nicht sein Bewenden hatte. In seiner 1940 erschienenen Autobiographie *Dusk of Dawn* (dt.: *Mein Weg, meine Welt*, 1965] erinnerte er sich an seine Überzeugung aus jungen Jahren, »die Negerfrage« könne »durch systematische Forschungsarbeit und durch vernünftige Vereinbarungen gelöst werden. Im Allgemeinen hatte man falsche Vorstellungen über die Rassenfrage, weil man sie überhaupt nicht richtig kannte. Die Wurzel des Übels schien mir einfach Dummheit zu sein. Abhilfe konnte nur durch Wissen, mit Hilfe wissenschaftlicher Forschung geschaffen werden« (Du Bois 1965 [1940], S. 209f.). Doch dann kam es zu einem Ereignis, das ihn regelrecht aufscheuchte und aus seinen wissenschaftlichen Planungen riss: »Ein armer Neger aus dem mittleren Georgia namens Sam Hose hatte die Frau seines Gutsherrn getötet. Ich verfaßte einen sorgfältig begründeten Bericht über den offensichtlichen Tatbestand und wollte mit einem Empfehlungsschreiben an Joel Sandler Harris in der Tasche die Redaktion der Zeitung ›Atlanta Constitution‹ aufsuchen. Ich gelangte nicht an mein Ziel. Unterwegs erfuhr ich, daß Sam Hose gelyncht worden war; man sagte mir, seine verstümmelte Hand sei in einem Schaufenster weiter unten in der Mitchell Street, durch die ich gerade ging, ausgestellt. Ich kehrte in die Universität zurück. Mehr und mehr verlor ich das Interesse an meiner Arbeit« (ebd., S. 249). Er begriff, dass der Lynchterror tief in der kranken weißen Psyche wurzelte. Später gelangte er zu dem Schluss: »Unser Kampf gegen rassistische Vorurteile konfrontierte uns nicht lediglich mit der rationalen, bewussten Entschlossenheit weißer Leute, uns zu unterdrücken; wir hatten es mit jahrhundertealten Komplexen zu tun, die sich nun vorwiegend in unbewusster Gewohnheit und irrationalem Drang äußerten« (zitiert nach Tate 1998, S. 51). Er verwarf seine frühere Ansicht, dass rassistische Vorurteile »einfach Dummheit« seien, und resümierte: »Ich war nicht genügend ›Freudianer‹, um zu verstehen, wie wenig sich die Menschen bei ihrem Handeln nur von der Vernunft leiten lassen« (Du Bois 1965 [1940], S. 258).

Du Bois' Erkenntnis betraf zwar den Rassisten und nicht die Rasse, nahm aber dennoch den zweiten Moment in der afroamerikanischen Begegnung mit der freudianischen Psychoanalyse vorweg, d. h. den Moment, in dem der Knecht sein Leben riskiert und dadurch den Weg zu eigentlicher Selbstbewusstheit oder Freiheit findet. Die folgende Diskussion dieses Moments konzentriert sich auf Richard Wright.

Freud und die Popular Front

Richard Wright wurde 1908 auf einer Plantage in der Nähe von Natchez, Mississippi, geboren. Sein Vater, ein Pächter, hatte die Familie verlassen; seine Mutter und ihre weiblichen Verwandten waren religiöse Eiferer. Um die quasi-totalitäre Umwelt seiner Kindheit zu verstehen, müssen wir uns Orlando Pattersons Konzept der Sklaverei als sozialer Tod in Erinnerung rufen. Die Sklaverei war, so Patterson, das Ergebnis einer Niederlage auf dem Schlachtfeld. Die Gesellschaft verleibte sich den Sklaven als einen inneren Feind, als Nicht-Wesen, ein, dessen Tod lediglich aufgeschoben war. Fortan besaß der Sklave keine soziale Existenz, die nicht durch den Herrn vermittelt war; Ohnmacht und Ehrlosigkeit waren die wesentlichen Erfahrungen seines Lebens (vgl. Patterson 1985). Rückblickend schrieb Wright über seine Kindheit:

»[L]ängst war mir bis ins Herz hinein klar, daß es eine Macht gab, der ich hilflos ausgeliefert war und die mit meinem Leben umspringen konnte, wie es ihr gerade in den Sinn kam« (Wright 1978 [1945], S. 90).[3] »Wenn ich ein Nigger wär', ich würde mir einen Strick nehmen« (ebd., S. 231), sagte ein Weißer einmal zu ihm. Wie sollte das Kind eines Farmpächters, der Enkel von Sklaven, auf diese Verhältnisse reagieren (vgl. Janmohamed 1986)? Wright reagierte, indem er jede Botschaft, die die Gesellschaft einschließlich seiner Familie an ihn adressierte, bewusst negierte. In *Black Boy*, seiner Autobiographie, erklärt er: »Aber Widerstand, Aufsässigkeit und Aggression waren die einzigen Möglichkeiten, die mir der Süden gelassen hatte, wenn ich ein natürliches, wirkliches Leben führen und der Mensch sein wollte, der ich war« (Wright 1978 [1945], S. 318).

1925 verließ Wright im Alter von 17 Jahren Mississippi und ging nach Memphis. Zwei Jahre später zog er nach Chicago. Fortan musste er auch seine kranke Mutter unterstützen. Die frühen Erfahrungen mit alltäglicher Gewalt bestätigten sich aufs Neue. So schreibt einer seiner Biographen: »Wrights Unfähigkeit, seinen Gesichtsausdruck und seine Bewegungen unter Kontrolle zu halten und seine Wut zu verbergen, hatte zur Folge, dass er einen Arbeitsplatz nach dem anderen verlor, weil seinen Arbeitgebern sein ›Gesicht‹ nicht passte« (Janmohamed 1986). Einmal wurde er gefeuert, weil er gesagt hatte: »Ja, Sir, ich verstehe« – ein solches Selbstbewusstsein gestand der Süden einem Schwarzen nicht zu. »Unterwürfigkeit als instinktiven Teil meiner selbst konnte ich mir nicht mehr einverleiben«, schrieb Wright (1978 [1945]). »Ich sah und empfand jede einzelne meiner Erfahrungen im Zusammenhang mit dem Rassenproblem in seiner Gesamtheit und bezog sie auf mein Leben als Ganzes« (S. 240). »Nur durch Bücher [...] hatte ich es fertiggebracht, mich selbst in einer nach innen gekehrten Vitalität am Leben zu erhalten« (S. 317). Wichtigste Anregungen fand er bei H. L. Mencken, einem, »der mit Worten kämpfte. Der Worte wie Keulen benutzte« (S. 304).

3 Anm. der Übersetzerin: Im Original ist an dieser Stelle ausdrücklich von Männern – aus dem Kontext geht hervor: weißen Männern – die Rede: »[...] I had already grown to feel that there existed men against whom I was powerless, men who would violate my life at will« (Wright 2000, S. 73).

In den Jahren der Großen Depression lernte Wright jene »Unsichtbarkeit« kennen, die Ralph Ellison später beschreiben sollte. Als Hotelboy wurde er in Zimmer gerufen, in denen weiße Prostituierte nackt auf den Betten lagen und so taten, als wäre er Luft, »denn wir galten in ihren Augen nicht als menschliche Wesen« (S. 248). »Ich war nicht mehr Mensch, war etwas, das sich zwar menschlich vorkam, von dem ich aber wußte, daß es das nicht war. [...] Und da ich kein Mittel wußte, wie mit dieser Sache fertig zu werden war, fühlte ich mich doppelt ausgestoßen« (S. 238). Wright arbeitete auch als Hilfskraft im medizinischen Forschungsinstitut eines Chicagoer Krankenhauses, wo ihm die Bedeutsamkeit der Stimme und Sprache für die Verarbeitung eines Traumas drastisch vor Augen geführt wurde: »Jeden Sonnabend morgen assistierte ich einem jungen jüdischen Arzt dabei, den frisch gelieferten Hunden aus dem städtischen Hundezwinger die Stimmbänder durchzuschneiden. Der Zweck dieser Operation war, den Hunden die Stimme zu nehmen [...]. Ich hielt jeden Hund fest, während der Arzt ihm Nembutal in die Venen spritzte, um ihn bewußtlos zu machen; dann hielt ich dem Hund die Kiefer auseinander, der Arzt führte sein Skalpell ein und durchtrennte die Stimmbänder. Später, wenn die Hunde zu sich kamen, hoben sie ihre Köpfe zur Decke und öffneten die Mäuler zu tonlosem Geheul. Der Anblick setzt sich in meiner Vorstellung fest als ein Symbol stummen Leidens« (Wright 1961 [1940], S. 253).

Dass Wright vor allem mit Hilfe der Kommunistischen Partei zu seiner eigenen Stimme fand, war keineswegs ungewöhnlich. Claude McKay, Countee Cullen, Langston Hughes, Alain Locke, Paul Robeson, Chester Himes, Ralph Ellison und W. E. B. Du Bois waren nur einige wenige der afroamerikanischen Intellektuellen jener Zeit, die die Partei als aktive Mitglieder oder Sympathisanten unterstützten.[4] Freilich hatte der amerikanische Kommunismus im Ersten Weltkrieg mit den zahllosen Streiks, an denen Schwarze – auch als Streikbrecher – beteiligt waren, einen Aufschwung erlebt. Doch was die Partei für Wright und andere attraktiv machte, war nicht einmal in erster Linie die Unterstützung der Arbeitskämpfe, sondern der Beitrag,

4 Zu Ellisons frühem Linksradikalismus vgl. Barbara Foley (2010).

den sie zur Konstruktion des afroamerikanischen Gedächtnisses leistete. Seit der Russischen Revolution ging die »Arbeiterfrage« im Grunde in der »nationalen Frage« auf, und so war Stalins *Der Marxismus und die nationale und koloniale Frage*, im Original 1934 erschienen, eine Zeitlang Wrights Lieblingsbuch. »Von allen Entwicklungen innerhalb der Sowjetunion«, so erinnerte er sich später,

> »war es vor allem die Art und Weise, wie die verschiedenen rückständigen Völker auf nationaler Basis geeint worden waren, die mich hingerissen hatte. Voller Ehrfurcht hatte ich davon gelesen, wie die Kommunisten Sprachforscher in die weiten Gebiete der Sowjetunion gesandt hatten […]. Ich hatte mich zum erstenmal in meinem Leben völlig an ein Gefühl verloren, als ich las, wie diese Sprachforscher jenen Menschen, die sich nur stammelnd verständigen konnten, eine Sprache gaben, Zeitungen und Lehrstätten. Ich hatte gelesen, wie diese vergessenen Völker ermutigt worden waren, ihre alte Kultur zu bewahren, in ihren überlieferten Sitten einen Sinn und eine Befriedigung zu finden, die genauso tief waren wie jene, die in angeblich höheren Lebensformen enthalten sind.« (Wright 1962 [1949]), S. 126)

Wenn wir das Verhältnis des Kommunismus zum Blues betrachten, erkennen wir sowohl den Einfluss, den er auf das afroamerikanische Leben ausübte, als auch seine Rolle als Wegbereiter des zweiten afroamerikanischen Freud. In Wrights Lebenswelt, der Welt der kleinen Farmpächter im Mississippi-Delta und der Gelegenheitsjobber im schwarzen Chicago, war der Blues allgegenwärtig gewesen, untrennbar verbunden mit der Überwindung der Schamkultur, die das Leben in der Sklaverei geprägt hatte und in der Jim-Crow-Ära weiter fortbestand. Scham ist das Gefühl persönlicher Unzulänglichkeit in einem Gruppenkontext, ein Gefühl, das untrennbar mit Hegels erster Phase des Freiheitskampfes zusammenhängt. Ein Sich-der-Scham-Verweigern fand Ausdruck in der skatologischen Sprache und drastischen Sexualität der Blues-Songs, in ihrer Akzeptanz von Schwäche, Instabilität, Unglück, von ehelichem Scheitern und Arbeitslosigkeit, in ihrer Feier einfacher Freuden wie Essen, Trinken und Sex und in ihrer Hinnahme einer sich witzig gebenden Ambivalenz: »Ich habe meinen Kopf auf das einsame Bahngleis gelegt, doch als der Zug dann heranbrauste, zuckte ich zurück.« Indem sie den Triumph des Narzissmus (Humor) nicht nur über die Sklaverei, sondern auch über Jim Crow spiegelten, begleiteten die Blues-Songs den großen Schritt der schwarzen Mittelschichten in der Harlem Renaissance: Louis Armstrong, Duke Ellington, Bessie Smith, Ethel Waters und Ma Rainey, die »Mutter des Blues« – sie alle feierten ihre ersten großen Erfolge in den 1920er Jahren. Gershwin komponierte seine *Rhapsody in Blue*, dieses Paradebeispiel einer Begegnung von Blues und Klassik, 1924.

Gleichwohl leistete die Russische Revolution, von der sich amerikanische Linke wie Pete Seeger und Alan Lomax inspirieren ließen, einer Neudefinition des Blues Vorschub, die seine Bedeutung im Kontext der proletarischen Unterschicht und, mehr noch, seine Bedeutung als Volkskunst unterstrich. Die Blues-Songs wurden zu weltweit führenden Beispielen einer Volkskunst, die Eingang in die städtische, industrielle Gesellschaft fand und damit den Grundstein für die Weltherrschaft der amerikanischen Popmusik legte. Die afroamerikanischen Volkstraditionen, so Alain Locke (1925), waren die amerikanischen Pendants der kommunalen und mittelalterlichen Traditionen Europas und deshalb unschätzbar wertvoll für die moderne Welt. Gleichzeitig liefen Blues, Jazz, Ragtime und die ganze Skala an musikalischer schwarzer Vergangenheit seit Beginn der Zwanziger Jahre Gefahr, kommerzialisiert zu werden und ihre politischen Implikationen einzubüßen. Wright war überzeugt, dass dieses Schicksal die afroamerikanische Literatur, die im Unterschied zu den Blues-Songs in erster Linie für ein weißes Publikum verfasst wurde, bereits ereilt hatte. Als Begründung diente ihm eine Klassenanalyse. 1937 verglich er die »parasitäre und manierierte« Literatur der »aufsteigenden Neger-Bourgeoisie« der Harlem Renaissance, die ihre Wurzeln in der Unterschicht und im Sklavendasein dem Vergessen überantworten wollte, mit den »Blues-Songs, den Spirituals und den Volkssagen, die von Mund zu Mund weitergegeben werden« – von der schwarzen Mutter an ihre schwarze Tochter, vom schwarzen Vater an seinen schwarzen Sohn –, sowie mit den gemeinsamen sexuellen Erfahrungen der Straßen und mit den »Arbeitsliedern, gesungen unter sengender Sonne« (Wright 1937). Das Erinnern setzte die direkte Konfrontation mit Autorität voraus. Im Unterschied zu den Blues-Sängern, so Wrights Anklage, hatten die Autoren der Harlem Renaissance »dem Hof der Öffentlichen Meinung Amerikas in den Kniehosen der Servilität knicksend ihre Aufwartung gemacht, um zu beweisen, dass der Neger nicht unterlegen sei, dass er ein Mensch sei und ein ähnliches Leben führe wie andere Menschen« (ebd.).[5]

Im Kontext der linken Bewegung vermochten Blues-Sänger den Zorn und Schmerz der schwarzen Community präzise und mit emotionaler Intensität zu spiegeln. Ein Beispiel ist etwa Robert Johnsons »Hellhound Blues« von 1937, in dem es um einen Sheriff aus Mississippi geht, der Flüchtlinge von einem speziell dressierten Pferd jagen lässt. »I got to keep moving, I got to keep moving / blues falling down like hail / blues falling down like hail [...] and the days keep on worryin' me / there's hellhound on my trail / hellhound on my trail / hellhound on my trail.« Wright wollte Literatur mit vergleichbarer emotionaler Wirkung schreiben. Seine Kurzgeschichte »Long, Black Song«, verfasst in der Blütezeit der Popular Front, ist dafür ein Beispiel. Sie handelt von einem weißen Handelsvertreter, der Phonographen mit eingebauten Uhren verkauft und einer schwarzen Frau, Sarah, Schallplatten mit Spirituals vorspielt und sie dann verführt. Als Sarahs Ehemann Silas erfährt, was passiert ist, verprügelt er seine Frau, tötet den Handelsvertreter und erwartet dann den Lynchmob, um noch einige seiner Peiniger ums Leben bringen zu können. In »Long, Black Song« sind die Spirituals keine Kraftquelle mehr wie noch in *Die Seelen der Schwarzen*. Sie wurden vielmehr von einer kommerziellen Kultur vereinnahmt, die auf Rassismus und Gewalt beruht und die Vergangenheit verkitscht. Sie wurden vergewaltigt wie Sarah.

Die Orientierung der Popular Front an der Arbeiterklasse, dem Subproletariat und insbesondere an der Idee eines Volkes, vor allem aber das Bewusstsein für die Allgegenwart der Gewalt verlieh Wrights Schriften maßgebliche Bedeutung für die Konstruktion einer afroamerikanischen Vergangenheit. Weil sich viele seiner Figuren mit dem Lesen und Schreiben ebenso schwertun wie mit der Selbstbeobachtung, verlieh er seinen Erzählungen und Romanen Eigenschaften der mündlich tradierten Volksmärchen und -lieder. Lautmalerei als Erzählelement – krachende Schüsse, knallende Peitschen, sirrender Dampf –, Lynchverbrechen, Vergewaltigungen und Morde als Dramatis personae,

5 »Wir haben nicht im Sinn, die zaghafte ›Revolte‹ und ›Renaissance‹ zu reinszenieren, die vor zehn Jahren auf falschen Grundlagen entstanden«, hatte Wright im Editorial zum selben Heft des Magazins *New Challenge* geschrieben, in dem der Artikel, aus dem oben zitiert wird, erschien; vgl. auch Rowley 2001, S. 136f.).

gescheiterte Fluchtversuche »kneten und walken die Oberfläche der Realität (die Oberfläche des Textes), um ihr die Essenz der Geschichte abzuringen« (Brooks 1976, S. 1f.). Nirgendwo zeigt sich dies deutlicher als in *Native Son* (dt.: *Sohn dieses Landes*, 2019), dem Schlüsseltext, der das afroamerikanische Bewusstsein über den Blues hinaus erweiterte. Mit ihm hob Hegels zweite Phase des Kampfes zwischen Herr und Knecht an.

Bigger Thomas, der seine betrunkene weiße Arbeitgeberin, eine Kommunistin, aus Angst, mit ihr allein im Zimmer erwischt zu werden, unbeabsichtigt erstickt und auf der anschließenden Flucht seine Freundin vergewaltigt, tritt als ikonischer Vertreter des afroamerikanischen Kampfes an die Stelle des siebten Sohnes, indem er das Widerstandsnest und Negativitätzentrum im Herzen des afroamerikanischen Gedächtnisses verkörpert. Thomas' Situation ist fürwahr tragisch: Ein unbeabsichtigter Mord bringt ihn erstmals in seinem angsterfüllten Leben in eine Situation, in der er sich zu seiner moralischen Schuld und zu seiner Verantwortung bekennen kann (vgl. Gates & Appiah 1993; Brignano 1970, S. 35). Nach dem Unglück spürt er, dass eine innere Spannung sich löst und ihn Ruhe erfüllt beim Gedanken an die »Tat, [den] Mut der Verzweiflung, der dazu gehörte« (Wright 2019 [1940], S. 142). »Er hatte gemordet, und damit hatte er sich selbst ein neues Leben geschaffen. Zum ersten Mal besaß er etwas, was ihm allein gehörte und was andere ihm nicht nehmen konnten. Ja, er durfte in Ruhe hier frühstücken und brauchte sich nicht um Mutter, Vera oder Buddy zu kümmern« – und auch um sonst niemanden. Wenige Tage vor Vollstreckung des Todesurteils, das ein Gericht über ihn verhängt hat, offenbart er seinem erschrockenen, entsetzten Anwalt: »Wenn ein Mensch mordet, so mordet er doch für etwas … Ich habe nicht gewusst, dass ich wirklich lebe – bis ich alles so stark empfand, dass ich morden musste … Ja, so ist es, Mr Max. Ich kanns jetzt sagen, weil ich sterben muss. Ich weiß genau, was ich sage. Und ich weiß auch, wie es klingt. Es ist gut so. Es ist gut, wenn ich's so betrachte …« (ebd., S. 570).

Im Anschluss an *Sohn dieses Landes* verfasste Wright zwei autobiographische Werke, den Essay »How Bigger Was Born« und die Autobiographie *Black Boy (American Hunger)*. Eine seiner lebhaftesten Kindheitserinnerungen handelt von Carlotta, seiner kleinen Freundin: »Eines Tages stand ich neben ihr auf dem Schulhof. Wir unterhielten uns, und ich war glücklich.

Eine heftige Windböe ließ die schwarzen Locken ihres Haares hochfliegen und ich erblickte … eine lange, hässliche Narbe« (zit. nach Rowley 2001, S. 33). Die Rohheit und Gewalt, von der die Narbe zeugte, prägten sich seiner Erinnerung für immer ein. In *Black Boy* denkt er über die Auswirkungen der traumatischen Vergangenheit auf schwarze Erinnerung und Kultur nach:

> »Erst nachdem ich die Erschütterungen meiner Kindheit überwunden und selbständig zu denken begonnen hatte, grübelte ich bekümmert über den seltsamen Mangel an wirklicher Herzensgüte bei uns Negern nach, darüber, wie schwankend wir in unserer Zärtlichkeit sind, wie sehr es uns an echter Leidenschaft und an der Fähigkeit zu hoffen und uns wahrhaft zu freuen fehlt, wie leer unsere Traditionen, wie hohl unsere Erinnerungen, wie seicht wir selbst in unseren Verzweiflungen sind und wie wenig wir dazu neigen, zwischenmenschliche Gefühlsbindungen einzugehen. Nachdem ich die Lebensweise anderer kennengelernt hatte, kam es mir wie unbewußte Ironie vor, wenn Leute meinten, Neger lebten besonders leidenschaftlich. Denn ich stellte fest, daß das, was man bei uns für Gefühlsstärke hielt, in Wahrheit Schwäche war, unsere Verworrenheit nämlich, unsere Ängste, unsere dauernde Flucht und unsere unter Druck erzeugte Besessenheit.« (Wright 1978 [1945], S. 47)

Eine beispiellose Reflexion über den schneidenden Schmerz, zu dem eine traumatische Vergangenheit ihre Opfer verurteilt!

Ralph Ellisons Rezension stellt *Black Boy* in den Kontext des Blues. Genauso wie die Blues-Songs zeige die Autobiographie weder Lösungen auf, noch finde sie »einen Sündenbock außer dem eigenen Selbst«. Meiner Ansicht nach aber gelangen in *Black Boy* eine Widerständigkeit und existentielle Wut zum Ausdruck, die man in den Blues-Songs vergebens suchen würde. Vielleicht erreichte die Ungeheuerlichkeit der Verbrechen, die an Afroamerikanern verübt worden waren, hier tatsächlich zum allerersten Mal die Ebene bewusster Wahrnehmung, so dass nun Männer und Frauen den qualvollen Schmerz auf sich nahmen, den die Einsicht in eine traumatische Vergangenheit bereitet: die Erkenntnis, dass das eigene Leben anders hätte verlaufen können, dass die eigenen Möglichkeiten durch die Habgier anderer zunichte gemacht wurden, dass die Unantastbarkeit des eigenen Herzens durch die Instrumente eines

Feindes versehrt wurde, dass den eigenen Eltern, Großeltern und Vorfahren ihr Leben geraubt wurde. Auch Ellison räumt ein, dass Wright »den Selbstvernichtungsimpuls des Afroamerikaners, sein Streben, sich unsichtbar zu machen, in den Entschluss verwandelt hat, der Welt entgegenzutreten« (Ellison 1945, zit. nach Walker 2000, S. 190).

Zweifellos kam dabei der Einfluss des Kommunismus zum Tragen, der eine von Grund auf historische Weltsicht vertrat und das Kollektivgedächtnis auf diese Weise stärkte. Kommunistische Herrschaft, so schrieb Wright, »war etwas viel Unergründlicheres als nur politische Strategie; es war eine Strategie des *Lebens*, die sich politischer Methoden als Werkzeug bediente ... [sic] Ihr innerster Kern war Wollust, eine tiefgehende Sinnlichkeit, die sich auf die fundamentalen Bedürfnisse des Menschen und die Befriedigung dieser Bedürfnisse einstellte. [...] Es war eine Auffassung vom Dasein, die völlig unabhängig von wirtschaftlichen Erwägungen war« (Wright 1966 [1953], S. 221f.). Der Kommunismus half, Licht auf die unterirdische Gewalt im afroamerikanischen Leben zu werfen und sie unter einem systemischen und strukturellen Blickwinkel zu betrachten. Aber er sah keinen Platz vor für die idiosynkratischen Schwierigkeiten einer individuellen Subjektivität. Wie so viele Andere hielt auch Wright es für erforderlich, sich vom Kommunismus loszusagen, um für die Sache der Freiheit zu kämpfen. In seinem Vorwort zu St. Clair Drakes und Horace R. Cayton Jr.s *Black Metropolis: A Study of Negro Life in a Northern City* (1945) schrieb er: »Wir wissen, wie manche Fakten aussehen, wenn wir sie unter der Linse marxistischer Theorien betrachten, aber wir müssen diesem vergessenen Dschungel des schwarzen Lebens noch mit dem ganzen Gewicht des westlichen Denkens zu Leibe rücken. Wie sähe das Leben in Chicagos South Side aus, wenn man es durch die Augen eines Freud, eines Joyce, eines Proust, eines Pawlows betrachtete?« Und in seinem Tagebuch notierte er: »Ich bin überzeugt, dass der nächste große Bereich, den man im Schwarzen entdecken wird, die düstere Landschaft seiner eigenen Psyche sein wird, das, was das Leben im weißen Amerika ihm angetan hat. Junge, was wird diese Suche ans Licht bringen! Da findet sich genug, was man nutzen kann, um die Grundlagen des menschlichen Lebens auf Erden zu verändern.« (Wright 1945, zit. nach Mendes 2010).

In seinem Bemühen, Marx mit Freud (von Joyce, Proust und Pawlow ganz abgesehen) zu kombinieren, führte Wright eine wichtige Variante der in der Politik und im gesellschaftlichen Denken Ende der 1920er Jahre weitverbreiteten Idee ein, dass psychische Zustände wie die Hysterie, »Neurose« oder Angst, aber auch antisoziale Tendenzen wie Rassismus, Autoritarismus oder Kriminalität eine historische und gesellschaftliche Basis haben. Wilhelm Reich hatte diese Version eines politischen Freudianismus, die später von seiner Schülerin Karen Horney auf den Sexismus angewandt wurde, in den 1930er Jahren propagiert und die »Massenpsychologie des Faschismus« erklärt. Unter Schlagworten wie Neo-Freudianismus, »Nationalcharakter«, »Kultur und Persönlichkeit« kursierte sie in der Popular Front, unter deren Anhängerschaft auch die Schriften Erich Fromms beliebt waren. Die Konfrontation mit den Nazis nahm den Vererbungs- und Eugeniktheorien einer schwarzen »Devianz« den Wind aus den Segeln, so dass nach und nach soziologische und kulturelle Erklärungen »individueller Probleme« Anerkennung fanden. Ein Beispiel wäre etwa E. Franklin Fraziers Theorie der »Schwäche« der schwarzen Familie. Die Psychoanalyse vor den Karren der Popular Front und ihrer Rassismuskritik zu spannen war dennoch eine außergewöhnliche Strategie.

Wright nahm dieses Projekt zusammen mit zwei weißen linksliberalen jüdischen Psychiatern, Benjamin Karpman und Frederic Wertham, sowie mit dem schwarzen Soziologen Horace Cayton in Angriff. Im April 1943 bat Karpman, der als Psychiater am St. Elizabeth Hospital in Washington, DC, arbeitete, an der schwarzen Howard University lehrte und sich selbst als »Spezialisten für Minderheiten« verstand, Wright in einem Brief eindringlich um einen Artikel für *Harper's Magazine*. Wright möge über »Themen schreiben wie: ›Das blinde Unvermögen des weißen Mannes, die Psychologie des Negro zu verstehen‹, hinter dem sich der weiße Mann verschanzt. Aber auch der Negro verhält sich im Umgang mit weißen Menschen defensiv.« Unter seinen »Spezialqualifikationen« für die Betreibung »psychogenetischer Forschungen über die Probleme des Negro« führte Karpman den »engen Kontakt« an, den er seit 25 Jahren zu Schwarzen »suchte«, »pflegte« und »kultivierte« und »so freundschaftlich und warmherzig gestaltete, wie ich konnte«: »Ich bezweifele, dass viele andere Weiße eine solche Gelegenheit hatten.« Karpmann beschließt sein Schreiben an Wright mit den Worten, er sei »Bigger Thomas unter [seinen] Studenten schon lange, bevor Sie auch nur daran dachten, über ihn zu schreiben, begegnet«. Darüber hinaus ließ er Wright wissen, dass er »sich ohne das Gefühl, dass Neurotiker und Psychotiker eine grob missverstandene Minderheit seien, wahrscheinlich nicht auf die Psychiatrie verlegt hätte. In ähnlicher Weise hat man auch den Kriminellen missverstanden und missbraucht. Dieselbe Situation habe ich in Bezug auf Homosexuelle beobachtet.« Wright appellierte an verschiedene Stiftungen und Gemeinderäte, die Veröffentlichung von Karpmans Fallstudien über schwarze Kriminelle zu finanzieren. Dieser hegte die Hoffnung, dass sich seine Untersuchungen als »wissenschaftliche Parallele zu *Sohn dieses Landes*« erweisen würden.[6]

Wright stand auch mit dem deutschen Emigranten Fredric Wertham née Wertheimer in Verbindung, der die Mental Hygiene Clinic at Bellevue Hospital leitete und unter dem Titel *Dark Legend. A Study in Murder* eine psychoanalytische Untersuchung über einen jungen Muttermörder veröffentlicht hatte (Wertham 1941). Ebenso wie im Fall von Bigger Thomas »schien ein zerstörerischer Akt zum Sammelpunkt der konstruktiven Persönlichkeitseigenschaften« des Jugendlichen geworden zu sein. In Deutschland hatte Wertham miterlebt, dass Kraepelin und andere die Psychiatrie zur Stigmatisierung von Linken und Juden missbrauchten. Wertham nahm Wright in Analyse, auch um ihn vor dem Fronteinsatz im Zweiten Weltkrieg zu bewahren, und unterstützte ihn bei einer unglückseligen Intervention im Gefängnissystem New Jerseys.[7] Im Juni 1944 hielt Wertham auf der Jahreskonferenz der American Psychopathological Association einen Vortrag mit dem Titel: »An unconscious

6 Karpman gab auch eine Serie psychoanalytischer Artikel über Themen wie »The Negro Church« und »The Negro Suicide« sowie über den »Negro Poet« Paul Laurence Dunbar (1872–1906) heraus. Vgl. Garcia 2012, S. 133; Charles 1943; Karpman 1954.

7 Nach der Veröffentlichung von *Sohn dieses Landes* bekam Wright (2019 [1940]) zahlreiche Briefe von Schwarzen Gefangenen. 1940 antwortete er Clinton Brewer, einem Mörder, der im Gefängnis zum Komponisten geworden war. Wright besuchte Brewer und bat den Gouverneur von New Jersey in einem Brief, Brewer zu begnadigen. Drei Monate nach seiner Freilassung mordete Brewer erneut. Wertham half, die Hinrichtung zu verhindern. Brewer wiederum diente Wright als Vorbild für einen seiner letzten Romane, *Savage Holiday*, den er in Form einer psychoanalytischen Fallstudie verfasste (Wright 1954).

determinant in *Native Son*«, den er als einzigartig bezeichnete, weil »noch nie eine psychoanalytische Studie über ein literarisches Werk auf der Grundlage der analytischen Untersuchung seines Autors verfasst« worden sei.

Auch Horace Cayton, zusammen mit St. Clair Drake Co-Autor von *Black Metropolis*, versuchte, Freud und die Soziologie der Linken miteinander zu verbinden. Die Ehrlichkeit, mit der Cayton sich zu seinem persönlichen Leiden unter dem Rassismus bekannte, machte ihn Wright sympathisch. Dieser betrachtete die *Furcht* als das grundlegende, für Persönlichkeit und Verhalten der Schwarzen maßgebliche Gefühl und schrieb: »Ich mag Horace, weil er sich fürchtet und dazu steht, genauso wie ich.« Und weiter: »Niemand von uns möchte glauben, dass die Furcht – eine Furcht, so tief in uns, dass wir ihrer nicht gewahr sind – die beherrschende Emotion des Negro in America ist. Aber was wäre, wenn wir uns fürchten und es wissen und die Ursache dieser Furcht kennen – können wir sie dann nicht unter Kontrolle bringen und in hilfreiches Wissen verwandeln? Stattdessen fürchten wir uns und wollen es uns selbst nicht eingestehen; es täte uns weh; deshalb hegen wir sie in uns ein und glauben, dass wir sie abgetötet hätten. Aber sie ist noch lebendig, und sie kriecht aus uns hervor in einer Verkleidung, die man das Negro-Lachen nennt« (zit. nach Mendes 2015, S. 38). Wright appellierte an seine schwarzen Mitmenschen, sich ihre Furcht, den psychischen und emotionalen Folgen rassistischer Unterdrückung auf den Grund zu gehen, einzugestehen. Er bezeichnete diesen Prozess als »Eroberung unserer selbst« (ebd.).

Prägend für die Freundschaft zwischen Wright und Cayton war ihrer beider Interesse an der Relevanz psychoanalytischer Erkenntnisse für Schwarze. So schrieb Cayton an Wright: »Ich würde gern ausführlich mit Ihnen über das ganze Problem der Psychoanalyse sprechen. Vor allem möchte ich die Frage diskutieren, was den Tiefpunkt der Existenz & der Persönlichkeitsstruktur des Negro ausmacht – seine frühere psychologische Konditionierung in der Familie oder seine Reaktion auf seine Unterdrückung. Ich denke, es handelt sich um eine merkwürdige Mischung – beide verstärken einander, und das führt zu den verheerendsten Ergebnissen. Aber darüber würde ich gern ausführlich mit Ihnen sprechen. Ich habe in der Literatur nichts dazu gefunden, und wir könnten, wenn wir es formulieren, einen echten Beitrag leisten« (Cayton an Wright, 2. April 1945, zitiert nach Mendes 2010, S. 35f.). In »A Psychological

Approach to Race Relations« postulierte Cayton (1948) auch einen »Schuldgefühl-Hass-Furcht-Komplex« weißer Amerikaner: »Der weiße Mann leidet also an einer Unterdrückerpsychose – der Furcht, dass diejenigen, die er gedemütigt und gequält hat, Vergeltung üben werden.«

Cayton war lange Zeit bei Dr. Helen V. McLean in Analyse. Sie hatte eine körperliche Behinderung und zählte zu den prominenten Befürwortern der Einbeziehung der Psychoanalyse in die Diskussion über das Verhältnis zwischen Afroamerikanern und Weißen in den Vereinigten Staaten. Cayton sorgte dafür, dass Wright am Chicago Institute of Psychoanalysis einen Vortrag über den Nutzen der Psychoanalyse für das Verständnis von Furcht und Hass des amerikanischen Negro halten konnte. Er berichtete auch über seine eigene Analyse und schrieb, er habe anfangs geglaubt, »Rasse« sei ein »bequemes Schlagwort«, eine Rationalisierung persönlicher Unzulänglichkeit, eine Möglichkeit, »gründlichem Nachprüfen einen Riegel vorzuschieben«. Er sei jedoch zu dem Schluss gelangt, dass »Rasse« in Wirklichkeit »den Kern [seiner] Persönlichkeit« betreffe und »den Ursprungspunkt [seiner] Unsicherheit« bilde: »Ich muss es mit der Muttermilch eingesaugt haben« (Cayton 1965, S. 260), fügte er hinzu.

In der Psychoanalyse fanden Cayton und Wright auch die Sprache und die Konzepte, die sie brauchten, um die Auswirkungen des Rassismus auf die Sexualität und das Familienleben afroamerikanischer Menschen zu erforschen. Das herrschende Ideal – das Ideal der weißen Mittelschicht – wurzelte in einem »Kult wahrhaftiger Weiblichkeit«. Untrennbarer Bestandteil dieses Kultes war der Rassismus der Weißen. Schwarze wurde von ihnen entwürdigt und mit dem Profanen gleichgesetzt, weiße Frauen hingegen aufs Podest gehoben. Freudianisch formuliert, trat der weiße Mann als Beschützer der Jungfräulichkeit auf. Der schwarze Mann hingegen gehörte aufgrund seiner Hypersexualität kastriert. Wright war überzeugt, dass schwarze Männer diesen Rassismus verinnerlicht und sich, bevor es durch andere geschehen konnte, selbst kastriert hätten. Als er 1943 zusammen mit Horace Cayton in einem Jim-Crow-Zug in den Süden reiste, verlangte er einen Platz im Speisewagen. Der weiße Zugbegleiter wies ihnen schließlich den schlechtesten Tisch zu und zog einen Vorhang um sie herum, damit den Mitreisenden ihr Anblick erspart blieb. Der Kellner aber war ein Schwarzer. Nach dem Essen richtete Wright folgende Frage an Cayton: »Ist Ihnen aufgefallen, wie der Kellner mit dem Zugbegleiter gesprochen hat? … Armer schwarzer Teufel, seine Stimme klang um zwei Oktaven höher, und seine Hoden müssen vor Schreck 5 cm hoch in den Bauch gesprungen sein. … So verhält er sich, um sich selbst zu entmannen, um sich femininer zu machen, weniger maskulin und für einen weißen Mann besser zu ertragen« (zitiert nach Cayton 1969).

Wrights Wunsch, schwarze Männlichkeit zu rehabilitieren, war kein Sexismus. Er ist vielmehr im Kontext der Bisexualität im freudianischen Sinn zu verstehen, d. h. der sowohl heterosexuellen als auch homosexuellen Strebungen beider Geschlechter. Carl, der Protagonist von Wrights Kurzgeschichte »Mann für alles«, hat in der Army als Koch gearbeitet, muss sich aber nun um seine kranke Frau und ein Neugeborenes kümmern, und die einzige Möglichkeit, Geld zu verdienen und seine Familie vor dem Hungern zu bewahren, besteht darin, sich als Frau auszugeben und um eine Stelle als Haushaltsgehilfin zu bewerben. Carl wird tatsächlich angestellt. Er ist nicht nur als schwarzer Mann unsichtbar, sondern auch als Frau – der Hausherr versucht, ihn zu vergewaltigen. Die Geschichte gipfelt darin, dass die Ehefrau seines Arbeitgebers ihn zwingt, ihr in der Badewanne den Rücken zu schrubben. Sie zwingt ihn also, eine nackte weiße Frau anzusehen. Am Ende ist Carls ganze Familie – ein Neugeborenes, ein sechsjähriger Junge und die kranke Ehefrau – in Tränen aufgelöst, und auch Carl beginnt zu weinen: »Herr, du meine Güte, wenn ihr alle so weint, dann muß ich auch weinen … Huuuhuuuh!« (Wright 1961 [1957], S. 169) Ebenso wie Tyree, die schwarze Vaterfigur aus dem Süden, die Wright in seinem letzten Roman, *Der schwarze Traum* [1960 [1958]), auftreten lässt, gibt sich auch dieser schwarze Vater lediglich den Anschein der Kastration. Wir haben immer auch die weiblichen oder mütterlichen Elemente seines Charakters zu würdigen, denen die Liebe zur Familie und nicht allein die Angst vor einschüchternden Weißen zugrunde liegt.

1945 eröffnete Wright zusammen mit Wertham in Harlem ein Therapiezentrum, die Lafargue Clinic, benannt nach Paul Lafargue, einem afrokubanischen, in Frankreich geborenen Sozialisten, der ein Schwiegersohn von Karl Marx war. Die Klinik verstand sich als Pionierprojekt für »mass therapy«, d. h. für die Therapie breiter Bevölkerungsschichten, berechnete 25 Cents pro Behandlungsstunde und zahlte den dort arbeitenden Psychiatern kein Gehalt.

Ralph Ellison beschrieb sie als den »landesweit erfolgreichsten Versuch, den Unterprivilegierten Zugang zu psychotherapeutischer Versorgung zu gewähren«, und als »eine der wenigen Einrichtungen, die sich dafür einsetzt, die Teilhabe Schwarzer am Leben in den Vereinigten Staaten anzuerkennen«. General Omar Bradley, Direktor der Veterans Administration, empfahl die Klinik allen Veteranen, ungeachtet ihrer Herkunft. Wright machte sie in mehreren Artikeln bekannt. Unter anderem schrieb er in »Psychiatry Comes to Harlem« über die »künstlich produzierten Probleme« der Schwarzen (Wright 1946, S. 46).[8] Die »massiven Persönlichkeitskonflikte«, so Wright, »die in Negros durch die ständige Sabotage ihrer demokratischen Ambitionen auf Wohnraum, Arbeit, Bildung und soziale Mobilität erzeugt werden, schaffen eine Umwelt voller Angst und Anspannung, in der sich die emotionale Waagschale nur allzu leicht auf der Seite der Neurose senkt. [...] Als sozialpsychoanalytische Einrichtung, die unter der Prämisse arbeitet, dass Veränderungen der sozialen Umwelt die schwarze Psyche beeinflussen können und beeinflussen werden«, erweitere die Laforgue Clinic »das Psychiatriekonzept an sich auf einen neuen Bereich und öffne die Psychiatrie für die Massen. Damit stellt sie Freud auf den Kopf« (Wright 1946, S. 49f.). Dass sich die Klinik im Untergeschoss der St. Philip's Episcopal Church befand, bewog Wright, sie als eine »Underground«-Einrichtung zu bezeichnen.

Auch Ralph Ellison fühlte sich der Klinik eng verbunden. Er war in Oklahoma City zur Welt gekommen und 1937 nach New York gezogen, wo er als Sekretär für den Psychoanalytiker Harry Stack Sullivan arbeitete. Sullivan war »Neo-Freudianer« wie Karen Horney und Erich Fromm, d.h. er teilte Wilhelm Reichs Forderung, dass die Psychoanalyse sich im Kontext der sozialen und kulturellen Verhältnisse und folglich im Kontext des Erinnerns und der Geschichte verorten müsse.[9] Ebenso wie Wright erklärte Ellison die schwarze Psyche unter dem Blickwinkel der Großen Wanderung von Millionen Afroamerikanern aus dem Süden in die Ballungszentren des Nordens. Psychische Störungen in dieser Bevölkerungsgruppe überlagerten seiner

8 Siehe auch Wright (1948).

9 Sullivan suchte sein ganzes Leben lang nach Möglichkeiten, Freud und Marx zusammenzubringen.

Ansicht nach tiefere intellektuelle Energien, die die Menschen infolge der im Süden erlebten Unterdrückung hatten verdrängen müssen. Der Schwarze aus dem Süden, dem der unlogische Charakter seiner unterlegenen Position einsichtig ist, wirkt wie ein Hysteriker. Wenn er nach Norden auswandert, »zerfällt seine Familie, seine Kirchengemeinde zerbricht, seine Volksweisheiten sind zu nichts mehr nutze, weil er irrtümlich annimmt, dass sie für das Leben in der Stadt keine Relevanz besitzen« (Ellison 2003 [1948], S. 325). Gleichzeitig »wächst seine Intelligenz sprunghaft an« (Ellison 2003 [1945], S. 138) – eine Energieexplosion, die sich als Nervenanspannung, als Angst, äußert. Im September 1944 schrieb Ellison an Wright: »Mir kam das Gerücht zu Ohren, dass Du wieder neurotisch seiest. Zuerst Bigger, und jetzt Du. ›Wenn du einen Nigger nicht unter Kontrolle bringen kannst, erkläre ihn für verrückt‹, Du weißt, wie es läuft.«

In »Harlem is nowhere« spricht Ellison (2003 [1948]) von seiner Hoffnung, dass die Lafargue Clinic dem Projekt der afroamerikanischen Emanzipation insgesamt als Vorbild dienen könnte. Das Harlemer Straßenbild gleiche, so schreibt er, der verwüsteten inneren Welt vieler Afroamerikaner: »Harlem ist eine Ruine – deren Bestandteile (ihre alltägliche Kriminalität und Gewalt, ihre zerfallenden Gebäude mit den vermüllten Lichthöfen, stinkenden Fluren und Zimmern voller Ungeziefer) nicht zu unterscheiden sind von verzerrten Bildern, wie man sie aus Träumen kennt – Bilder, die gleich Straßenräubern, die in einer verlassenen Halle herumlungern, unsichtbar und bedrohlich in der wachenden Seele erzittern« (S. 321). Die Einwohner Harlems leben in einem sozialen, geographischen und psychologischen Niemandsland, »in dem sie sich wie Fremde fühlen und ihr ganzes Leben mit der Suche nach Antworten auf die Fragen verbringen: ›Wer bin ich, was bin ich, warum bin ich und wo?‹ In Harlem bekommt man auf den Gruß ›Wie geht's dir?‹ häufig zur Antwort: ›Ach Mann, ich bin nirgendwo‹ – eine Formulierung für eine Haltung, die so weit verbreitet ist, das man sie auf eine Geste, ein scheinbar nichtssagendes Wort reduzieren kann.« Laut Ellison »bringt die Formulierung ›Ich bin nirgendwo‹ ein Gefühl zum Ausdruck, das vielen Negros angeboren ist, das Gefühl, keinen festen, anerkannten Platz in der Gesellschaft zu haben. Die eigene Identität treibt in einer launischen Realität dahin, in der noch die gewöhnlichsten Annahmen fragwürdig sind. Man ›ist‹ buchstäblich, aber man ist nirgendwo; man wandert benommen durch ein Ghettolabyrinth – als ›displaced person‹ der amerikanischen Demokratie« (ebd., S. 323). In Anbetracht der katastrophalen Zerstörung, die Ellison in Harlems Straßen beobachtet, übertrifft die Bedeutsamkeit der Lafargue Clinic seiner Ansicht nach »als eine Erweiterung der Demokratie in den Untergrund sogar den hohen Wert, den sie als psychotherapeutisches Zentrum besitzt« (ebd., S. 320).

Der Lafargue Clinic gelang es tatsächlich, breite Bevölkerungsschichten zu erreichen. Die Psychiater führten Einzelgespräche und Mosaiktests durch, beobachteten die Dynamik in Gruppen und gelangten zu dem Schluss, dass die Segregation in schwarzen Kindern Minderwertigkeitsgefühle, Unsicherheit und Fremdheitsgefühle weckte und weißen Kindern rassistische Einstellungen und Vorurteile vermittelte. Wertham erklärte im Anschluss an die Studie, dass die Rassentrennung »ein massives öffentliches Gesundheitsproblem« sei, das »in der Psyche des Kindes einen unlösbaren Konflikt« erzeuge (Kluger 1976, S. 443f.). Zusammen mit Kenneth und Mamie Clarks Forschungen erwies sich die Studie später als wertvolle Ressource für die NAACP-Anwälte, die sich in dem Prozess Brown v. the Board of Education vorwiegend auf psychologische Erkenntnisse stützten. Langfristig betrachtet, steht die Klinik auch dank dieses Zusammenhangs mit der Integrationsentscheidung des Supreme Court für einen unauslöschlichen Moment der Einbeziehung des Freudianismus in das afroamerikanische Gedächtnis, wie es heute existiert.

Somit bildete die Popular Front den Kontext für den zweiten großen politischen Freud der afroamerikanischen Geschichte. Während sich der »New Negro« der 1920er Jahre von dem Bedürfnis, sich selbst zu beweisen, noch nicht gänzlich freigemacht hatte, weckte die Betonung der Integrität, ja der moralischen Überlegenheit der Unterschichtskultur durch die Popular Front ein neues Bewusstsein der Gleichheit als eines nicht etwa verliehenen, sondern seit Anbeginn gegebenen Status. Damit verlagerte sich die Betonung des afroamerikanischen Gedächtnisses von den kulturellen Errungenschaften der Vergangenheit auf die Verheerungen durch Sklaverei und Rassismus. Ausschlaggebend für diesen Wandel war eine Veränderung der Klassenbasis des Freiheitskampfes. Die Einbeziehung der unteren Schichten und der *Volks*kultur stellte die afroamerikanische Identität nicht nur auf eine breitere Grundlage, sondern vertiefte auch ihre Wurzeln. Darin kam ein populärer soziologischer und politischer Freudianismus zum Ausdruck, der sich in einer neuen Einstellung zu Sexualität und Aggression niederschlug. Einerseits fand der afroamerikanische Kampf für ein uneingeschränktes Sexualleben und ein Familienleben Anerkennung, andererseits durfte die zentrale Bedeutung von Aggression, Konflikt und sogar Gewalt in der afroamerikanischen Geschichte ins Bewusstsein vordringen. Im Gegensatz zum Freud der Harlem Renaissance, der sich seiner »Zweiheit« stets bewusst gewesen war, bezog der Freud der Popular Front eindeutig Stellung in einem Kampf auf Leben und Tod gegen die vorherrschende Kultur. Die Psychoanalyse war für den linken Flügel der afroamerikanischen Kultur der 1940er Jahre tatsächlich so wichtig, dass man die spätere Popular Front zutreffender als marxistisch-freudianisch denn als marxistisch betrachtet.

Wir haben bereits gesehen, dass der Blues den Kontext, in dem das Projekt des afroamerikanischen Gedächtnisses keimte, zu klären hilft. Unter diesem Blickwinkel wird insbesondere deutlich, auf welche Weise der Kollektivismus der Popular Front beinahe unwillkürlich einen neuen, potenziell radikalen Fokus auf die individuelle Subjektivität – statt lediglich auf das Gruppenbewusstsein – erzeugte. Historiker des Blues sagen oft, dass es so etwas wie *den* Blues gar nicht gäbe, sondern nur einen Ma Rainey Blues, einen Blind Lemon Blues oder einen Willie Johnson Blues (vgl. Jones 1999, S. 67). Während der Popular Front ließ der neue, geschärfte Fokus auf die individuelle Stimme in Verbindung mit der einzelnen Mundharmonika, einem Banjo oder einer Gitarre die unverwechselbaren Eigenschaften des idiosynkratischen Individuums hervortreten; gleiches bewirkten das Hin- und Hergleiten zwischen Pentatonik und Heptatonik, die verwaschene Aussprache, die stimmlichen Sprünge und Falsetteinlagen, die Synkopen mit der Betonung der schwachen oder Offbeat-Noten, die düsteren Introversionen der Molltonarten und die improvisierte, informelle, spontane Performance, die sich unmöglich für ein Massenpublikum reproduzieren ließ. Ein neues Bewusstsein, konzentriert auf Jazz, abstrakten Expressionismus, Existenzialismus und Psychoanalyse, keimte auf und zog Wright in seinen Bann, so dass er 1946 nach Paris ging, wo der dritte afroamerikanische – und nun auch afrokaribische – Freud Gestalt annahm.

Der Freud des schwarzen Atlantik

In *Die Schwarzen Jakobiner* (1984 [1938]) bekennt sich der Kulturkritiker und Journalist C. L. R. James zu seinen Schwierigkeiten zu verstehen, weshalb François-Dominique Toussaint L'Ouverture, der vielleicht bedeutendste Freiheitskämpfer des Revolutionszeitalters, die Unterstützung seines Volkes verlor. »Da er wußte, daß die Rassenfrage ihrem Wesen nach eine politische und soziale Frage war, versuchte er sie auf rein politischem und sozialem Wege zu lösen. Das war ein verhängnisvoller Fehler« (S. 326), schreibt James und zieht den Schluss: »Toussaints Versagen war das Versagen der Aufklärung, nicht der Unwissenheit« (S. 327). James' Schwierigkeiten, Toussaints Beweggründe zu erklären, hingen unmittelbar mit der selbstverschuldeten Tragödie der Russischen Revolution zusammen. Als führende Persönlichkeit der Vierten (trotzkistischen) Internationale war James nämlich überzeugt, dass die Revolution zum Stalinismus degeneriert war, weil die Bolschewiken die Verbindung zu den persönlichen, subjektiven Erfahrungen der sowjetischen Völker verloren hatten.

Ein vertieftes Subjektivitätsempfinden und Freiheitsbewusstsein lag auch der dritten Inkarnation Freuds in der afroamerikanischen Geschichte zugrunde, dem antikolonialen Freud oder dem »Freud des Black Atlantic«, wie ich ihn nennen möchte. Mehr noch als seine zwei großen Vorgänger – der Freud der Harlem Renaissance und der Freud der Popular Front – war der antikoloniale Freud eine transnationale Figur mit Wurzeln in einer diversen Community linker afrikanischer, afroamerikanischer und karibischer Rebellen und Intellektueller, die sich nach dem Zweiten Weltkrieg in Paris zusammengefunden hatten und zu denen neben Richard Wright, Chester Himes, James Baldwin, Frantz Fanon und Cyril L. R. James auch französische Intellektuelle wie Jean-Paul Sartre, Simone de Beauvoir, Albert Memmi und Octave Mannoni zählten. Eine wichtige Rolle spielten überdies panafrikanistische Intellektuelle in London, vor allem George Padmore, Südafrikaner wie Peter Abrahams und Exponenten der *Négritude* wie Amilcar Cabral und Leopold Senghor. Der Existenzialismus hatte all diese Denker tief beeinflusst, die nun das psychoanalytische Konzept des Unbewussten zur Erklärung von Projektion, projektiver Identifizierung und intersubjektiven Konflikten und Abwehroperationen heranzogen. So verschieden sie waren, bestand das langfristige Resultat ihrer Mühen doch in den großen Paradigmen der Nachkriegswelt: den antagonistischen Herrschaftsbeziehungen zwischen Selbst und Anderem, beispielhaft repräsentiert durch den Antisemiten und den Juden (Sartre), durch den Kolonisator und den Kolonisierten (Fanon, Memmi, Mannoni), durch Sexismus (Beauvoir), wissendes Subjekt/Objekt des Wissens (Foucault), Rassismus (Stuart Hall) und Orientalismus (Edward Said).

Der antikoloniale Freud tauchte vor dem Hintergrund eines starken linken sozialen und historischen Konzepts auf, dem des Imperialismus. 1935 wurden Afroamerikaner durch die Invasion italienischer Truppen in Äthiopien angeregt, den US-Rassismus als einen Baustein in einem weltweiten System des rassifizierten Kolonialismus zu denken. 1936, im Spanischen Bürgerkrieg, betrat der faschistische Stiefel den Boden der nordafrikanischen Kolonien Spaniens. Der Zweite Weltkrieg wurde im Wesentlichen von zwei selbsternannten Antikolonialmächten, den Vereinigten Staaten und der Sowjetunion, gegen expansionistische Mächte geführt: gegen Nazideutschland, das faschistische Italien und das imperiale Japan. Als der Krieg endete, wollte Präsident Roosevelt das französische Imperium und das britische Empire zerschlagen. Infolgedessen erwarteten viele Afroamerikaner, dass die Nachkriegsära auch das Ende von Jim Crow bedeuten würde. Als die Führer der indischen Unabhängigkeitsbewegung es ablehnten, sich ohne das Versprechen künftiger Unabhängigkeit am Kampf gegen die Nazis zu beteiligen, als afrikanische und karibische nationale Befreiungsbewegungen explodierten oder die Briten die Pressefreiheit in Nigeria aufhoben, nahmen die afroamerikanischen Communities intensiv Anteil am Geschehen. Dieses Engagement hing eng mit der Erwartung zusammen, dass die Entwicklungen das Ende der amerikanischen Rassentrennung bedeuten würden. Gleichermaßen intensiv, wenngleich nicht immer bewusst nahmen Afroamerikaner einen zeitgenössischen Ausdruck des Rassenhasses wahr, die Ermordung von sechs Millionen europäischen Juden.

Der Sieg der Alliierten markierte das Ende des Kolonialismus, aber auch den Beginn des Kalten Krieges. Statt die Nachkriegswelt durch die Befreiung jahrhundertelang unterdrückter und rassistisch stigmatisierter Völker zu definieren, erklärten amerikanische Eliten sie nun zu einem Kampf zwischen Kommunismus und Freiheit. Entsprechend der Modernisierungstheorie, dem maßgeblichen Paradigma in den USA der Nachkriegsära, galten Rassismus, Nazismus und Kommunismus als gleichrangige Formen der Unreife, als Symptome individueller oder kultureller Rückständigkeit oder als »Pathologie« auf dem Weg zu rationalem, eigennützigem, marktorientiertem Verhalten. Vor allem kam zur Beschreibung des Rassismus ein neues wissenschaftliches Vokabular in Mode; die Rede war von »Vorurteilen«, »Stereotypen«, von »Gruppenbeziehungen« und »Selbstwertgefühl«. Das Judentum wurde einer neuen »jüdisch-christlichen« oder »axialen« Synthese einverleibt, die man gegen Nazismus und Kommunismus in Stellung brachte (dazu mehr im nächsten Kapitel), während man Freud als vermeintlichen Kritiker utopischer Ideen und als Verfechter der »Reife« rekrutierte. Jazz, Bebop und Blues wandelten sich im Kalten Krieg zu glitzernden Juwelen im Waffenarsenal des Antikommunismus, als Louis Armstrong, die »Stimme Amerikas«, 1956 in Accra, Ghana (das damals noch British Gold Coast hieß), auftrat und Dizzy Gillespies gemischtethnische Bigband Konzerte im Nahen Osten gab. »Man erwartet von uns, dass wir ein Vorbild sind«, erklärte der damalige Außenminister Dean Rusk.

Derweil erwuchs die aussichtsreichste Herausforderung des den Kalten Krieg prägenden Konsumismus nicht aus dem schon weitgehend diskreditierten Kommunismus oder aus der Psychoanalyse, sondern aus dem künstlerischen Radikalismus einschließlich der Musik – des Blues, Jazz und Bebop – und aus dem Saatbeet des dritten afroamerikanischen Freud, dem Existenzialismus. Vor dem Hintergrund der deutschen Besetzung Frankreichs, der Résistance und der Kollaboration hatte sich eine Theorie der menschlichen Freiheit, der Entscheidung und der Kontingenz entwickelt. Sartre bezeichnete den Existenzialismus als einen »Individualismus der Linken« und sah in ihm ein Spiegelbild der Art und Weise, wie linkes Denken sich subtil von der Gleichheit als oberstem Ziel der Volksfront zur Freiheit als oberstem Ideal der Nachkriegszeit verschoben hatte. Der Existenzialismus stützte sich auf das französische Verständnis des Subjekts, des *Cogito* mit seinen Wurzeln in den Schriften Montaignes, Pascals und Descartes', ein Verständnis, das im angloamerikanischen philosophischen Denken kaum ausgeprägt war oder gänzlich fehlte. Vor dem Hintergrund dieses Erbes kritisierte Sartre am Freudianismus, dass er das Bewusstsein nicht von innen analysiere, sondern von außen, so als sei es ein objektives »Ding«. Gleichwohl war Sartres Freud-Interpretation mehrdeutig. Sie schwankte zwischen unverhohlener Ablehnung und phänomenologischer Neuformulierung. Der Freudianismus bereicherte den Existenzialismus – wie zuvor schon die Harlem Renaissance und die Popular Front – um ein Bewusstsein für das Gewicht der Vergangenheit, d.h. um die Tiefenpsychologie. Frantz Fanon, unser wichtigstes Beispiel für diesen dritten Moment in der Beziehung zwischen Freudianismus und afroamerikanischem Gedächtnis, hat dies erkannt und versucht, das existenzialistische Subjekt und das freudianische Unbewusste in seinem historisierenden Konzept eines »Rassenkomplexes« zu synthetisieren.

Fanon, den Edward Said einmal als »Freuds streitbarsten Erben« bezeichnet hat, war 1925 auf Martinique zur Welt gekommen und hatte die furchtbare Gewalt des Krieges als Heranwachsender miterlebt. Er stammte aus einer schwarzen Mittelschichtsfamilie und nahm seine ethnische Herkunft sehr bewusst wahr, wenngleich er nicht nur durch Klassenzugehörigkeit und Bildung, sondern auch aufgrund der elsässischen Herkunft seiner Mutter tief in der französischen Identität wurzelte. Erste drastische Erfahrungen mit Rassismus und Bigotterie machte er, als Vichy-Truppen nach der Eroberung Frankreichs durch die deutsche Wehrmacht 1940 auf Martinique landeten. Er reagierte, indem er sich den Forces Françaises Libres, den Streitkräften für ein freies Frankreich, anschloss, obschon er auch sie für rassistisch hielt. Zur selben Zeit geriet er in den Bann seines ehemaligen Lehrers und Mentors in Martinique, Aimé Césaire, eines Mitbegründers der Négritude-Bewegung. Nach dem Krieg studierte Fanon in Lyon Medizin, wurde Psychiater und praktizierte später in Algerien, wo er sich der Revolution anschloss. Gleichsam als Beispiel für die extreme Unstetigkeit, die kolonisierten Menschen wie Fanon von der Weltgeschichte der Nachkriegsjahre abverlangt wurde, wechselte er Zeit seines kurzen Lebens immer wieder die Identität – aus dem Französisch-Martinikaner wurde ein Algerier und dann ein Pan-Afrikaner und schließlich ein universalistischer Humanist, der aber nie seine geradezu übernatürliche Sensibilität für das Unrecht des Rassismus verlor.

Das originäre psychoanalytische Element in Fanons Denken war die Idee, dass das Unbewusste als revolutionäre Kraft dienen könne. Sie knüpfte an Freuds *Traumdeutung* an und ließ die später ausgearbeiteten, komplexen

Zusammenhänge der Freud'schen Theorie des Erinnerns, z. B. die Theorie der psychischen Struktur, außer Acht. Tatsächlich verdankte Fanon seine ureigene Vorstellung vom Unbewussten weniger seiner analytischen Ausbildung als vielmehr dem Surrealismus, dem künstlerischen Radikalismus, dem Blues und Jazz sowie seinem Négritude-Hintergrund. Ungeachtet ihrer Beeinflussung durch die Harlem Renaissance beruhte die Négritude-Bewegung auf der Überzeugung, dass das Erreichen genuiner Subjektivität seitens einer unterdrückten Rasse die Anerkennung der Degradierung voraussetze, eine Einsicht, die uns schon bei Richard Wright begegnet ist. In seinem Langgedicht *Cahier d'un retour au pays natal* beschreibt Aimé Césaire die karibische Sonne als »enthauptet« und Martinique als »skrofulös«, erfüllt vom Widerhall des verzweifelten Stöhnens, das aus dem Rumpf der Sklavenschiffe dringt. Die Erinnerung an monströse Sodomie, an Prostitution, Heuchelei, spießige Feigheit und »keuchende Begeisterung« wachrufend, beschreibt der Dichter die Martinikaner als eine »Rasse wertloser Tellerwäscher«, die »nie auch nur irgendetwas erfunden« haben. In der letzten, von Fanon wiederholten Zeile bezeichnet Césaire die afrokaribische Vergangenheit als »das große schwarze Loch« (»le grand trou noir«) –, in dem der Dichter einst ertrinken (noyer) werde.

Der Surrealismus, von Césaire als »eine Waffe, die die französische Sprache zu Explosion brachte«, bezeichnet, beruhte auf der Idee, dass unbewusste Spuren der Vergangenheit – wobei es sich um Örtlichkeiten handeln kann, ja um ganze Stadtviertel, aber auch um beiläufige Verhaltensweise und Praktiken – revolutionäres Potential besitzen. 1941 entdeckte André Breton, als er auf dem Weg ins US-amerikanische Exil auf Martinique Zwischenstation machte und dort von den Vichy-Behörden inhaftiert wurde, Césaires Gedicht und pries dessen Verdienst, den Surrealismus, dem der Stalinismus einen beinahe tödlichen Schlag versetzt hatte, wiederbelebt zu haben. Der Surrealismus, so schrieb Breton, sei ein Verbündeter der »People of color […], weil er gegen alle Formen des Imperialismus und des weißen Brigantenwesens an ihrer Seite steht. […] Beiden geht es darum, die Vorherrschaft des Bewusstseins und des Alltags abzuschaffen« (Breton 1945). Césaire wiederum bezeichnete den Surrealismus als einen »Prozess der Ent-Entfremdung« mit dem Potenzial, den gequälten Baudelaire'schen Albatros des kranken, kolonisierten Selbst aufzuwecken, dem man »den Minderwertigkeitskomplex, die Angst, das Zittern, den Kniefall, die Verzweiflung, das Domestikentum eingebläut« (Césaire 2021 [1950], S. 47) habe und das sich dennoch zu dichterischer Erhabenheit aufschwingen könne. Fanon (2013 [1952]) zitierte Césaires Worte zu Beginn seines ersten Buches, *Peau noire, masques blancs (dt.: Schwarze Haut, weiße Masken*, 2015), und auch er beschrieb sein Projekt als eine »Ent-Entfremdung« (Fanon 2013 [1945]). Der Surrealismus hatte aber insofern Ähnlichkeit mit dem Blues, als er einen Zugang zum Unbewussten oder zum Denken des Primärvorgangs erschloss, ohne das Material des Primärvorgangs in Sprechakte, soziale Theorie und politische Aktion, mit anderen Worten: in Erinnerung im Sinne einer subjektiven, strukturierten, kollektiven Darlegung der Vergangenheit, übersetzen zu können.

In Sartres Denken fand Fanon das Modell eines antagonistischen Kampfes, auch wenn Sartre sich nicht ausdrücklich mit dem Gedächtnis beschäftigte. Die wichtigste Rolle spielte dabei dessen Essay *Überlegungen zur Judenfrage* von 1946 – eine Antwort nicht nur auf den französischen Antisemitismus, sondern auch auf den Nationalsozialismus und die Lager. In Sartres schneidender Analyse des intersubjektiven Charakters des Antisemitismus, die Fanon auf den Rassismus bezog, »[erfahren] wir unser unfaßliches Für-andere-Sein in Gestalt einer *Besessenheit* […]. Ich bin vom Anderen besessen. Der Blick des Anderen formt meinen Leib in seiner Nacktheit, läßt ihn entstehen, modelliert ihn, bringt ihn hervor, wie er *ist*, sieht ihn, wie ich ihn nie sehen werde« (Sartre 2014 [1943], S. 467). Freuds Schriften lassen auf den frühest- und frühkindlichen Ursprung der Erfahrung, vom Anderen in Besitz genommen zu werden, schließen, verweisen aber auch auf die fortdauernden Wirkungen traumatischer prähistorischer Erfahrungen. Diesen Punkt griff Fanon auf, setzte jedoch an die Stelle der von Freud angenommenen Prähistorie die *Geschichte* der Sklaverei und des Kolonialismus. Fanon und Freud zufolge enthalten sowohl das individuelle als auch das kollektive Gedächtnis frühere Schichten, Nebenwege, Tunnel und unterirdische Gänge, welche die Zeit überdauert haben, auch wenn sie dem Bewusstsein nicht mehr zugänglich sind, weil neue Strukturen sie überlagern. Fanon wie auch Freud verstanden sich als historisch denkende Archäologen, die die Relikte dieser frühen Schichten zutage förderten – »weniger die Zeugnisse einer primitiven Kultur als die eines primitiven Desasters […]. […] einer Katastrophe, die virulent bleibt und noch nicht in einen

Ruhezustand gleich welcher Art aufgelöst werden kann« (Bion 2013 [1959], S. 114). Die Katastrophen, an die Fanon dachte, waren die französische Invasion auf den karibischen Inseln, die Unterwerfung ihrer Bewohner und die nachfolgenden brutalen Sexual- und Wirtschaftsverbrechen. In der Erinnerung an diese frühen Verheerungen sah Fanon den Schlüssel zur Transformation der von Richard Wright (1978 [1945]) beschriebenen »Verworrenheit«, der Ängste, der dauernden Flucht und der »unter Druck erzeugte[n] Besessenheit« (S. 47) in die Kontroll- und Ordnungsfunktion einer bemeisterten Vergangenheit. Weil der Freudianismus einen Weg aufzeigte, dies vielleicht zu erreichen, betonte Fanon (2013 [1952]) in *Schwarze Haut, weiße Masken*, »dass nur eine psychoanalytische Interpretation des schwarzen Problems die affektiven Anomalien aufdecken kann, die für das Gebäude der [rassischen] Komplexe verantwortlich sind« (S. 10).

Die Veränderungen, die die Psychoanalyse in den 1930er und 1940er Jahren durchlief, kamen Fanons Rekonstruktion des rassischen Gedächtnisses zugute. Die Kriegserfahrung, die schockierende Entdeckung der Konzentrationslager, die Gründung neuer Nationen, die ihre eigenen Wurzeln in der Geschichte imperialer Völkermorde und Sklavenjagden wiederfanden, schienen mit einem Urmord mehr gemeinsam zu haben als mit dem Sozialvertrag, den die Modernisierungstheoretiker der Nachkriegszeit propagierten. Fanon erkannte die traumatischen Folgen des Holocaust, als er die Welt der Kolonien nach dem Krieg als »ein riesiges Konzentrationslager« (S. 257) bezeichnete.[10] Gleichermaßen eindrücklich war sein freudianisch geprägter Vergleich des patriarchalen Sklavenbesitzers mit dem modernen Diktator. Die Psychoanalyse hatte einiges zu sagen über die Art und Weise, wie der individuelle Geist unterjocht, auf Leibeigenschaft und Unterwürfigkeit reduziert werden kann, und zwar nicht nur durch Existenznot oder Unterdrückung durch fremde Eroberer, sondern auch von innen heraus, wie es in Nazideutschland und in der Sowjetunion, aber auch unter den Bewohnern der Kolonien und sogar, wie manche behaupteten, unter den weißen Mittelschichtsamerikanern

10 Über Algerien, wo die Franzosen Konzentrationslager errichtet hatten, schrieb Fanon (2015 [1961]): »In einer Atmosphäre der Unterdrückung wie der von Algerien heißt leben […] nur: nicht sterben« (S. 257f.).

geschehen war. Unter den Psychiatern hatte sich eine Gruppe gebildet, die sich mit Gefängnisinsassen, Patienten und anderen Benachteiligten identifizierte, womit sie die in den 1960er Jahren von R. D. Laing, David Cooper und anderen initiierte Antipsychiatriebewegung der 1960er Jahre vorwegnahm. Zu ihnen gehörte auch Fanon. Nachdem er 1951 seine psychiatrische Ausbildung abgeschlossen hatte, arbeitete er im Süden Frankreichs unter dem katalanischen Psychiater François Tosquelles in der psychiatrischen Klinik von Saint-Alban-sur-Limagnole, einem berühmten ehemaligen Zentrum der Résistance. Tosquelles zählt zu den führenden Persönlichkeiten der »Sozioanalyse« und rekrutierte Patienten und Klinikpersonal für den Kampf gegen die institutionelle Psychiatrie – womit einmal mehr Licht auf die Rolle fiel, die Machtkämpfe in der Freilegung des Unbewussten spielten.

Auch die in den 1930er Jahren erfolgende Transformation der Psychoanalyse in eine Theorie der Mutter-Kind-Beziehung trug zu dem Erinnerungsprojekt bei, indem sie zum Nachdenken über die Relevanz des Freudianismus für nicht-westliche Settings anregte, in denen es so etwas wie einen Ödipuskomplex nach Meinung vieler Experten gar nicht gab. Stattdessen trat die präödipale Mutter, häufig repräsentiert durch die Geburtsgruppe, in den Vordergrund. Marie Cécile und Edmond Ortigues machten in ihrem 1962 erschienenen, aber über mehrere Jahrzehnte entstandenen Buch *Oedipe Africain* geltend, dass im Senegal »ein Schuldgefühl nicht als solches auftaucht, [...] sondern in Gestalt einer Angst, von der Gruppe verlassen zu werden, einer Angst vor dem Objektverlust« (zit. nach Jameson 1977, S. 348). Zentralen Themen der antikolonialen Bewegung wie »Herkunft«, »Wurzeln« und »Anfänge« lag nach Ansicht der Autoren die Beziehung zur Mutter zugrunde – zur Begründung verwiesen sie auf das Wort *motherland.* Solche Themen gingen in Fanons Werk *Schwarze Haut, weiße Masken* von 1952 ein, das sich auf die zwei Jahre zuvor erschienene Monografie *Das Verlassenheitssyndrom* der Schweizer Psychoanalytikerin Germaine Guex (1983 [1950]) stützte, um die katastrophalen Folgen früher Traumatisierungen, die Rassifizierung der frühesten Bindungen, das Bedürfnis nach einem Heimatland oder einer Identität und den Beitrag der Geburtsgruppe zur Heilung der durch den Kolonialismus angerichteten Deformationen zu beleuchten. Als Kern des Verlassenheitssyndroms hatte Guex das Gefühl beschrieben, ein ungewolltes

Kind gewesen zu sein. Die daraus resultierende Enttäuschung, das Gefühl, betrogen worden zu sein, und die Selbstentwertung sind, so schreibt Fanon, für den kolonisierten Menschen charakteristisch, der in Frankreich eine geliebte Mutter sah, die an den ihr verhassten Nachkommen keinerlei Interesse zeigte.

Fanons Sicht der Kolonialmacht als gleichgültige und häufig grausame Mutter bildet die Grundlage seines gesamten Beitrags zum afroamerikanischen und afrokaribischen Gedächtnis. Horace Cayton, der den Rassismus als ein – die Milchproduktion verhinderndes – Abbinden der »Mutterbrust« bezeichnet hatte, klingt an, wenn Fanon die Sehnsucht des schwarzen Kolonisierten, weiß zu sein, Weiße zu besitzen, als eine »Laktifizierung« bezeichnet, einen Wunsch, sich schließlich doch noch an der warmen weißen Flüssigkeit laben zu können. Später, in *Die Verdammten dieser Erde*, verglich er die französische Kolonialmacht, die den Algeriern prophezeit, niemals in der Lage zu sein, sich selbst zu regieren, mit einer übergriffigen, böswilligen Mutter, die ihren Nachwuchs zu »schützen« vorgibt, indem sie »ein völlig perverses Kind ständig daran hindert, […] seinen unheilvollen Trieben freien Lauf zu lassen«. »Die koloniale Mutter«, so Fanon (2020 [1961]) ironisch, »schützt das Kind vor sich selbst, vor seinem Ich, seiner Physiologie, seiner Biologie, seinem ontologischen Unglück« (S. 179). Das Ergebnis ist das Double-bind, das ein Patient schildert. »Es hatte genügt, dass er älter wurde und fortging, um seiner Adoptivheimat im Land seiner Vorfahren zu dienen, damit er sich jetzt fragt, ob er nicht von allem, was ihn umgab, verraten worden ist, da das weiße Volk ihn nicht als einen der ihren anerkannte und das schwarze ihn fast verleugnete« (Fanon 2013 [1952], S. 58). Mit Germaine Guex zieht Fanon den Schluss: »Die anderen haben ihn verraten und frustriert, und dennoch erwartet er nur von den anderen eine Verbesserung seines Geschicks« (ebd., S. 64).

Dass Fanon zur Erklärung der kolonialen Erfahrung des Verlassenwerdens und der Vernachlässigung auf die Mutter rekurriert, hängt mit dem präödipalen Moment des Freudianismus zusammen. Fanon berief sich aber auch auf Freuds Ödipalisierung der von Hegel beschriebenen Beziehung zwischen Herr und Knecht, um die in der kolonialen Ordnung allgegenwärtige »Kastrationsdrohung« zu unterstreichen. Das Kastrationsthema war nicht nur wichtig, weil es von der Sexualität nicht zu trennen war, sondern auch, weil es zeigte, dass der Kolonialismus eine *innere* Unterwerfung unter den stets lauernden, drohenden französischen Vater verlangte. So wie das Ödipale auf dem Prä-ödipalen aufbaut, so entwickelt sich die Kastrationsangst des kolonialen Subjekts auf der Grundlage seiner früheren Erfahrung, allein gelassen und nicht geliebt zu sein. Wenn sich der Schwarze durch das entsetzliche »›Dreckiger Neger!‹ Oder einfach: ›Sieh mal, ein Neger!‹« eines weißen Kindes in einer »erdrückenden Objektivität« eingeschlossen fühlt (Fanon 2013 [1952], S. 93), so deshalb, weil die Worte an eine frühere Wunde rühren.[11] In seinem autobiographischen Rückblick auf den Antillaner, der zum Studium nach Frankreich ging, lässt uns Fanon das ganze Gewicht einer unbewältigten Vergangenheit spüren:

> »Und dann geschah es, dass wir dem weißen Blick begegneten. Eine ungewohnte Schwere beklemmte uns. [...] In der weißen Welt stößt der Farbige auf Schwierigkeiten bei der Herausbildung seines Körperschemas. [...] Ich maß mich mit objektivem Blick, entdeckte meine Schwärze, meine ethnischen Merkmale und Wörter zerrissen mir das Trommelfell: Menschenfresserei, geistige Zurückgebliebenheit, Fetischismus, Rassenmakel [...]. An jenem Tag [...] begab ich mich weit, sehr weit fort von meinem Dasein und konstituierte mich als Objekt. Was war es für mich anderes als eine Loslösung, ein Herausreißen, ein Blutsturz, der auf meinem ganzen Körper schwarzes Blut gerinnen ließ? [...] Ich bin von außen überdeterminiert. [...] Ich bin *fixiert*« (ebd., S. 94–99).

In Fanons Erinnerung klingen Toomers Erklärung des rassischen Unbewussten, Sartres Erklärung des Blicks sowie Freuds Erklärung der Urkatastrohe an. Aber Fanon brachte mit Freuds Erklärung auch die Bedeutsamkeit der Rasse für die Sexualität in Verbindung, die für den postkolonialen Freud fundamental ist. Freud beschreibt die Entdeckung des Geschlechtsunterschiedes als einen Schock für das Mädchen. Bei Fanon wiederum wird die Entdeckung der Rasse zu einer schockierenden – oft, aber nicht immer visuellen – Erfahrung für den kolonisierten Menschen, die eine neue, von einer hierarchischen

11 Auch Chester Himes (2002) schilderte, wie ihm die verkörperlichte Erfahrung, zum Ziel eines Rassismus zu werden, »über den Rücken lief und in die Arme und die Leisten sickerte« (S. 2).

Dichotomie erfüllten Lebenswelt entstehen lässt: Schwarz-Weiß und Mann-Frau.[12] Und während die Entdeckung des Geschlechtsunterschiedes laut Freud für Jungen und Mädchen unterschiedliche Folgen hat, besitzt die Rasse, so Fanon, für Weiße und Schwarze unterschiedliche Bedeutungen. Die *weiße* Entdeckung der Rasse verläuft analog der Entdeckung des Geschlechtsunterschiedes durch den *Jungen*: Rasse ist keine plötzliche Entdeckung, sondern ein schleichender Prozess, der die Menschlichkeit des weißen Menschen entstellt und verdorben hat. Hingegen ist des Schwarzen Entdeckung der Rasse ein Schock – »Sieh mal, ein Neger!« –, analog der Entdeckung des Geschlechtsunterschiedes durch das Mädchen, das fortan unter immerwährender (d. h. ontologischer) Angst leidet. Die Gräuel der Kolonialordnung übersetzen sich in psychische Vernichtung. Albert Memmi (1973) hat Fanons Gedanken mit den Worten zusammengefasst, dass »der Krieg, den die Weißen gegen die Schwarzen führen, auch einen Krieg des Schwarzen gegen sich selbst ausbrechen lässt, einen Krieg, der vielleicht sogar noch destruktiver ist, weil er gnadenlos von innen heraus geführt wird« (S. 15). Diese Einsicht liegt einigen der bewegendsten Passagen zugrunde, die Fanon verfasst hat, Passagen, in denen der Umbruch spürbar wird, der sich in den 1930er und 1940er Jahren im afroamerikanischen Gedächtnis vollzog. Hier ein Beispiel: »Scham. Scham und Selbstverachtung. Ekel. Wenn man mich liebt, dann sagt man mir, dass man mich trotz meiner Hautfarbe liebe. Verabscheut man mich, dann fügt man hinzu, dass dies nichts mit meiner Hautfarbe zu tun habe … Hier wie dort bin ich ein Gefangener des Höllenkreises« (Fanon 2013 [1952], S. 100).

Ebenso wie Wright rekurriert Fanon auf den Freudianismus und rückt sowohl die Rasse als auch die Sexualität ins Zentrum der kolonialen Vergangenheit. Für Fanon gab es keine sexuelle Beziehung in der kolonialen Welt, die nicht durch die Rasse entstellt war. Einerseits wird der Schwarze durch seinen gescheiterten Kampf um Männlichkeit und Selbstachtung veranlasst, von der schwarzen Frau zu erwarten, ihm dabei zu helfen, seine Männlichkeit zu beweisen (vgl. ebd., S. 37). In ebendiesem Sinn dienten schwarze Frauen,

12 Später betont Jacques Lacan die visuellen und diskursiven Aspekte der Freud'schen Traumatheorie, und Lacans Freud bildet die Grundlage für Homi Bhabas bekannte Fanon-Interpretation (Bhaba 1994). Doch als Fanon *Schwarze Haut, weiße Masken* verfasste (1952), stand er im Banne Freuds und nicht Lacans.

wie Françoise Vergès (1997) schreibt, in Fanons Werk manchmal als »ein entwerteter Spiegel für den schwarzen Mann«: »Die Heilung [...] der verletzten Männlichkeit geschieht auf Kosten der Bedürfnisse der Frauen« (S. 593). In analoger Weise denkt der schwarze Mann, der die weiße Frau begehrt: »Ich vermähle mich mit der weißen Kultur, der weißen Schönheit, der weißen Weiße. In diesen weißen Brüsten, die meine allgegenwärtigen Hände streicheln, mache ich mir die weiße Zivilisation und Würde zu eigen« (Fanon 2013 [1952], S. 55). Weil das koloniale Gedächtnis in Fanons Augen erfüllt war von rassifizierter Sexualität, ist sein blinder Fleck, was den Sexismus angeht, verblüffend – zumal Simone de Beauvoirs *Das zweite Geschlecht* 1949, also drei Jahre vor Erscheinen von *Schwarze Haut, weiße Masken,* veröffentlicht worden war und dem Werk dasselbe Sartre'sche Modell der asymmetrischen Machtverhältnisse zugrunde lag. Erst mit Juliet Mitchells *Psychoanalyse und Feminismus*, 1974 erschienen, fand das freudianische Modell, das Fanon so versiert gegen rassische Unterdrückung ins Feld führte, Anwendung auf sexuelle Herrschaftsverhältnisse.[13]

Fanons Verständnis der Allgegenwart von Scham- und Schuldgefühlen in der Herr-Knecht-Beziehung ging so weit über Wrights Interpretation hinaus, dass wir es vielleicht mit Fug und Recht als den Beginn einer neuen – dritten – Phase in der Gedächtniskonstruktion bezeichnen dürfen. Der dritte Freud bezog, über die Sklaverei hinausgehend, den Kolonialismus in das Erinnern ein, über die Vereinigten Staaten hinaus auch Nord- und Südamerika und über den »Westen« hinaus Asien und Afrika. Auf diese Weise veränderte er das historische Denken und positionierte die Kämpfe gegen Sklaverei und Kolonialismus im Zentrum des modernen Radikalismus – wodurch die Arbeitskämpfe, in denen sich die Popular Front aufrieb, nicht ersetzt, sondern vielmehr erklärt wurden. Gleichwohl entspricht diese dritte Phase nicht der optimistischen Dialektik Hegels. Anders als für Hegel nämlich gibt es für Fanon weder Transzendenz noch Versöhnung. Zum einen hat der Rassenkomplex bei jedem einzelnen Menschen »narzisstische Narben« hinterlassen, Ansprüche und Vorwürfe, an denen die Möglichkeiten der Liebe scheitern. »Authenti-

13 Ich erörtere einige Ursachen dafür im Zusammenhang mit der Paternalisierung in den Kapiteln 3 und 5.

sche Liebe«, d.h. Objektliebe im psychoanalytischen Sinn, die das Erreichen der ödipalen Phase voraussetzt, bleibt laut Fanon »unmöglich […], solange jenes Minderwertigkeitsgefühl oder jene Adler'sche Überhöhung, jene Überkompensation nicht ausgerottet sind« (ebd., S. 37f.). So klagt eine schwarze Frau: »Ich hätte mich gern verheiratet, doch mit einem Weißen. Aber eine farbige Frau ist in den Augen eines Weißen niemals voll geachtet. Selbst wenn er sie liebt« (ebd., S. 38). Fanon beschreibt auch »jene Furcht, jene Schüchternheit, jene Unterwürfigkeit des Schwarzen in seinen Beziehungen zur weißen Frau oder jedenfalls zu einer Frau, die weißer ist als er« (ebd., S. 48f.).

In der Unfähigkeit kolonialer »Subjekte« (Fanon) zu genuiner Objektliebe gibt sich das unerträgliche Gewicht einer unbewältigten Vergangenheit zu erkennen. Über eine schwarze Romanfigur René Marans schreibt Fanon: »Jean Veneuse möchte ein Mensch wie die anderen sein, aber er weiß, dass diese Situation falsch ist. Er ist ein Bettler. Er sucht Beruhigung, Erlaubnis in den Augen des Weißen« – und hier nun erinnert Fanon an Du Bois und vertieft ihn zugleich: »Denn er ist der ›Andere‹« (ebd., S. 66). »Der Neger will sein wie der Herr«, heißt es weiter. »Daher ist er weniger selbständig als der Hegel'sche Sklave. Bei Hegel wendet sich der Sklave vom Herrn ab und dem Objekt [d.h. der Arbeit und letztlich der Revolution] zu. Hier wendet sich der Sklave dem Herrn zu und gibt das Objekt auf« (ebd., S. 215, Anm. 8). Mit unüberhörbarem Schmerz fügt Fanon hinzu: »Der Farbige hat die Tendenz, vor seiner eigenen Individualität zu fliehen, sein Da-Sein zu nichts zu machen« (ebd., S. 52). Als er sich die Wucht vergegenwärtigt, mit der die Vergangenheit über die Gegenwart hereinbricht, erinnert er sich: »Aus dem schwärzesten Teil meiner Seele, durch die schraffierte Zone hindurch steigt der Wunsch in mir hoch, auf einmal *weiß* zu sein« (ebd., S. 55). James Baldwin, der nicht nur Fanon, sondern auch Wright in Paris kennenlernte, schrieb: »Vielleicht haben wir also letzten Endes gar keine Ahnung, was Geschichte ist, oder wir sind auf der Flucht vor dem Dämon, den wir heraufbeschworen haben. Vielleicht findet sich keine Geschichte in unseren Spiegelbildern, sondern nur in unserer Verweigerung: vielleicht sind die anderen wir selbst« (Baldwin 1981 [1978], S. 554).

Auch wenn sich die Vergangenheit nicht bewältigen lässt, konnte Fanons Generation erfolgreich Existentialismus, Kosmopolitismus und die postkoloniale Perspektive in ein vertiefendes afroamerikanisches Gedächtnisnarrativ einweben. 1953, ein Jahr nach Fertigstellung von *Schwarze Haut, weiße Masken*, schrieb Fanon an Wright, dass er »an einer Untersuchung über die menschliche Bandbreite [portée] unserer Werke arbeite« (vgl. Turner 2003, S. 152; Fabre 1986; Fabre 1991, S. 191). Er hat diese Studie nie abgeschlossen, aber die beiden Männer blieben während der 1950er Jahre im Kontakt. 1942 hatte Wright den »Outsider«, den »Außenseiter«, als ein pauschales Symbol für die afroamerikanische Identität ins Gespräch gebracht, und zwar ausgehend von den Schuldgefühlen, der erlebten Stigmatisierung und der in der Konstruktion von Nationen und Rassen allgegenwärtigen Ausgrenzung. Der »Outsider« entspricht der Figur des Homo sacer aus dem Strafrecht des Alten Rom, dem Vogelfreien, um den nach seinem Tod niemand trauert. Gleich Sklaven oder Opfern der Lynchmorde in den Vereinigten Staaten wurden Juden in Deutschland regelmäßig verfolgt und dahingemetzelt – dahingemetzelt, aber nicht geopfert, denn sie hatten den Freiheitsstatus, der den Menschen charakterisiert, nicht erlangt. Dennoch gab es in der modernen Welt auch eine Möglichkeit der Transzendenz, weil der »Outsider viele Lebzeiten in einem einzigen Leben lebt« (Garcia 2012, S. 162), und »der westlichen Welt nicht wirklich angehört, obwohl er in ihr geboren wurde« (Wright, zit. nach Robinson 1978, S. 227).

Der Protagonist in Wrights Erzählung »Der Mann, der unter der Erde lebte«, wurde zu Unrecht des Mordes beschuldigt und hielt sich deshalb in der Kanalisation versteckt. So beobachtete er die Realität »von unten« – ein brillantes Beispiel für den Außenseiter. Der Außenseiter ist verfolgt und wird ausgegrenzt, doch dies funktioniert auch aufgrund der Auswirkungen einer Urkatastrophe. Obwohl die Polizei ihm übel mitgespielt hat, fühlt er sich schuldig: »[E]s schien, man versuchte ständig, sich an einen ungeheuren Schock zu erinnern, der im Körper einen bleibenden Eindruck hinterlassen hatte, einen Eindruck, den man nicht vergessen oder abschütteln konnte, der aber vom wachen Bewußtsein vergessen worden war« (Wright 1961 [1942], S. 53). Dennoch verleiht der Kampf ums Erinnern dem Außenseiter das von Du Bois so genannte Zweite Gesicht des siebten Sohnes. »Wenn Neger erben, wenn sie unsere Kultur übernehmen, erben sie auch unsere Probleme, aber mit einem Unterschied«, lässt Wright (1966 [1953]) einen der Protagonisten aus seinem Roman *Der Mörder und die Schuldigen* sagen: »Sie sind Außenseiter und sie werden deshalb *wissen*, dass sie diese Probleme haben. Sie werden sich selbst bewußt betrachten können, denn da sie Neger sind, werden sie gleichzeitig sowohl *innerhalb* wie *außerhalb* unserer Kultur stehen. [...] Bei den Negern wird sich ein einzigartiger und hervorstechend geistiger Typ Mensch entwickeln. Sie werden ein Volk von geistigen Menschen werden, wie die Juden« (S. 147).

Wright stützt seine Konzipierung einer Doppelsichtigkeit auf Du Bois Anerkennung, einer Minderheit in einem von Weißen beherrschten Land anzugehören. Allerdings hat er das Bild globalisiert und zugleich in einem höheren Maß psychologisiert. Nicht nur Andersheit, sondern innerer Konflikt, Verdrängung und Abwesenheit sind zu dem Problem geworden, das dem Erinnern zugrunde liegt. Dies zeigt sich z. B., wenn Wright die Eliten Asiens und Afrikas 1955 auf der Bandung-Konferenz der blockfreien Staaten als »Menschen ohne Sprache« beschreibt:

> »Ich spreche von einer psychologischen Sprache. Diese Männer haben in ihrer Geschichte ein ›Loch‹ und in ihren Herzen einen Sturm, den sie nicht beschreiben können, Jahrhunderte und Aberjahrhunderte, deren Inhalt einzig von weißen Westlern interpretiert worden ist: die Inbesitznahme ihres Landes, seine Unterwerfung, die Errichtung der Militärherrschaft, die Einführung einer anderen Sprache, einer anderen Religion – all diese Dinge existierten, ohne dass [der Kolonisierte] sie interpretiert hätte. [...] Die Elite verfügte über kein historisches Vokabular. Was ihm passiert ist, ist etwas, worüber er erst noch sprechen muss.« (Wright 1995, S. 36)

Wie, so fragt Wright, lernten traumatisierte Völker sprechen? Calvin und Luther – »zwei mutige europäische Aufständische« – fanden ihre Stimme, »durch eine stupende Introjektion des religiösen Symbols, von dem die Menschen ihrer Zeit lebten«. Wright hoffte, dass »eine irrationale westliche Welt [...] auf zweifellos unbewusste und unbeabsichtigte Weise dazu beigetragen hat, die irrationalen Bindungen der Religion, Sitte und Tradition in Asien und Afrika zu zerschlagen«, d. h. eine vergleichbare Introjektion in Asien und Afrika in Gang zu bringen (vgl. Reilly 1986).

Übereinstimmend betrachteten Wright und Fanon die Négritude lediglich als eine provisorische Maßnahme zur Wiederbelebung des afroamerikanischen Gedächtnisses. 1956 bekannte Wright in Paris auf dem Ersten Kongress schwarzer Schriftsteller und Künstler: »Ich habe das unbehagliche, fast an

Angst grenzende Gefühl, dass sich ein militantes, weißes christliches Europa und ein religiöser Ahnenkult in Afrika auf verhängnisvolle Weise historisch ergänzten.« Unter seinen Zuhörern befanden sich auch Aimé Césaire, Léopold Senghor, James Baldwin, Jean-Paul Sartre, Claude Lévi-Strauss und Frantz Fanon. Hatte Sartre geklagt, dass die neuen schwarzen Eliten gezwungen seien, sich in der Sprache der Kolonialisten mitzuteilen, so begrüßte Wright (1994 [1956]) auf der Bandung-Konferenz die Tatsache, dass die Teilnehmer ihre Verurteilungen des Westens »in den Sprachen derselben Kulturen äußerten, die sie anprangerten! [...] Das Englische wurde auf diese Weise erweitert um Gefühl, um moralisches Wissen« (S. 200).

Fanons Schriften erhalten durch die schmerzvolle Suche nach einem Heimatland ein lyrisches Element, das die Texte auf eine Serie kurzer, gequälter Schreie herunterbricht. Wright hingegen weigerte sich, den Begriff »Afroamerikaner« zu benutzen, und bekannte sich stattdessen zu der Diaspora-Identität, die auf Hurstons *Moses, Man of the Mountain* zurückgeht und die später von Paul Gilroy mit dem Black Atlantic verknüpft wurde (vgl. Memmi 1973). 1957 beschrieb Wright (1962 [1957]) Spanien als eine Grenzregion, die insofern gewisse Ähnlichkeiten zu Afroamerika aufweist, als sie weder zur Gänze westlich noch nicht-westlich ist. Beeinflusst von Américo Castros (1954) *The Structure of Spanish History*, einem Werk, das die »unreinen«, multikulturellen – heidnischen, katholischen, jüdischen, muslimischen, afrikanischen, maurischen, *converso*, *morisco*, *marrano* – Stränge des spanischen Gedächtnisses herausarbeitet, erfand Wright den Begriff der »weißen Negroes« (den man später mit Norman Mailer in Verbindung brachte), um die Spanier zu bezeichnen.[14] Natürlich wusste er, dass Spanien das Drehkreuz des Sklavenhandels gewesen war. In *Heidnisches Spanien* (1962 [1957]) verglich er die ritualisierte Gewalt des Stierkampfes mit einem Lynchmord: »Das rauhe, schwarze Fell, der wild peitschende Schwanz, diese gesammelte Kraft in der Masse der Muskeln an Nacken und Schulter, die feuchten, geblähten, tropfenden Nüstern, die fast an ein Schwein erinnerten, dieser überlegene, sorglose

14 Wright (1962 [1957]) war auch von den schwarzen Soldaten der Abraham-Lincoln-Brigade fasziniert und schrieb: »Spaniens Schicksal schmerzte und verfolgte mich; niemals war es mir gelungen, das heftige Verlangen zu unterdrücken, einmal zu erforschen, was dort geschehen war und warum« (S. 5f.).

Mangel an Beherrschung der Aftermuskeln, dieses unaufhörliche Beben der mageren, zitternden Flanken, das Keuchen mit geöffnetem Maul, so schnell, daß es einem Schauer ohne Ende glich […]« (S. 121).

Wright erkrankte 1957 in Afrika an Typhus und starb 1960 im Alter von 52 Jahren. Fanon starb 1961 im Alter von 36 Jahren in einem CIA-Krankenhaus an Leukämie. Du Bois starb 1963, einen Tag vor dem Marsch auf Washington, 95-jährig in Afrika. Drei große Pioniere gingen dahin. Die Geburtsstunde der Aktivistenbewegungen der 1960er Jahre brach an.

Ausdruck der neuen Stimmung – und Wendepunkt in der Herausbildung des afroamerikanischen Gedächtnisses – war der Versuch, den Blues zu historisieren. 1960 veröffentlichte Paul Oliver (1978 [1960]), ein britischer Architekturhistoriker und Blues-Forscher, der noch nie in den Vereinigten Staaten gewesen war, die erste Geschichte des Blues, *Blues Fell This Morning* (dt.: *Die Story des Blues*). Als Wright im Sterben lag, verfasste er noch ein Vorwort zu dem Buch, in dem er Olivers Idee, als Außenseiter die Geschichte des Blues zu schreiben, begrüßte, aber »die beinahe masochistisch anmutende, offenbar von Beginn an mit der Sexualität verknüpfte Passivität, die einen Teil der Bedeutung des Blues auszumachen scheint«, infrage stellte. »Könnte sich diese emotionale Einstellung«, so fragte er, »von der chronischen Unfähigkeit herleiten, aktiv zu werden, von einer Angst zu handeln?« (Wright 1960, S. IX) Auch Fanon erkannte die Notwendigkeit, den Blues zu überwinden. In *Die Verdammten dieser Erde* vertrat er die Ansicht, dass sich im antikolonialen Freiheitskampf die »Kolonialisten […] zu Verteidigern des Eingeborenenstils aufwerfen« (Fanon 2020 [1961], S. 205). Zum Beispiel lehnte er »die gebrochene und verzweifelte Wehmut eines alten Negers zwischen zwei Whiskies […], die Verfluchung seiner selbst« (ebd., S. 205), zugunsten des neuen, intellektuellen Bebops ab, der die spießige Mainstream-Kultur verachtet. 1963 veröffentlichte Amiri Baraka (damals noch unter dem Namen LeRoi Jones) *Blues People*, eine Studie, die nach wie vor als beste Darstellung der Bedeutung des Blues für das afroamerikanische Gedächtnis gelten kann (Baraka 2003 [1963]). Im darauffolgenden Jahr lässt er in seinem Drama *Dutchman* einen konservativen, spießigen »Negro« explodieren: »Die Ofays [weiße Personen] sagen: ›Ich liebe Bessie Smith‹, aber sie begreifen gar nicht, was Bessie Smith eigentlich sagt, nämlich: ›Kiss my ass, kiss my black, unruly ass.‹«[15] Die Zeilen lassen sich als Interpretation des im Blues stets latent präsenten surrealen und unbewussten Inhalts lesen (Baraka ca. 1970 [1964]).

Weil das gesamte Projekt der Wiederbelebung des afroamerikanischen Gedächtnisses in so vielerlei Hinsicht von Du Bois in Gang gebracht wurde, ist es auffallend, dass er 1954, als seine Dissertation *The Suppression of the African Slave Trade to the United States of America* von 1896 neuaufgelegt wurde, eine »Apologia« verfasste: »Der epochale Beitrag, den Freud und seine Bundesgenossen zur Wissenschaft geleistet haben, war damals, als ich dieses Buch schrieb, noch nicht allgemein bekannt. Infolgedessen waren mir die psychologischen Ursachen des menschlichen Verhaltens im Zusammenhang mit dem afrikanischen Sklavenhandel nicht einsichtig. Der neuenglischen Ethik gemäß hatte ich gelernt, dass das Leben aus einer Serie bewusster moralischer Urteile bestehe, und so wurde ich ständig zurückgeworfen auf das, was die Menschen hätten tun ›sollen‹« (Du Bois 1954, S. 327). Indem er die freistehende, abstrakte moralische Verurteilung verwarf und die dem Sklavenhandel zugrundeliegenden »psychologischen Ursachen« erforschte, betonte Du Bois, dass die Geschichte der Sklaverei mit der freudianischen Sensibilität für das Unbewusste zu schreiben sei. Mit anderen Worten, er empfahl einen politischen Freudianismus. Eine Apologie war jedenfalls nicht notwendig.

Martin Luther King wandte sich in der berühmten Rede »I have a dream«, die er 1963 beim Marsch auf Washington hielt, der Geschichte zu, als er nach der Begrüßung der Versammelten an die 100 Jahre zuvor verabschiedete Emanzipationsproklamation erinnerte. In den 1960er Jahren vollzog sich in der amerikanischen Geschichtsschreibung eine regelrechte Revolution – von einer weißen, auf die Südstaatler fokussierten Darstellung des Bürgerkriegs als einer »tragischen Ära«[16] hin zu dem auf die Sklaverei und ihre Abschaffung konzentrierten Narrativ, das heute den Ton angibt. Die Geschichte verzeichnet nur wenige historiographische Revolutionen, die grundstürzender und moralisch bedeutsamer waren als der Umbruch, den in den 1960er und 1970er Jahren die Einführung der afroamerikanischen Geschichte in die amerikanische His-

15 »Kiss my ass« = »Leck mich am A…«; »my black, unruly ass« = »mein schwarzer, aufsässiger A…«.

16 Claude G. Bowers Monographie *The Tragic Era: The Revolution after Lincoln* erschien 1929.

toriographie auslöste. Neben der objektiven Geschichte, die unzählige Historiker den Dokumenten abgerungen haben, stand aber immer auch der ungeheure subjektive Kampf um den Erhalt des afroamerikanischen Gedächtnisses, der von den Sängern des Blues initiiert und nicht nur von Schriftstellern und Künstlern, sondern auch von politischen Freudianern wie Wright und Fanon ausgetragen wurde. Toni Morrisons Beschreibung des Projekts, dem sie ihren Roman *Menschenkind* widmete, legt nahe, dass dieser Kampf fortdauert, denn die Sklaverei »ist etwas, woran sich die Figuren nicht erinnern wollen, woran ich mich nicht erinnern will, woran Schwarze sich nicht erinnern wollen und Weiße sich nicht erinnern wollen« (zit. nach Buell 2014, S. 324).

Ebenso wie Afroamerikaner tiefe intersubjektive und strukturelle Herrschaftsformen, indirekte Widerstände und zahllose Drehungen und Wendungen in ihrem Kampf um das Erinnern aufdeckten, hat sich der Blues zu neuen, komplexen musikalischen Strukturen weiterentwickelt. Dem Ringen um das Erinnern vergleichbar, erforschten afroamerikanische Musiker Dissonanzen, verminderte Terzen, Quinten und Septimen, Molltonleitern, tragische Tonarten, Sechzehntelnoten, trügerische Kadenzen, Negras, Contras, Klagelieder, Minstrel-Shows, Rags, Flats, Taps, Scats und Pausen. Im Blues wurzeln Jazz, Gospel, Bebop, Soul, Rap und Rock 'n' Roll und »rhythm and blues« – die für den »Negro market« produzierten »race records« wurden unter dem Einfluss der Popular Front tatsächlich in »Rhythm and Blues« umbenannt. Das explosive Eindringen des Rhythm and Blues in die populäre amerikanische Unterhaltungsmusik erzeugte eine neue Intimität zwischen Künstler und Publikum und wirkte sexuell stimulierend auf die sehr junge, überwiegend weibliche Zuhörerschaft. Letztlich wurde der Blues zu dem »wichtigsten singulären Einfluss auf die Entwicklung der westlichen Popmusik«, der ihr jene ursprünglich von Du Bois beschriebene »Soul«-Eigenschaft verlieh, aber auch einen Großteil ihres radikalen Inhalts absorbierte (vgl. Sadie & Tyrell 2001, Bd. 3, S. 730). Wie dieses Kapitel zeigt, verläuft der Kampf ums Erinnern nie linear oder durchgehend progressiv. Als der Soul triumphierte, traten die Vereinigten Staaten in den Vietnamkrieg ein und erreichten eine neue, nicht allein auf Rassen-, sondern auch auf Klassenzugehörigkeit beruhende Ebene der Ungleichheit. Die Notwendigkeit der Auseinandersetzung mit der dunklen, dissonanten Seite der Moderne hat keinen letzten Satz.

3. Kapitel

Im Schatten des Holocaust. Freuds *Moses* – neu gelesen

»Texte, die starr ihrer Zeit verhaftet sind, bleiben dort; solche, die freigebig historische Fesseln sprengen, nehmen wir mit uns, Generation um Generation.«
Edward Said (2004 [2003], S. 34)

Der Mann Moses und die monotheistische Religion gehört zweifellos zu den bleibenden Büchern des 20. Jahrhunderts und zu denen, die an ihre Interpreten höchste Anforderungen stellen. Freud war, als er es unter weitgehendem Verzicht auf historische Quellen im Schatten des Naziterrors verfasste, alt und krank. Er beschrieb Moses als einen Ägypter und die Juden als Träger eines »archaischen Erbes«, das ihre kollektive, aber unbewusste Erinnerung an die Ermordung Moses' einschließt. Auch wenn das Buch Anlass zu endlosen Kontroversen gegeben hat, sind sich doch nahezu alle Kommentatoren darin einig, dass es die jüdische Identität zum Thema hat. Unmittelbar nach dem Holocaust kritisierten die ersten Interpreten, etwa Gershom Scholem, Leo Strauss und Paul Ricœur, dass das Buch dem jüdischen Volk seine nationalen Ideale abspreche. Dann wurde es für lange Zeit still um den Text. Das Interesse lebte wieder auf, als Jacques Derrida und Yosef Hayim Yerushalmi *Moses* als Dokument des Seelenlebens seines Verfassers und als Auseinandersetzung Freuds mit seinem eigenen Judentum lasen. In jüngerer Zeit pries Edward Said (2004 [2003]), Vertreter einer dritten, »postkolonialen« Generation, Freuds Überzeugung von Moses' ägyptischer Herkunft, weil sie zeige, dass Identität »sich nicht selbst erschaffen oder auch nur erdenken [kann] ohne jenen radikalen Urbruch oder Urmakel, der sich nicht verdrängen lässt« (S. 68).

Freud selbst hat die Auffassung, dass das Buch im Wesentlichen die jüdische Identität betreffe, bestätigt: Thema des Buches sei, »wie der Jude geworden ist«. »Angesichts der neuen Verfolgungen fragt man sich wieder, [...] warum er sich diesen unsterblichen Haß zugezogen hat« (Freud/Zweig 1984, S. 102). Auf einer tieferen und vielleicht weitgehend unbewussten Ebene aber stand als Antriebskraft hinter dem Buch Freuds Sorge um das Überleben der Psychoanalyse. Er verfasste es, dem Tod nahe und ins Exil getrieben, in der Gewissheit, dass die Psychoanalyse genauso rasch und unvermittelt würde ausgemerzt werden können wie der Monotheismus im alten Ägypten. Ungleich wichtiger als das Überleben der jüdischen Religion, der er nur geringen Wert beimaß, und sogar der jüdischen Ethnizität, der er sich – wenngleich auf andere Weise als der Psychoanalyse – tief verbunden fühlte, war für Freud das Überleben der Werte, die er mit der Entdeckung des Unbewussten verband. Natürlich konnte sich Freud ebenso wenig wie alle anderen vorstellen, dass der Versuch, das jüdische Volk zu vernichten, unmittelbar bevorstand – eine historische Tatsache, die wir heute kennen und die unsere Wahrnehmungen maßgeblich prägt.

Darüber hinaus beschäftigte Freud nicht allein das Überleben der Psychoanalyse, sondern ganz generell das Überleben geistigen oder intellektuellen Fortschritts. Aus diesem Grund sollte man das Buch als eine Meditation über die Krise lesen, die mit dem Aufstieg der Nazis über die gesamte westliche Welt hereingebrochen war – insofern vergleichbar mit zeitgenössischen, ebenfalls vorwiegend im Exil entstandenen Werken wie Erich Auerbachs *Mimesis*, Erwin Panofskys Arbeiten zur Perspektive und Hans Barons *The Crisis of the Early Italian Renaissance.* Wie vielleicht keine andere Bewegung des 20. Jahrhunderts demonstrierte der Nationalsozialismus, weshalb so etwas wie Freuds Hypothese des Unbewussten notwendig war. Dass ausgerechnet das Land Bachs und Goethes ein so grauenerregendes, primitives Beispiel für unerbittlichen Hass und Zerstörungswillen hervorbringen konnte, bewies, wie illusorisch unser Selbstbild als fortschrittliche, aufgeklärte Menschen sein kann. Freuds Idee des Unbewussten, die er im *Mann Moses* implizit verteidigt, kann analog zu Auerbachs Idee des Realismus, Panofskys Idee der Perspektive oder Barons Idee des bürgerlichen Humanismus gesehen werden: ein vorsichtiger, unsicherer Schritt voran in unserem Verständnis der Subjektivität. Indem er die Frage nach dem Überleben der Psychoanalyse stellte, schloss sich Freud einer Gruppe von Gelehrten und Denkern an, die sich der allgemeinen Frage des Überlebens zentraler menschlicher Werte widmeten.

Freud beließ es auch nicht bei der Überlegung, dass Brutalität und Gewalt seine Entdeckung des Unbewussten ausradieren könnten – schließlich war genau dies in Deutschland und Österreich, noch während er *Moses* verfasste, bereits geschehen! Seine Sorge reichte weiter. Er befürchtete einen Zerfall von innen heraus, so wie er sich in alten Stammesgesellschaften, etwa bei den Hebräern, ereignet hatte, als ein beispielloser geistiger Durchbruch zum leeren Ritual und zum Legalismus verkam, oder im Christentum, in dem der Monotheismus in einen Märtyrer- und Heiligenkult zerfiel. In entsprechender Weise, so Freuds Bedenken, könne das »Gold« der Psychoanalyse in den Vereinigten Staaten, wo die Analyse den Keim einer auswuchernden Therapieindustrie gelegt hatte und bereits zu einem Bestandteil der Werbung, des Films und der Massenkultur geworden war, womöglich in der »Schlacke« der Adaptionen verloren gehen. Freud sah eine *Affinität* des jüdischen Monotheismus mit der Psychoanalyse, jedoch nicht in dem Sinn, dass er »jüdische Vorstellungen« in die Analyse integriert hätte. Vielmehr betrachtete er das Judentum wie auch die Psychoanalyse als schwierige, ja asketische Praktiken, die durch ihre Popularisierung vulgarisiert und entstellt wurden.

Das, was Monotheismus und Psychoanalyse gemeinsam haben, bezeichnete Freud (1939a, S. 222f.) als *Geistigkeit*. Ins Englische wird das Wort oft mit »intellectuality« oder »spirituality« übersetzt, doch die beste Entsprechung ist meines Erachtens »inwardness« oder »subjectivity«. Für Freud war die Erfindung des Monotheismus ein Ereignis von welthistorischem Rang, nicht weil sie das hebräische Volk hervorbrachte, sondern weil das Verbot der Götzenbilder die Hebräer zwang, sich einen Gott, den sie weder sehen noch fühlen oder berühren konnten, vorzustellen. Unter *Geistigkeit* verstand Freud eine Verfasstheit, die für den Menschen schwer zu erreichen ist, weil sie sich dem Drängen des Triebs auf sinnliche Befriedigung ebenso widersetzt wie der unbewussten psychischen Tendenz, frühkindliche libidinöse Befriedigungen wiederzubeleben. Er brachte *Geistigkeit* sowohl mit der alten hebräischen Idee der Heiligkeit – *Keduschah* – in Verbindung als auch mit der Tradition der deutschen idealistischen Philosophie, die als kritische Reaktion auf den anglo-amerikanischen Empirismus entstanden war und Freuds Schulausbildung und sein wissenschaftliches Umfeld geprägt hatte. In beiden Bedeutungen – der spirituellen und der philosophischen – war *Geistigkeit* ein wesentlicher

Bestandteil der Idee des Unbewussten. Ebenso wie die Hebräer Gott nicht darstellen konnten und Kant das von ihm postulierte transzendentale Subjekt empirisch nicht zu beweisen vermochte, konnte Freud die Existenz unbewusster psychischer Prozesse lediglich erschließen, aber nicht beweisen.[1]

Dass es im *Moses* um das Überleben der Idee des Unbewussten geht, wird deutlich, wenn wir Freuds Argumentation zusammenfassen. Ein einzelner Mann, so berichtet er, erschuf das Judentum: Moses. Er sammelte Anhänger um sich und führte sie in eine schwierige, auf Triebverzicht statt auf sinnlicher Befriedigung beruhende Praxis ein. Zunächst waren seine Anhänger begeistert, doch schon bald protestierten sie gegen diese Praxis, weil sie ihnen allzu viel abverlangte, und kehrten zur Götzenanbetung, von der Moses sie befreit hatte, zurück. Am Ende brachten sie Moses um, und ein verderbtes Judentum setzte sich durch. Die verdrängte Erinnerung an Moses' asketische Lehre überlebte gleichwohl und wurde Jahrhunderte später von den Propheten wiederentdeckt.

Und nun setzen wir ein, was einzusetzen naheliegt. Ein einzelner Mann erschuf die Psychoanalyse: Sigmund Freud. Er sammelte Anhänger um sich und führte sie in eine schwierige, auf Triebverzicht statt auf sinnlicher Befriedigung beruhende Praxis ein. Zunächst waren seine Anhänger begeistert, doch schon bald protestierten sie gegen diese Praxis, weil sie ihnen allzu viel abverlangte, und kehrten zur Götzenanbetung, von der Freud sie befreit hatte, zurück. Am Ende brachten sie Freud um, und eine verderbte Psychoanalyse setzte sich durch. Die verdrängte Erinnerung an Freuds asketische Lehre überlebte gleichwohl, und deren Geheimnisse sollten Jahrhunderte später wiederentdeckt werden.

Der Mann Moses wäre demnach auf zwei verschiedenen, einander ergänzenden Ebenen zu lesen: Während Freud auf einer Ebene die Psychoanalyse benutzte, um die Geschichte des Judentums zu beleuchten, so benutzte er auf einer zweiten die Geschichte des Judentums, um die Geschichte der Psychoanalyse zu beleuchten. Beginnen wir mit dem Judentum. Freuds Auffassung

1 Diese Einsicht hing zweifellos mit dem Problem der jüdischen Identität zusammen. Freud sah im Zentrum des Judentums ein Geheimnis. Wenn er so häufig erklärte, nicht zu wissen, was es bedeute, jüdisch zu sein, sagte er damit zugleich, dass das Nichtwissen dem Judentum zuinnerst eigen sei (vgl. Zaretsky 2006 [2004]).

der jüdischen Geschichte liegt ein fünfteiliges Narrativ zugrunde. Im ersten Teil lernen die Juden die monotheistische Gottesvorstellung kennen, die ihnen die Befreiung von der Herrschaft der Sinne verspricht und der inneren Welt der Hebräer dadurch neue Tiefe verleiht. Im zweiten Teil erleben sie sich als auserwählt, im Besitz eines besonderen Schatzes, der sie über jene erhebt, die sich aus dem engen Gemäuer des sinnlichen und empirischen Wissens noch nicht befreit haben. Im dritten Teil setzen ihnen Schuldgefühle zu, weil sie den neuen ethischen Idealen, mit denen ihr Gewissen und die Auserwähltheit ihres Volkes sie konfrontieren, nicht gerecht werden können. Im vierten Teil geben sie der Versuchung nach, ihre hohen Standards zu verwerfen und zu dem sinnlichen Polytheismus der Ägypter und den Muttergottheiten des antiken Orients zurückzukehren. Und schließlich entdecken sie die ursprüngliche monotheistische Botschaft im fünften Teil wieder. Im Folgenden beschreibe ich fünf analoge Phasen in der Geschichte der Psychoanalyse, die auch deutlich machen, in welch hohem Maß diese das Produkt jüdischer Geschichte war. Abschließend werde ich den *Mann Moses* im Kontext des Zweiten Weltkriegs betrachten und fragen, welches Licht er auf die Rolle wirft, die das Judentum und der Antisemitismus in jenem Krieg spielten.

Phase eins: der hebräische Gott, das Unbewusste und der Vaterkomplex

Jede Religion wie auch jedes Wahngebilde enthält, so Freuds Überzeugung, ein Stück historischer Wahrheit. Die historische Wahrheit, die er hinter dem Judentum vermutete, war die Zerschlagung des monotheistischen Kultes am Hof des Echnaton. Moses, ein ägyptischer Prinz oder hochrangiger Beamter, fürchtete, dass man ihn verfolgen würde, floh vom Hof, kam zu den Juden und verkündete die Botschaft von einem einzigen Gott – eine Botschaft von erdrückender Macht, weil sie Momente der Wiederholung enthielt. Sie erinnerte die Juden an das archaische Zeitalter, in dem sie unter der tyrannischen Herrschaft des Urvaters gelebt hatten. In *Totem und Tabu* hatte Freud (1912–13a) dessen Ermordung als einen singulären Vorgang beschrieben, wofür er sich dann im *Mann Moses* im Grunde entschuldigte: »Die Geschichte wird in großartiger

Verdichtung erzählt, als ob sich ein einziges Mal zugetragen hätte, was sich in Wirklichkeit über Jahrtausende erstreckt hat und in dieser langen Zeit ungezählt oft wiederholt worden ist« (Freud 1939a, S. 186). Weil auch Moses eine imposante patriarchalische Gestalt war, erinnerte er die Hebräer an den Urvater, und sie empfanden seine Gegenwart als gefährlich und verstörend. Indem sie Moses ermordeten, *wiederholten* sie den ursprünglichen Vatermord, wodurch ihr ohnehin vorhandenes Schuldgefühl noch verstärkt wurde.

Eine Wiederholung war die monotheistische Botschaft auch im Sinne des auf den Mord folgenden kulturellen Fortschritts. Frühere ägyptische Religionen waren polytheistisch gewesen und auf Naturgötter ausgerichtet, die ein Leben nach dem Tod versprachen und in zahllosen Bildern und Symbolen spiritueller Wesen dargestellt wurden. Der Monotheismus hingegen, der sich am Hof des Echnaton entwickelte, schloss »alles Mythische, Magische und Zauberische« aus. Der Sonnengott wurde »nicht mehr wie in früher Zeit durch eine kleine Pyramide und einen Falken, sondern [...] durch eine runde Scheibe, von der Strahlen ausgehen, die in menschlichen Händen endigen«, dargestellt – ein Symbol, das laut Freud »beinahe nüchtern zu nennen ist« (ebd., S. 122). Auffallend ist, dass in der neuen Religion keine Rede von einem Leben nach dem Tod war. Besondere Bedeutung maß Freud dem *Bilderverbot* bei, dem Verbot von Götzenbildern. Das Verbot, Gott im Bild oder auf andere Weise darzustellen, erzwang seiner Meinung nach einen Sprung von der materiellen und sinnlichen Welt ins Gedanklich-Abstrakte oder Intelligible. Mit Freuds eigenen Worten: »Es eröffnete sich das neue Reich der Geistigkeit, in dem Vorstellungen, Erinnerungen und Schlussprozesse maßgebend wurden, im Gegensatz zur niedrigeren psychischen Tätigkeit, die unmittelbare Wahrnehmungen der Sinnesorgane zum Inhalt hatte« (ebd., S. 221). Diesen Fortschritt von sensorischen Wahrnehmungen zum begrifflichen Denken verstand Freud als einen Triebverzicht, das heißt nicht als Verdrängung, sondern als eine die Selbstachtung stärkende Sublimierung.

Eine Parallele hat Freuds Beschreibung der Geburt des Monotheismus in der Geburt der Psychoanalyse. Sigmund Freuds Vater Jakob stammte aus einer chassidischen Gemeinde in Galizien, wo Freud die Familienbibel schon als Kind gründlich kennenlernte. Später schrieb er: »Frühzeitige Vertiefung in die biblische Geschichte, kaum daß ich die Kunst des Lesens erlernt hatte, hat, wie ich viel später erkannte, die Richtung meines Interesses nachhaltig bestimmt« (Freud 1925d, S. 31). Ein patriarchaler Gott und ein fundamentales Verbrechen gegen diesen Gott spielen im Buch Genesis die zentrale Rolle. Als Freud in den 1890er Jahren die Psychoanalyse entwickelte, machte ihm die Frage der väterlichen Autorität unablässig zu schaffen. Wenngleich er im Juli 1895 zum ersten Mal einen eigenen Traum deutete und einen Entwurf der *Traumdeutung* niederschrieb, konnte er das Buch erst drei Jahre später fertigstellen (Freud 1900a; vgl. Freud 1914d, S. 60; 1941c). Er führte die Verzögerung auf seine Selbstanalyse zurück, auf die Introspektion und auf seine Trauer über den Verlust des Vaters. Dessen Tod erschütterte ihn bis ins Mark, ließ seine Vergangenheit wiederaufleben und bewog ihn zu der Annahme, dass der Tod des Vaters tatsächlich das bedeutendste Ereignis im Leben eines Mannes sei. Die Fertigstellung der *Traumdeutung* und die Verarbeitung dieses Verlustes gingen Hand in Hand. Die Teile des Buches, die ihm die hartnäckigsten Schwierigkeiten bereiteten, betrafen das Erbe, das seine Vorfahren ihm hinterlassen hatten, und die Formulierung seiner originellsten Idee, nämlich der des Primärvorgangs oder des Unbewussten.

Freud führte die Formulierung seiner Auffassung des Unbewussten nicht auf eine empirische Entdeckung zurück, sondern betrachtete sie als einen konzeptuellen Durchbruch. Weil ein von ihm damals so genannter »Zensor« den Zugang zum Bewusstsein blockiert, können weder die Form noch der Inhalt des Unbewussten direkt dargestellt werden. Stattdessen assoziierte Freud frei zu jedem einzelnen seiner Traumfragmente; danach deutete er seine Assoziationen, und erst im Anschluss an diese Deutung *erschloss* er den Inhalt seines Unbewussten. Den eigentlichen Ausgangspunkt der analytischen Introspektion bildete folglich die Einsicht, dass man den Inhalt der eigenen Psyche *nicht direkt kennenlernen* kann, sondern ihn erschließen muss. Hier klingt Immanuel Kant an: »Wie Kant uns gewarnt hat, […] unsere Wahrnehmung nicht für identisch mit dem unerkennbaren Wahrgenommenen zu halten, so mahnt die Psychoanalyse, die Bewusstseinswahrnehmung [d. h. unsere bewussten Gedanken; E. Z.] nicht an die Stelle des unbewussten psychischen Vorgangs zu setzen, welcher ihr Objekt ist« (Freud 1915e, S. 270).

Natürlich besteht zwischen der hebräischen Vorstellung von der »Heiligkeit«, »Unnahbarkeit« und »Unverfügbarkeit« (Bultmann 1998 [1949], S. 20)

Gottes – all dessen, was das hebräische Wort *Keduscha* konnotiert – und der griechischen Entdeckung der Philosophie, der Mathematik und einer begrifflich fundierten Wissenschaft ein erheblicher Unterschied. Gemeinsam aber ist dem hebräischen und dem griechischen Entwicklungsstrang eine Hinwendung zum inneren Leben, das man als psychisches, geistiges oder psychisch-geistiges denken kann. In der hellenistischen, römischen und frühchristlichen Zeit verflochten sich beide Stränge und wurden Teil eines der abendländischen Zivilisation gemeinsamen Fadens. Freud war in der »neukantianischen« Tradition ausgebildet worden, die die von Kant postulierten angeborenen oder apriorischen Verstandeskategorien als Resultate der Evolution neu definierte. In einem tiefen Sinn aber führte Freud das kantianische und das neukantianische Denken, das seine Ausbildung geprägt hatte, mit den Konnotationen der alten hebräischen *Keduscha* zusammen. Das Unbewusste, wie Freud es sich vorstellte, ist nicht nur ebenso wenig erkennbar wie die metaphysische Welt und den Sinnen nicht unmittelbar zugänglich; es ist unerkennbar, weil es der Ort ist, an dem die toten Eltern, die Kindheitserinnerungen einschließlich der unbewussten Erinnerung an den Urmord liegen, ohne vollständig begraben zu sein.[2] Auch wenn Freud (1915e) die Theorie des Unbewussten als »die Fortsetzung der Korrektur, die Kant an unserer Auffassung der äußeren Wahrnehmung vorgenommen hat« (S. 270), charakterisierte, war sein Kernkonzept um 1900 das der Verdrängung – ein Konzept, das der Königsberger nicht kannte. Freud aber betrachtete das Verdrängte als Urgrund der Traumbilder, hinter denen die Kindheitserinnerungen verborgen bleiben. Als er in seiner *Traumdeutung* erklärte, das *Ur*bild – der Traum – müsse in Worte verwandelt werden, verkündete er ein neues *Bilderverbot*. Seine Forderung – die sogenannte einzige Regel in der Psychoanalyse, nämlich die Verpflichtung, frei zu assoziieren – verrät seine Identifizierung mit Moses. Dank Moses konnten sich die Juden von den Götzenbildern der Ägypter emanzipieren; mit dem

2 In seiner Dritten Kritik, der *Kritik der Urteilskraft*, schrieb Kant (1974 [1793]): »Vielleicht gibt es keine erhabenere Stelle im Gesetzbuche der Juden als das Gebot: Du sollst dir kein Bildnis machen noch irgendein Gleichnis, weder dessen, was im Himmel noch auf Erden noch unter der Erde ist usw. Dieses Gebot allein kann den Enthusiasmus erklären, den das jüdische Volk in seiner gesitteten Epoche für seine Religion fühlte, wenn es sich mit andern Völkern verglich« (S. 274).

Aufdecken des *verdrängten* Unbewussten, der inzestuösen und mörderischen infantilen Wünsche – die es vom Unbewussten an sich zu unterscheiden gilt –, hat Freud möglicherweise die Emanzipation der Menschheit von Traumbildern verbunden.

Gleich Moses wollte Freud seine Entdeckung mit Anderen teilen, und damit beginnt die zweite Phase unserer Geschichte. Als er das Konzept des Unbewussten formulierte, näherte er sich der jüdischen Gemeinschaft an, um seine Anhänger aus ihren Reihen »auszuwählen«. Nach seiner Rückkehr aus Paris im Jahr 1886 hatte er seine Privatpraxis als Arzt für Nervenleiden eröffnet, in der überwiegend jüdische und eingewanderte Patienten vorsprachen. Er hielt seine ersten Sprechstunden am Ostersonntag – und gab sich damit sogleich als Anhänger der »französischen Schule« – ein in Wien gebräuchliches Codewort für »jüdisch« – zu erkennen. In der Wiener »Gesellschaft der Ärzte« hielt er einen Vortrag mit dem Titel »Über männliche Hysterie«, wobei anzumerken ist, dass die Hysterie in der Öffentlichkeit als eine jüdische Krankheit angesehen wurde. Als gegen Ende des 19. Jahrhunderts antikapitalistische und antisemitische Ressentiments zunahmen, konnte einzig der Kaiser – wenngleich nur vorübergehend – verhindern, dass der Populist und Antisemit Karl Lueger Bürgermeister von Wien wurde. 1897 war es dann soweit (vgl. Boyer 1978, S. 91–99). Freud reagierte auf Luegers Karriere – und auf die Dreyfus-Affäre –, indem er Mitglied der Loge B'nai Brith wurde. Dieser Schritt war ein sozialer Abstieg, denn damit begab er sich von der »höheren medizinischen und akademischen Intelligenz [...] zur einfacheren Schicht der gewöhnlichen jüdischen Ärzte und Geschäftsleute, die, wenn sie seine wissenschaftlichen Ziele auch nicht fördern konnten, sie doch auch nicht bedrohten oder ihn entmutigten« (Schorske 1994 [1980], S. 173). Aus dieser relativ schmalen Schicht privat praktizierender jüdischer Ärzte »erwählte« Freud seine ersten Schüler.

Für diese Schüler wurde Freud selbst zu einer Vaterfigur, einer jener »Führerpersönlichkeiten« wie Moses, »in denen eine der menschlichen Strebungen die stärkste und reinste, darum oft auch einseitigste, Ausbildung gefunden hat« (Freud 1930a, S. 501f.). Freilich war die Strebung, die Freud verkörperte, auf Subjektivität und rationales Denken gerichtet, nicht auf den Monotheismus. Ebenso wie Moses wurde aus Freud schließlich ein bedeutendes kulturelles Über-Ich, »ein ganzes Meinungsklima«, wie W. H. Auden (1940) in seiner wunderbaren Elegie »In Memory of Sigmund Freud« schrieb.[3] Und genauso wie Moses in Freuds Vorstellung von seinen Anhängern umgebracht wurde, versuchten später zahlreiche seiner eigenen Anhänger, auch ihn, zumindest im übertragenen Sinn, umzubringen. Im Unterschied zu Moses aber war Freud entschlossen, seinen Gegnern einen Strich durch die Rechnung zu machen, indem er seine eigene Geschichte erzählte – im *Mann Moses*. Mithin enthielt die Gründungsphase der Psychoanalyse eine Fülle an Bedeutungen, die aus dem Judentum stammten, so dass Freud die Geschichte der Juden später auf eine Art erzählen konnte, die Licht auf die erste Phase der Geschichte der Analyse warf.

Phase zwei: Narzissmus und das auserwählte Volk

Als der britische Analytiker und Zionist David Eder 1936 starb, erinnerte sich Freud ihrer Jahrzehnte zurückliegenden Begegnung: »Wir waren beide Juden und wußten voneinander, daß wir gemeinsam das geheimnisvolle Etwas tragen, das – bisher jeder Analyse unzugänglich – den Juden ausmacht« (Freud an Barbara Low, 19. April 1936; Freud 1960a, S. 522).[4] Freud war überzeugt, durch die Arbeit am *Moses* die Ursprünge jenes »geheimnisvollen Etwas« entdeckt zu haben, das Juden gemeinsam ist. Es war ihr »geheime[r] Schatz«, ihre Geistigkeit, die ihnen Selbstbewusstsein und das Gefühl vermittelte, den heidnischen Kulturen, »die im Banne der Sinnlichkeit verblieben« (Freud 1939a, S. 222) waren, überlegen zu sein. Typischerweise führte Freud dieses »geheimnisvolle[ ] Etwas« auf die kindliche Beziehung des hebräischen Volkes zu Moses zurück. Er fand die Vorstellung

3 Zitiert nach de Mendelssohn, Freud und seine Bedeutung für die Psychoanalyse von heute. http://docplayer.org/33340855-Freud-und-seine-bedeutung-fuer-die-psychoanalyse-von-heute-felix-de-mendelssohn-wien-1-kann-man-eine-eigenstaendige-disziplin-eine-methode-welche.html [zuletzt aufgerufen am 22. Dezember 2020]. Das Auden-Zitat entstammt einer Übersetzung der Elegie von Hilde Spiel. [A. d. Ü.]

4 Freud verfasste diesen Brief auf Englisch, siehe Freud, 1960a, S. 442f.; die Übersetzung des Briefes, vermutlich von den Herausgebern gefertigt, ebd., S. 522.

> »befremdend [...], daß ein Gott sich mit einem Male ein Volk ›auswählt‹, es zu seinem Volk und sich zu seinem Gott erklärt. Ich glaube, es ist der einzige solche Fall in der Geschichte der menschlichen Religionen. Sonst gehören Gott und Volk untrennbar zusammen, sie sind von allem Anfang an Eines; man hört wohl manchmal davon, daß ein Volk einen anderen Gott annimmt, aber nie, daß ein Gott sich ein anderes Volk aussucht. Vielleicht nähern wir uns dem Verständnis dieses einmaligen Vorgangs, wenn wir der Beziehungen zwischen Moses und dem Judenvolke gedenken. Moses hatte sich zu den Juden herabgelassen, sie zu seinem Volk gemacht; sie waren sein ›auserwähltes Volk‹« (ebd., S. 146).

Die Auserwähltheit brachte aber auch Schwierigkeiten mit sich. Als Moses den Hebräern die Idee eines einzigen Gottes vorstellte, griffen diese sie zunächst begeistert auf, weil sie die frühere Unterwerfung unter den Urvater wiederbelebte. Die Hebräer ließen sich auf den Monotheismus aber auch deshalb ein, weil er den Fortschritt nachvollzog, den das Volk nach der Ermordung des Vaters gemacht hatte, als die mörderischen Brüder ihrer Aggression entsagten, sich Gesetze gaben und Moral und Religion begründeten. Gleich jenen, die die ersten kulturellen Fortschritte vollbrachten, errangen die frühen Hebräer einen »Triumph der Geistigkeit über die Sinnlichkeit, streng genommen einen Triebverzicht« (ebd., S. 220). Derselbe Triumph aber brachte sie der Erinnerung an die »prähistorische[] Tragödie« (ebd., S. 192) wieder näher, den Mord am Urvater oder an den Urvätern. Und während die Juden nach Moses sich über jene erhaben fühlten, »die im Banne der Sinnlichkeit verblieben« (ebd., S. 222) waren, lastete doch ein Schuldgefühl auf ihnen, das »nach Anerkennung« (ebd., S. 192) drängte. Ambivalenz war von der Auserwähltheit nicht zu trennen.

Einmal mehr erwies sich eine Episode aus der Geschichte der Psychoanalyse als unheimliche Wiederholung einer Episode der jüdischen Geschichte. Die alten Hebräer ärgerten sich, als sie dahinterkamen, dass die Auserwähltheit nicht nur ein Gefühl der Überlegenheit mit sich brachte, sondern vor allem das nagende Gefühl, seinen Pflichten nicht gerecht zu werden. Freud wiederum war um 1906 in einem Kreuzfeuer zwischen zwei Personen gefangen, die nach einer Psychologie suchten, die affirmativer als die Freud'sche war. Einerseits hing Carl Gustav Jung der Vorstellung einer Psychoanalyse an, die im »höheren« – d. h. religiösen – Selbst des Menschen gründete. Andererseits forderte Alfred Adler Freud im Namen säkularer Ideale der Ebenbürtigkeit und der Selbstachtung heraus. Rückblickend zeigt sich, dass Jung und Adler jene beiden großen Bewegungen repräsentierten, die die Psychoanalyse im Laufe ihrer gesamten Geschichte infrage stellten: Christentum und Sozialismus. Sie waren zugleich Bewegungen, die für die Juden zu Freuds Zeiten erhebliche Folgen hatten.

Was im antiken Judentum und in der von Konflikten erschütterten Psychoanalyse auf dem Spiel stand, war in Freuds Augen die Subjektivität oder die Innerlichkeit der Geistigkeit, durch die sich die menschliche Psyche über die Triebkonflikte erhebt und ihre eigene Ambivalenz in sich begreift. In seinen Konflikten mit Adler und Jung verteidigte Freud diesen Wert, indem er die Ansicht vertrat, dass der Narzissmus oder die Auserwähltheit ein bivalentes oder janusköpfiges Phänomen sei, dem man nicht gerecht werde, indem man es einseitig-affirmativ angehe. In *Der Mann Moses* führte er aus, dass der christliche und der sozialistische Glaube die Ambivalenz aufzuheben versuchen, indem sie das Schuldgefühl umgehen. Für die Christen, so Freud (1939a), galt der ursprüngliche Mord durch das Opfer eines Sohnes als gesühnt – »Es mußte ein Sohn sein, denn es war ja ein Mord am Vater gewesen« (S. 192). Paulus, von Freud als »religiös veranlagter« (ebd., S. 192) Jude bezeichnet, habe die Wahrheit des Urmordes geahnt: »[…] die dunklen Spuren der Vergangenheit lauerten in seiner Seele, bereit zum Durchbruch in bewußtere Regionen« (ebd.) – allerdings nur in der »wahnhaften Einkleidung der frohen Botschaft« (S. 244). Der Weigerung der Juden hingegen, die ›gute Nachricht‹ vom Opfertod Christi anzuerkennen, unterstellten die Christen eine andere, unausgesprochene Botschaft: ›*Wir* haben den Vater nicht getötet, *ihr* seid es gewesen.‹ Die Weigerung der Juden, an die Erlösung zu glauben, veranlasste ihre Gegner zu nicht endenden Anschuldigungen, weil sie den Urvater – ungeachtet selbst der Kreuzigung – scheinbar nicht ruhen lassen konnten.

Mit der Entstehung des Christentums veränderte sich also der Antisemitismus. Aus einem Vorurteil gegen ein Volk, das die Anderen als fremdartig, stammesverbunden und halsstarrig wahrnahmen, wurde ein Vorurteil gegen ein Volk, das ebendiese Anderen an die »verhängnisvolle Unvermeidlichkeit des Schuldgefühls« (Freud 1930a, S. 492) gemahnte. Als Freud Jung kennenlernte, den respektablen Pastorensohn, hoffte er, die antisemitischen Ressentiments, die Psychoanalytikern entgegenschlugen, beruhigen zu können. Er ›erwählte‹ Jung zum ›Erlöser‹ der Psychoanalyse und drängte gar seine jüdischen Gefährten, die Jung nicht ausstehen konnten, »ein Stück Masochismus [zu] entwickeln« (Freud & Abraham 1965, S. 57). Im Bann seiner Beziehung zu Jung, der ihm die anthropologische Bedeutung der frühen Mythen und Rituale nahebrachte, verfasste Freud *Totem und Tabu.* Uneinig aber waren sie sich, was das Verständnis des Unbewussten anging. In der Tradition des deutschen Idealismus stehend, glaubte Jung, Freud habe die Gesetze entdeckt, denen das Unbewusste gehorche, so wie Kant die Gesetze entdeckt hatte, denen das bewusste Denken folgt. Freud aber hatte mit seiner Entdeckung des Unbewussten zur *Keduscha*, zum Gesetz des Vaters, zurückgefunden. Sein ureigentliches Anliegen waren nicht anonyme, unpersönliche Regulationsprinzipien wie Verdichtung, Verschiebung und Rücksicht auf Darstellbarkeit, die Jung als die Organisatoren des kollektiven Unbewussten der Symbole und Mythen betrachtete; Freud ging es um das Seelenleben des Individuums.

Sándor Ferenczi, einer seiner engsten Vertrauten, brachte diesen Unterschied zwischen den beiden Männern auf den Punkt, als er schrieb, Jungs Anliegen sei die Erlösung der Gemeinschaft, nicht die Analyse des Individuums. Natürlich sei es der Opfertod Christi, der die Grundlage für die Erlösung der Gemeinschaft schuf. Jung identifiziere »die Beichte mit der Psychoanalyse« und wisse »offenbar nicht, daß Sündenbekenntnis die geringere Aufgabe der Ψ Therapie ist: die größere ist die *Demolierung der Vaterimago«* – des unbewussten Vaterbildes –, »die in der Beichte ganz unterbleibt« (Ferenczi an Freud, 25. Oktober 1912; Freud & Ferenczi 1993, S. 138). Jung wolle seine Patienten zu Vergebung und Versöhnung anhalten, nicht zur Selbsterkenntnis, und dies spreche Bände über ihn selbst. Jung wolle nicht analysiert werden, schrieb Ferenczi, sondern für seine Patienten der »*Erlöser*« bleiben, »der sich in seiner Gottähnlichkeit sonnt« (ebd., S. 138). Eine Analyse brächte »seine versteckte Homosexualität« ans Licht, seine Identifizierung mit der Brüderbande und seine Weigerung, die ambivalenten Gefühle anzuerkennen, die er gegenüber Freud hege, fuhr Ferenczi fort. Die Brüderbande tauche in Jungs Schriften als »christliche Gemeinschaft« oder »Bruderschaft« auf. »Statt sich seine eigene ›Homosexualität‹ – seine ›brüderliche Liebe‹ – klar zu machen, ›verabscheut‹ [er] lieber die Sexualität, preist die ›progressive Funktion des Ubw‹« (ebd., S. 138). Zwei Monate später wiederholt Ferenczi: »Der *Vater* spielt in seinem neuen Werke fast keine Rolle, einen um so breiteren Raum nimmt darin die *christliche Brüdergemeinschaft* ein« (Ferenczi an Freud, 26. Dezember 1912; ebd., S. 176).

Der Konflikt zwischen Freud und Jung brachte die jüdische Prägung der Psychoanalyse ans Licht. Dass die Psychoanalyse von Juden geschaffen worden war, führte Freud darauf zurück, dass das Volk der Juden »eine besondere Sensibilität für das verdrängte historische Material, das seine Tradition ist«, habe (vgl. Rieff 1951, S. 121). Die Christen hingegen entzögen sich dem Schuldgefühl, weil Jesus den Mord am Kreuz gesühnt habe. Weil Selbsterkenntnis nach Freuds Ansicht ein inneres – persönliches – Schuld- und Verantwortungsbewusstsein voraussetzt, falle die Introspektion den Christen schwerer als den Juden. So erklärt er gegenüber Abraham:

> »[…] und dann stehen Sie meiner intellektuellen Konstitution durch Rassenverwandtschaft näher, während er [Jung] als Christ und Pastorssohn nur gegen große innere Widerstände den Weg zu mir findet. Um so wertvoller ist dann sein Anschluß« (Freud an Abraham, 3. Mai 1908; Freud & Abraham 1965, S. 47).

Mit solchen und ähnlichen Bemerkungen gab sich Freud als Angehöriger einer sich abgrenzenden, noch immer verfolgten Minderheit zu erkennen. Zum Beispiel wusste er offenbar nichts von bedeutenden christlichen Denkern wie Augustinus, Pascal und Jonathan Edwards, deren Kritik der Selbstliebe es in jeder Hinsicht mit seiner eigenen aufnehmen kann oder ihr sogar überlegen ist. Gleiches gilt für ihre Beurteilung der gewaltigen Macht des Schuldgefühls. Dennoch war Freuds Konzipierung des Unbewussten, die auch die Fähigkeit vorsah, mit einem Analytiker zu arbeiten, den man weder sehen noch berühren noch anfassen kann, in gewisser Weise eine Entgegnung auf protestantische Philosophen wie Hegel, der das Judentum als die Religion der Erhabenheit bezeichnet hatte, weil Gott für die Juden allmächtig und der Mensch nichts sei. Für die Christen aber ließen Passion, Leiden, Kreuzigung und Auferstehung das Absolute zu Geschichte werden und schufen so die Vermittlung, durch welche Gott für die Menschheit berührbar, hörbar und fühlbar wurde.

Freud hingegen konzipierte einen analytischen Raum, in dem die Patienten einer Autoritätsfigur begegnen können, die ihnen mitunter fern zu sein scheint, die sie nicht sehen können und die ihnen keinen Trost, keinen Rat, keinen Zuspruch gewährt und sie von ihrem Schuldgefühl nicht entlastet. Im Durcharbeiten einer persönlichen Beziehung zu einer solchen Gestalt, so hoffte Freud, würden die Patienten infantile Phantasien über den Vater reproduzieren und in Einsicht verwandeln – von Ferenczi als »Demolierung der Vaterimago« (s. o.) beschrieben. Es war also ironischerweise nicht der Jude, sondern der Christ, der mit der Ersetzung der Analyse durch die Beichte die transzendentale, ferne, erhabene Gottheit, die Freud zuerst als den Urvater und später als Über-Ich bezeichnete, unanalysiert ließ.

Alfred Adlers sozialdemokratische und egalitäre Kritik der Psychoanalyse verhielt sich komplementär zu Jungs Religiosität. Ebenso wie die Hebräer, die gegen Moses revoltierten, suchte Adler einen affirmativen Zugang zum Narzissmus. Wenn also die Christen den Schwierigkeiten der Selbsterkenntnis auswichen, indem sie behaupteten, Christus habe die Menschheit bereits erlöst, erklärten die Sozialisten, dass die Abschaffung des Kapitalismus das Gute im Menschen hervorbringen werde. Adler nahm an, dass dem Individuum Selbstachtung und ein Gefühl der persönlichen Würde angeboren seien, und führte die »Neurosen« auf eine Kränkung oder einen Affront zurück, zum Beispiel durch Armut oder Diskriminierung oder, wie man es heute nennt, eine Statusverletzung. Die Anfälligkeit für Kränkungen, so seine Überlegung, sei die eigentliche Grundlage des Klassenbewusstseins. Jeder Arzt könne diese Anfälligkeit in der Übertragung beobachten. Wenn der Neurotiker liebt oder ihn nach etwas verlangt, überkommt ihn das Gefühl: »Ich bin ein Sklave.« Was Adler den »männlichen Protest« nannte, war die Revolte beider Geschlechter gegen ebendieses Gefühl. 1911 fasste er seine Sicht dahingehend zusammen, dass in allen menschlichen Beziehungen nichts eine größere Bedeutung habe als der Wunsch, »oben« und nicht »unten«, überlegen und nicht unterworfen zu sein (Adler 2007 [1911]).

Freud hat seine 1914 verfasste Abhandlung »Zur Einführung des Narzissmus« als »wissenschaftliche Abrechnung mit Adler« bezeichnet (Freud an Ferenczi, 17. Juni 1913; Freud & Ferenczi 1993, S. 227), womit er zum Ausdruck brachte, dass er den Narzissmus erfolgreich in die bald darauf so genannte Strukturtheorie der Psyche eingepasst hatte. In weiteren Briefen, die er in jener Zeit schrieb, warf er Adler vor, »die schöne psychologische Mannigfaltigkeit in das enge Bett einer einzigen aggressiven ›männlichen‹ Ichströmung zwingen« zu wollen, »als ob das Kind nur daran dächte, ›oben‹ zu sein, den Mann zu spielen« (Freud an Jung, 3. Dezember 1910; Freud & Jung 1974, S. 416). Das Lebensbild, »welches aus dem Adlerschen System hervorgeht, ist ganz auf den Aggressionstrieb gegründet; es läßt keinen Raum für die Liebe«, folgert er daraus (Freud 1914d, S. 102). Adlers und Jungs Ansätze verhielte sich komplementär zueinander. Für Adler war der Status alles. Jung dagegen fühlte sich über die banalen Kränkungen des Ichs erhaben, über seine »Hypersensibilität« und Störrischkeit, seine Obsession mit seiner Stellung in der Welt – allesamt Eigenschaften, die er schließlich mit dem jüdischen Charakter der Psychoanalyse in Verbindung brachte (Noll 1994). Beide Männer aber versuchten, den Narzissmus affirmativ zu konzipieren, ohne die Ambivalenz anzuerkennen. Keiner der beiden akzeptierte den schwierigen Weg zur Selbsterkenntnis, den Freud in der Psychoanalyse einschlug – so wie Moses den gleichermaßen schwierigen Pfad des Monotheismus eingeschlagen hatte.

Zwischen dem Judentum und der Psychoanalyse besteht noch eine weitere Analogie, die insbesondere für das Verständnis Amerikas aufschlussreich ist. Nachdem Jung in New York gewesen war, entwickelte er die Theorie eines »Negerkomplexes«, die tatsächlich eine Parallele zu Freuds Theorie des Antisemitismus bildet. Das Beispiel der »Neger«, so Jungs Überzeugung, stelle eine Bedrohung dar für »die mühsam gebändigten Instinkte der weißen Rasse« (Freud & Jung 1974, S. 417, Fn. 6) – gerade so, wie die Ablehnung von Christi Opfertod durch die Juden die Christen an ihre Schuldgefühle erinnere. Anders ausgedrückt: Der »Neger« brüstet sich mit seiner Sinnlichkeit, die Juden wiederum brüsten sich in den Augen der Christen mit dem Urmord. Ferenczi entwickelte diese Überlegung weiter: Die amerikanischen Schwarzen würden verfolgt, weil sie »das ›Unbewußte‹ des Amerikaners repräsentieren. Daher der Haß, die Reaktionsbildung gegen die eigenen Laster. […] Das freie, ›freche‹ Benehmen des Juden, sein ›unverschämtes‹ Zurschautragen der Geldinteressen ruft in den nicht aus Logik, sondern aus Verdrängung ethischen Christen den Haß als Reaktionsbildung hervor. Erst seit der Analyse verstehe ich die weitverbreitete ungarische Redensart: ›*Ich hasse ihn wie meine Sünden*‹« (Ferenczi an Freud, 9. Juli 1910; Freud & Ferenczi 1993, S. 271).

So weisen die Konflikte aus der frühen Geschichte der Psychoanalyse Parallelen auf zu den Konflikten aus der frühen Geschichte der Juden. In beiden Fällen entzünden sie sich an der Entdeckung, dass das »geheimnisvolle Etwas«, der »geheime Schatz« der Auserwähltheit, nicht zu trennen ist von einem inneren Ringen mit Schuldgefühlen und Ambivalenz. Jung wollte diesem Ringen ausweichen, indem er die Therapie als Interpretation einer symbolischen Welt beschrieb, die Kants Konzeption der Vernunft begleitete. Adler hingegen antizipierte die Forderung nach Anerkennung, die heute zum Allgemeingut demokratischer Gesellschaften gehört, während Freud annahm, dass man das Gefühl der Auserwähltheit allein durch die Anerkennung der tragischen Last des Schuldgefühls überwinden könne – das Thema der nächsten Phase seines Schemas (vgl. Rieff 1951, S. 121).

Phase drei: Die verhängnisvolle Unvermeidlichkeit des Schuldgefühls

In *Der Mann Moses* erklärte Freud, dass das Schuldgefühl von der Liebe der Juden zu Gott nicht zu trennen sei.

> »Zum Wesen des Vaterverhältnisses gehört die Ambivalenz; es konnte nicht ausbleiben, daß sich im Laufe der Zeiten auch jene Feindseligkeit [wieder] regen wollte, die einst die Söhne angetrieben, den bewunderten und gefürchteten Vater zu töten. Im Rahmen der Moses-Religion war für den direkten Ausdruck des mörderischen Vaterhasses kein Raum; nur eine mächtige Reaktion auf ihn konnte zum Vorschein kommen, das Schuldbewußtsein wegen dieser Feindseligkeit, das schlechte Gewissen, man habe sich gegen Gott versündigt und höre nicht auf zu sündigen.« (Freud 1939a, S. 243)

Das Christentum fand eine einseitige – affirmative – Lösung für das Problem des jüdischen Schuldbewusstseins, deren Schwäche sich in der christlichen Unfähigkeit verriet, die Juden in Frieden zu lassen. Stattdessen machten die

Kirchenväter sich die hebräische Bibel als »Altes Testament« zu eigen, schrieben die hebräischen Geschichten neu, so dass sie nun die Ankunft Jesu voraussagten, verlangten, die Juden zu schonen, damit sie weiterhin als Beispiel des Irrwegs dienen konnten, und prophezeiten, dass ihre Bekehrung die Wiederkehr Jesu anzeigen werde. Die Radikalität des *modernen*, im Nationalsozialismus gipfelnden Antisemitismus bestand in der Entschlossenheit, die althergebrachte Abhängigkeit des Christentums vom Judentum zu zerschlagen, ein Ziel, für das symbolisch die öffentlichen Verbrennungen des »Alten Testaments«, eines immerhin auch für Christen heiligen Textes, durch die Nazis standen. In den Augen vieler Deutscher konnten insbesondere die Bemühungen, einen modernen Nationalstaat aufzubauen, nur erfolgreich sein, wenn zuallererst eine Welt ohne Finanzkapitalismus und ohne Bolschewismus geschaffen wurde, mit anderen Worten: eine »Welt ohne Juden« (vgl. Confino 2014).

Die große Bedeutung, die dem Schuldgefühl in der jüdischen Kultur zukommt, war auch für junge Juden problematisch. Bevor der Aufstieg der Nazis alles andere in den Hintergrund treten ließ, hatte Emanzipation Befreiung nicht nur von christlichen, sondern auch von jüdischen Einschränkungen bedeutet. Der Erste Weltkrieg schien ein Wendepunkt zu sein. 1917 stellte die Balfour Deklaration den Juden eine »nationale Heimstätte« in Palästina in Aussicht. Im selben Jahr bereitete die Russische Revolution der verhassten Romanow-Dynastie ein Ende, die den modernen Pogrom hervorgebracht hatte und für die größte antisemitische Lüge der modernen Welt, die »Protokolle der Weisen von Zion«, verantwortlich war. Eine große Revolution erschütterte die deutschsprachige jüdische Welt und stieß ein gründliches Umdenken an, dass u. a. in den Werken Gershom Scholems, Martin Bubers und Franz Rosenzweigs Ausdruck fand. Franz Kafka, der 1924 starb, wurde mehr und mehr als jüdischer Denker wie auch als jüdischer Schriftsteller gelesen. Der vom Völkerbund in den 1930er Jahren angeregte Briefwechsel zwischen Freud und Einstein zeigte beispielhaft, wie der moderne jüdische Intellektuelle zum Vorbild für die universalen Werte der Aufklärung werden konnte.

In ebendiesem Kontext, in dem Freud auf das mosaische Judentum blickte, um die Psychoanalyse zu interpretieren, entstanden seine Schriften über die Einzigartigkeit des mosaischen Moments, des speziellen Beitrags der Juden zur Weltgeschichte, und über die Art und Weise, wie das moderne wissenschaftliche Denken – die Psychoanalyse inbegriffen – nicht nur den jüdischen Glauben, sondern jede Religion überwand. Wie der biblische Text berichtet, entdeckte Moses, als er vom Berg Sinai hinabstieg, dass die Hebräer unter Aarons Führung ein goldenes Kalb angefertigt hatten. »Auf, mache uns Götter, die vor uns her ziehen«, hatte das hebräische Volk gefordert, Götter zum Anfassen, die man sehen und fühlen kann. Diese Forderung war ein solcher Verrat an Moses' Botschaft, dass er die Opferung von 3.000 hebräischen Männern und Frauen, die ihm die Gefolgschaft verweigerten, anordnete und Gott anflehte, ihm ins Antlitz sehen zu dürfen (Exodus 33–34). Das Gebot, an einen unsichtbaren Gott zu glauben, der keinerlei sinnliche Tröstung und Erleichterung gewährt, gab laut Freud den Ausschlag, Moses zu ermorden. Die frühen Hebräer lehnten den Monotheismus ab und hingen der Götzenverehrung an; der Psychoanalyse wiederum machten in den 1920er Jahren zwei bedeutende Alternativen Konkurrenz: der Kommunismus und Amerika. Beide präsentierten sich als Erlösungsreligionen, als vielversprechende, attraktive Möglichkeiten, psychischen Konflikten zu entkommen.

Der charismatische, einflussreiche Wilhelm Reich repräsentierte die kommunistische Alternative. Er bezeichnete das Matriarchat als Familiensystem der »naturwüchsigen« Gesellschaft und pries die natürliche Selbstregulation der Sexualität, die in einer solchen Gesellschaft möglich werde (vgl. Reich 1971 [1930]; 1972 [1932]). Hingegen sei die Entstehung des Patriarchats, des Privateigentums und des Staates die Ursache der Urverdrängung, aus der sämtliche Neurosen hervorgehen. Reich, der im »Roten Wien« aktiv war, wo Arbeiterschulen, Bibliotheken, Gemeindezentren und Wohnsiedlungen (von denen eine später nach Freud benannt wurde) zur Schaffung des »neuen Menschen« beitragen sollten, drängte auf eine Politisierung der Psychoanalyse. Er griff die im »Roten Wien« kursierende, sexuelle Abstinenz propagierende Literatur scharf an und rief zur sexuellen Befreiung der Jugend und der Frauen auf. Die feministische Psychoanalytikerin Karen Horney zählte zu seinen treuesten Anhängern (vgl. Robinson 1969, S. 53).

Die Vereinigten Staaten von Amerika hielten eine alternative Vision bereit: die individuelle statt der kollektiven Erlösung. Die Theorie des geistigen Heilens, der »mind cure«, oder des »positiven Denkens« grenzte an eine nationale Religion, die für Christian Science, Selbsthilfe-Ideologien, Verkaufstechniken, Karrierehandbücher, aber auch für den Kampf um rassische Gleichberechtigung, wie ihn zum Beispiel Father Divine anführte, eine zentrale Rolle spielte. Das geistige Heilen predigte »Geist über Materie« – im Sinne nicht der Geistigkeit, sondern des Wunschdenkens. In der Psychoanalyse waren es Sándor Ferenczi und Otto Rank, die nach raschen, affirmativen Kurzformen der Kur suchten und eine »aktive Technik« befürworteten. Das heißt, der Analytiker untersagte seinen Patienten bestimmte Aktivitäten, zum Beispiel das Masturbieren, oder drängte sie, zu phantasieren – womöglich gar mit vorgeschriebenem Phantasieinhalt (Freud 1910d, S. 109). Die von Freud angestrebte Einsicht oder »Erkenntnis«, so Rank (1997 [1924]), »ist etwas vom Heilfaktor durchaus verschiedenes« (S. 198). Zusammen mit Ferenczi schrieb er: »Wir sehen den Prozeß der Sublimierung, der im gewöhnlichen Leben Jahre der Erziehung benötigt, gegen das Ende der Kur in gedrängter Kürze vor unseren Augen zustande kommen« (Ferenczi & Rank 2009 [1924]), S. 34).

Freud war gegen den Reiz des Kommunismus nicht immun und fand auch die Vorstellung, in die Vereinigten auszuwandern, verlockend. Einerseits äußerte er Verständnis für das russische »große Kulturexperiment« (Freud 1927c, S. 330), lehnte aber Reichs Auffassung ab, dass der Mensch eigentlich gut und seine Natur lediglich durch »die Einrichtung des privaten Eigentums« (Freud 1930a, S. 472) verdorben worden sei. Andererseits bezeichnete er die Schriften Ranks und Ferenczis als »aus der Zeit geboren, unter dem Eindruck des Gegensatzes von europäischem Nachkriegselend und amerikanischer ›*prosperity*‹ konzipiert und dazu bestimmt, das Tempo der analytischen Therapie der Hast des amerikanischen Lebens anzugleichen« (Freud 1937c, S. 60). Hoch in den Siebzigern und seit 15 Jahren krebskrank, reagierte Freud auf diese Herausforderungen, indem er die Rolle des Schuldgefühls noch stärker betonte.

Freud glaubte nicht, dass Patienten zum Analytiker gehen, um gesund zu werden; sie kommen vielmehr, um starke Triebwünsche zu befriedigen, die sie in früher Kindheit entwickelt haben. Aus diesem Grund bestand er darauf, die Behandlung in »Abstinenz« durchzuführen, das heißt, auf jede Beruhigung in Form von Rat, Mitgefühl oder Anerkennung zu verzichten. Er lehnte es ab, die Situation des Patienten zu lindern, weil er hoffte, das Triebbedürfnis durch diese Frustration zu verstärken und in schärferes Licht zu rücken, um es so direkt beobachten zu können. Als Ergebnis der Beobachtung erwartete er Einsicht oder Selbstbewusstheit, anders ausgedrückt: Geistigkeit. Der Weg zur Geistigkeit aber führt durch den Widerstand: »Es gibt keinen stärkeren Eindruck von den Widerständen während der analytischen Arbeit als den von einer Kraft, die sich mit allen Mitteln gegen die Genesung wehrt und durchaus an Krankheit und Leiden festhalten will« (Freud 1937c, S. 88). Die Lösung bestand also darin, sich nicht mit der *positiven* Übertragung zufriedenzugeben, sondern auch die *negative* Übertragung ins Bewusstsein zu zwingen. Ebendies, so Freud (1923b), gelinge allein der Analyse.

In den 1930er Jahren bewirkten zwei mächtige Kräfte, dass sich Freuds Vorstellungskraft auf die destruktiven Triebe konzentrierte: die Schwierigkeiten der Analytiker, überhaupt Patienten zu finden, und der Aufstieg neuer, radikaler Formen des Antisemitismus. So wurden die Nationalsozialisten 1930 bei den Wahlen in Deutschland zweitstärkste Partei. Nachdem Hitler am 30. Januar 1933 zum Reichskanzler ernannt worden war, wurden die jüdischen Mitbürger systematisch und gesetzlich sanktioniert aus dem kulturellen und wirtschaftlichen Leben ausgeschlossen. Im April 1933 verloren jüdische Ärzte aufgrund eines Regierungsbeschlusses ihre Kassenzulassung. Bis 1934 war mehr als die Hälfte der Mitglieder des Berliner Psychoanalytischen Instituts ins Ausland geflohen. Als die nationalsozialistische Katastrophe das gesamte Judentum zu verschlingen drohte, war die Psychoanalyse nurmehr eine Fußnote zu einer Tragödie ungleich größeren Ausmaßes. In diesem Kontext entstand *Der Mann Moses.*

Durch das gesamte Buch zieht sich eine großartige Idee, nämlich die der Befehlsgewalt, die vom Gesetz des Vaters ausgeht und durch Evolution und Geschichte an nachfolgende Generationen überliefert wird. Im Laufe der individuellen Entwicklung, so schrieb Freud (1939a),

> »bildet sich im Ich eine Instanz, die sich beobachtend, kritisierend und verbietend dem übrigen entgegenstellt. Wir nennen diese neue Instanz das Über-Ich. [...] Das Über-Ich ist Nachfolger oder Vertreter der Eltern (und Erzieher), die die Handlungen des Individuums in seiner ersten Lebensperiode beaufsichtigt hatten [...]. Das Ich ist ganz wie in der Kindheit besorgt, die Liebe des Oberherrn aufs Spiel zu setzen, empfindet seine Anerkennung als Befreiung und Befriedigung, seine Vorwürfe als Gewissensbisse.« (S. 224)

Mithin ist das Judentum eine Über-Ich-Religion, Ausdruck des allmächtigen, allgegenwärtigen Vaters:

> »Was aber an der Ethik uns großartig, geheimnisvoll, in mystischer Weise selbstverständlich erscheint, das dankt diese Charaktere dem Zusammenhang mit der Religion, der Herkunft aus dem Willen des Vaters.« (Ebd., S. 230)

Aus nach wie vor unklaren historischen Gründen habe die Psychoanalyse – wie ihre Fokussierung auf »Abstinenz« oder »Sublimierung« zeige – beides geerbt, sowohl die Bürde der jüdischen Beziehung zum Vater als auch die Chance, die in dieser Beziehung liege:

> »Während aber der Triebverzicht aus äußeren Gründen nur unlustvoll ist, hat der aus inneren Gründen, aus Gehorsam gegen das Über-Ich, eine andere ökonomische Wirkung. […] Das Ich fühlt sich gehoben, es wird stolz auf den Triebverzicht wie auf eine wertvolle Leistung.« (Ebd., S. 224)

Allerdings führen auch Schuldgefühle »zum Verzicht auf Aggression«, und ebendies betrachtete Freud »als den wichtigsten Fortschritt in der Analyse« (zit. nach Sterba (1985 [1982], S. 119).

Im Februar 1938 beorderte Adolf Hitler den österreichischen Kanzler Kurt von Schuschnigg nach Berchtesgaden. Ausgerechnet hier hatte Freud große Teile seiner *Traumdeutung* verfasst. Ohne auf Widerstand zu treffen, überquerten deutsche Truppen am 11. März Österreichs nördliche Grenze und marschierten bis nach Wien hinein. Damit hatte sich Freuds Phantasie, man werde Hitler an den Stadttoren aufhalten, als Illusion erwiesen. Zwei Tage später empfahl der Vorstand der Wiener Psychoanalytischen Vereinigung allen Mitgliedern, das Land zu verlassen. Der Sitz der Vereinigung sollte an den Ort, an den Freud emigrieren würde, verlegt werden. Nach Auflösung der Wiener Psychoanalytischen Vereinigung erinnerte Freud an Rabbi Jochanan ben Sakkai, der nach der Zerstörung des zweiten Tempels durch Titus geflohen war und eine Schule für das Thora-Studium gegründet hatte (Molnar 1996 [1992]), S. 25; Gilman 1993, S. 35). Den *Mann Moses* veröffentlichte er erst, nachdem er in England angekommen war. Mit der Vernichtung der

Analyse auf dem europäischen Kontinent und ihrer Wiedergeburt in England und Amerika begann die vierte Phase in Freuds Schema, die Assimilation.

Phase vier: Assimilation und matriarchaler Impuls

In *Der Mann Moses* illustriert Freud (1939a) am Beispiel der Transformation des Judentums ins Christentum die Verwässerung und Vulgarisierung einer schwierigen, elitären Lehre durch ihre Popularisierung. Die neue christliche Religion, so schrieb er, bedeutete

> »eine kulturelle Regression gegen die ältere, jüdische, wie es ja beim Einbruch oder bei der Zulassung neuer Menschenmassen von niedrigerem Niveau regelmäßig der Fall ist. Die christliche Religion hielt die Höhe der Vergeistigung nicht ein, zu der sich das Judentum aufgeschwungen hatte. Sie war nicht mehr streng monotheistisch, [und] übernahm von den umgebenden Völkern zahlreiche symbolische Riten.« (S. 194)

Im Gegensatz zum Judentum stellte das Christentum auch »die große Muttergottheit wieder her und fand Platz zur Unterbringung vieler Göttergestalten des Polytheismus in durchsichtiger Verhüllung« (ebd., S. 194).

Auch hier spiegelt Freuds Beschreibung des Schicksals der mosaischen Religion wider, wie er das Schicksal der Psychoanalyse erlebte. Die Frage des Matriarchats oder der Muttergottheiten war in Analytikerkreisen gleichzeitig mit der Frage nach der Rolle der Mutter in der psychischen Entwicklung aufgetaucht, als der Feminismus an Einfluss gewann und Frauen auch in der analytischen Bewegung eine immer größere Rolle spielten. Wahrscheinlich war die Psychoanalyse in den 1920er und 1930er Jahren der frauenfreundlichste Beruf weltweit, und Freud hatte seinen Teil dazu beigetragen. Was die Psychoanalyse mit der mosaischen Religion gemeinsam hatte, war aber nicht das Patriarchat – ein Wort, das in den 1970er Jahren zur Beziehung der Unterdrückung der Frau in Gebrauch kam –, und auch nicht die *Misogynie*, ein Begriff, der in der Psychoanalyse zu Freuds Zeiten benutzt wurde, um den es hier aber ebenfalls nicht geht. Hier geht es vielmehr um die *Paternität*, die Vaterschaft. Nach Meinung Freuds war die Anerkennung des väterlichen Beitrags zur Fortpflanzung insofern ein *kultureller* Fortschritt – ein Element der mit dem Monotheismus einhergehenden geistigen Revolution –, als die Vaterschaft anders die Mutterschaft keine klar ersichtliche instinkthafte oder biologische Grundlage hat. Die Idee des Ödipuskomplexes, die Signifikanz des Geschlechtsunterschiedes und die Erforschung des Unbewussten – sie alle setzen jenes Moment des kulturellen Fortschritts bereits voraus. Die Betonung der Vaterschaft bedeutete nicht, dass Freud die Existenz einer matriarchalen oder mutterzentrierten Phase der Menschheitsgeschichte bestritt; sie beruhte aber auf der Annahme, dass Kultur und Gesetz durch die Entwicklung vom Matriarchat zur vaterzentrierten Familie mehr Raum erhielten. Analog dazu sah Freud in der Entwicklung des Kindes hin zur Anerkennung der Rolle des Vaters einen intellektuellen Fortschritt, der auf der Kenntnisnahme des Geschlechtsunterschieds beruhte. Die Frage lautete demnach nicht, ob, sondern wie sich die Matriarchatsthese in den *Mann Moses* integrieren ließ.

Darüber hinaus teilte sich der matriarchale Impuls, historisch gesehen, in zwei verschiedene Strömungen, genauer gesagt in zwei verschiedene Möglichkeiten, die Rolle der Mutter zu verstehen. Die eine entsprang der romantischen Reaktion auf die Aufklärung und hing eng mit den völkischen Nationalismen zusammen, die letztlich die Vernichtung der Juden Europas zuließen. Das beste Beispiel dafür ist Johann Jakob Bachofens Veröffentlichung *Das Mutterrecht* von 1861, die das Matriarchat direkt mit Ackerbau und Erde verbindet. Für Bachofen »nährt« die Mutter ihr bevorzugtes Volk. In der Psychoanalyse hatte Jung diese völkisch ausgerichtete Strömung vertreten und gegen Freud die »frühe[] kulturlose[] Zeit des Mutterrechts« ins Feld geführt, in der Inzest herrschte und »der Vater zufällig, wie Luft«, war (Jung an Freud, 8. Mai 1912; Freund & Jung 1974, S. 557). Unter Berufung auf arische Sonnenmythen beschrieb Jung die frühesten Gesellschaften als mutterzentriert und polytheistisch. Die Analyse müsse sich, so drängte er, zum Ziel setzen, »beim Intellektuellen den Sinn fürs Symbolische und Mythische wiederzubeleben, den Christum sachte in den weissagenden Geist der Rebe, der er war, zurückzuverwandeln« (Jung an Freud, 11. Februar 1919; ebd., S. 324).

Eine zweite Strömung des matriarchalischen Denkens war die sozialdemokratische. Ihre Quelle waren die zu Freuds Lebenszeit stattfindenden archäologischen Grabungen in Sumer, Mesopotamien, Ägypten und Südeuropa. Ihn beeindruckten vor allem die Ausgrabungen der minoisch-mykenischen Kultur auf Kreta, die eine gründliche Revision unserer Vorstellung vom klassischen Griechenland erzwungen haben – teils aufgrund James Frazers 12-bändiger, unter dem Titel *Der goldene Zweig* erschienenen Sammlung von Fruchtbarkeitsmythen, teils aufgrund Jane Harrisons Neuinterpretationen der griechischen Tragödie als Darstellung eines Konflikts zwischen chthonischen Muttergottheiten und patriarchalen, kriegerischen Invasoren.[5] Diese Strömung wurde nach dem Ersten Weltkrieg zusätzlich gestärkt, als Bronislaw Malinowski, ein in England lebender polnischer Emigrant, von einer Exkursion auf die Trobriand-Inseln zurückkehrte und behauptete, nicht einen einzigen Ursprungsmythos gefunden zu haben, der dem Vater eine Rolle bei der Fortpflanzung zugestehe. Andere Autoren vertraten die Ansicht, dass die Gesellschaftsorganisation aus der Notwendigkeit der verlängerten mütterlichen Versorgung der Kinder resultiere; wieder andere betrachteten das mütterliche Dorf als Vorläufer der väterlichen Stadt (vgl. Stalley 1972; Novak 1995). Diese Strömungen des matriarchalen Denkens haben Melanie Kleins Arbeit beeinflusst und wiesen auch Verbindungen zur Sozialdemokratie und zum Entwurf des Sozialstaats auf. Mehr dazu im folgenden Kapitel.

Sowohl die germanisch-völkische als auch die anglo-amerikanische sozialdemokratische Strömung des matriarchalen Denkens beruhten auf dem Gefühl, zu einer gemeinsamen Nation oder einem gemeinsamen Volk zu gehören. Gleichwohl war der Antisemitismus für die völkischen Nationalismen von zentralem Stellenwert, während er für die anglo-amerikanischen Varianten ungeachtet der überall verbreiteten Eugenik keinerlei Rolle spielte und manchmal sogar bekämpft wurde. Grund dafür waren die Stärke und die spezifische Prägung des anglo-amerikanischen Feminismus. Nach dem Ersten Weltkrieg hatte sich die Frauenbewegung unter dem Einfluss der Freud'schen Psychoanalyse und der Moderne gewandelt. Ihre neuen demokratischen Ideale der Jugend

5 Robert Graves' (1999 [1948]) Essay *Die weiße Göttin* knüpft an diesen Gedankengang an.

und des sexuellen Paares waren mit dem Puritanismus, den die Frauenbewegung der Vorkriegsjahre kultiviert hatte, nicht länger vereinbar. Die neue anglo-amerikanische Frauenbewegung unterstützte die Sozialdemokratie. In der deutschsprachigen Welt hingegen ging die Verherrlichung der ländlichen Gemeinschaft Hand in Hand mit dem Bismarck'schen Sozialstaat und der Verunglimpfung des jüdischen Mannes wegen dessen vermeintlich »hypertropher« Bindung an die Familie. »Der Jude«, so schrieb C. G. Jung (1991 [1912]), entbehre infolge seiner »außerordentlichen Bindung an die Familie«, die einer »Unbeherrschbarkeit des inzestuösen Gefühls entspricht« (S. 387), des sozialen Gemeinschaftsgefühls. Und Hans Blüher, ein in den 1920er Jahren vielgelesener Schriftsteller, der zeitweilig mit Freud über die Homosexualität korrespondierte, bekundete, »der Jude« leide an einer »Familienhypertrophie« und einer »Männerbundschwäche« (zit. nach Bruns 2008, S. 443).

Mit der Annahme eines Übergangs von den Stammesreligionen der »Großen Mutter«, in denen Männer nur lose am Familienleben beteiligt waren, zur Vater- oder Paarfamilie stand *Der Mann Moses* dem anglo-amerikanischen Verständnis des Matriarchats näher als der im deutschsprachigen Raum vertretenen völkischen Variante. Freud (1939a) glaubte ebenso wie Jung, dass ein Übergang von matriarchalischen zu vaterzentrierten Gesellschaften stattgefunden habe, betrachtete dies aber nicht als einen Verlust. Vielmehr führte dieser Übergang in seinen Augen zu einem intellektuellen und geistigen Gewinn. Der Vater, so seine Überlegung, sei in den »Urhorden« nicht bekannt gewesen, die Mutterschaft hingegen »durch das Zeugnis der Sinne erwiesen« (S. 221). Erst nachdem die Ermordung des Urvaters zur Schaffung von Verwandtschaftsbeziehungen, zur Gesetzgebung und Staatenbildung geführt habe – kurz, zur Institutionalisierung der ödipalen Ordnung –, wurde auch die kognitive, der Sinneswahrnehmung entzogene Identifizierung des Vaters institutionalisiert. Die Schaffung der Zwei-Geschlechter-Familie anstelle der mutterzentrierten Stämme bedeutete »einen Sieg der Geistigkeit über die Sinnlichkeit« (ebd., S. 221), mit anderen Worten: eine Weiterentwicklung von der Sinneswahrnehmung zur Reflexion. Dieser Gedankengang stand im Einklang mit einem Großteil der späteren Anthropologie. So schrieb beispielsweise Meyer Fortes: »Institutionalisierte Vaterschaft entsteht anders als institutionalisierte Mutterschaft nicht durch ein biologisches […] Ereignis, sondern letztlich durch juristische, gesellschaftliche Klausel, d. h. sie wird geregelt. Vaterschaft ist ein Produkt der Gesellschaft« (zit. nach Chapais 2010, S. 196).

Es war für Freud typisch, den kognitiven Fortschritt hervorzuheben, der seiner Meinung nach mit der Anerkennung des väterlichen Beitrags zur Fortpflanzung einherging. Indem er diesen Fortschritt aber an ein historisches Ereignis knüpfte – das Auftauchen des Monotheismus im antiken Ägypten –, suchte er zugleich nach einer sozialen, kulturellen, ja sogar historischen Fundierung der Psychoanalyse. Dieser Punkt ist für das Verständnis des politischen Freudianismus wichtig. Während sich die Historiker des 19. Jahrhunderts als Empiriker im engen Sinn (als Archivarbeiter) betrachteten und viele heutige Historiker Freud als »ahistorisch« oder sogar »antihistorisch« bezeichnen, steht seine Denkweise der des Alltagshistorikers in Wirklichkeit sehr nahe. Dies zeigen seine Fokussierung auf das Konkrete, auf spezifische Ereignisse, insbesondere Wendepunkte, sein der Geologie entlehntes Konzept der Schichten, das zum Instrumentarium sowohl des Historikers als auch des Analytikers gehört, seine Überzeugung, dass in jeder historischen Ära Strömungen ganz unterschiedlicher Provenienz von Belang sind, und seine Skepsis gegenüber den Quellen, die im *Mann Moses* eine so auffällige Rolle spielt. Die Evolution mit dem Studium schriftlicher Quellen, auf die sich die Geschichtsschreibung traditionell beschränkte, zu verbinden, ist auch heute gang und gäbe.

Diese Veränderungen unserer Geschichtsauffassung machen Freuds Idee eines Übergangs zur vaterzentrierten Familie leichter nachvollziehbar. Die durch die Anerkennung des väterlichen Fortpflanzungsbeitrags erzeugte »Paarbindung« ist aus zwei Gründen ein Merkmal unsere Spezies. Erstens ermöglichte die Anerkennung der Vaterschaft die geschlechterspezifische Arbeitsaufteilung und damit die verlängerte Kindheit, die wiederum zur Weiterentwicklung des Gehirns führte. Zweitens hängt die Anerkennung der Vaterschaft mit der sozialen Kooperation zusammen, denn sie macht Genealogie und Verwandtschaftsbeziehungen – die zuvor nur zur Hälfte, nämlich mütterlicherseits, durchsichtig waren – transparent und damit für die soziale Organisation nutzbar.[6]

6 Indem ich die Psychoanalyse zu diesen drei miteinander verflochtenen Aspekten unserer Spezies – Paarbindung, verlängerte Kindheit und Verwandtschaftsbeziehungen –

Freud fand in der hebräischen Bibel einen wichtigen historischen Moment dieser evolutionären Vergangenheit. Der Wandel von den mutterzentrierten Fruchtbarkeitsgöttinnen im polytheistischen Sumer, Babylon, Kanaan und Ägypten zum mosaischen Monotheismus ging mit einer, wie man sagen könnte, Paternalisierung einher, an der mannigfaltige Veränderungen auf verschiedenen Ebenen – Familienleben, Genealogie, Gemeinschaftsordnung und politische Führung – beteiligt waren.[7] Wenn Freud etwa von der Herrschaft des Vaters spricht, denkt er im Allgemeinen nicht nur an die evolutionäre Vergangenheit, sondern auch an die hebräische Bedeutung einer Herrschaft des Gesetzes oder einer allesbestimmenden Ordnung, in deren Zentrum die Familie steht. Dabei handelte es sich nicht um die patriarchalische Familie, die im antiken Rom erfunden und von der christlichen Fokussierung auf die Erbsünde, die Verdammung der »Konkupiszenz« (des sexuellen Verlangens) als eines Ausdrucks der Selbstliebe und von der Verherrlichung der Jungfräulichkeit geprägt wurde, sondern um die patriarchalische Familie der hebräischen Nomaden.

Historisch betrachtet, hing Freuds Konzipierung des Monotheismus als eines intellektuellen und geistigen Fortschritts auch mit der »doppelsphärischen« Familie zusammen, die im 19. Jahrhundert so wichtig wurde und das Familiensystem war, in dem Freud aufwuchs. In der jüdischen Geschichte bildeten das religiöse Zentrum (letztlich die Synagoge) und das Familienheim die beiden Sphären; zu Freuds Zeiten waren es Arbeit und Familienheim. Die zugrundeliegende Idee war der Respekt vor der Autonomie beider Geschlechter in ihrer jeweiligen Sphäre. Als *Ergänzung* des Haushalts stellt die Synagoge keine Entsprechung ausschließlich männlicher Einrichtungen wie etwa der Logen dar, die auf einer Abwertung des Familienle-

in Beziehung setze, beteilige ich mich nicht etwa an den heutigen Debatten über die Frage, welche Aspekte der Evolution genetisch weitergegeben und welche kulturell im engen Sinn sind. Vielmehr stütze ich mich auf die mitunter so genannte »tiefe Geschichte«, zu der auch unsere evolutionäre Vergangenheit gehört.

7 Vgl. Bakan (1979), S. 13, 30. Bakan weist auch darauf hin, dass die Thora »von unzähligen Händen geschaffen wurde« und dass »jede schreibende Hand Informationen von vielen sprechenden Händen erhielt«.

bens beruhen. Im Gegensatz zu solchen Systemen gibt Freuds Betonung der Zwei-Sphären-Familie seine Ansicht zu erkennen, dass den Geschlechtern dieselben frühen Ziele und Objekte gemeinsam sind und sie sich im Laufe des ödipalen Übergangs dennoch auseinanderentwickeln, und zwar letztlich infolge ihrer Anerkennung des Geschlechtsunterschiedes. Freud setzte diese Anerkennung der geschlechtlichen Komplementarität und Differenz mit Geistigkeit in eins und rückte diese ins Zentrum der menschlichen Entwicklung.

Der Mann Moses und die monotheistische Religion bildet auch ein evolutionäres und historisches Gegenstück zur Entdeckung der Mutterrolle in der klinischen Praxis der Psychoanalyse. Gerade so, wie Freud den Urvater ins Über-Ich verwandelt hatte, integrierte er die das Matriarchat betreffenden archäologischen Entdeckungen in die Psychoanalyse. 1931 verglich er die Entdeckung einer präödipalen oder mutterzentrierten psychischen Entwicklungsphase mit der archäologischen Entdeckung des minoischen (d.h. prämykenischen) Griechenlands. Alles auf dem Gebiet »dieser ersten Mutterbindung«, so schrieb er, »erschien mir so schwer analytisch zu erfassen, so altersgrau, so schattenhaft, kaum wiederbelebbar, als ob es einer besonders unerbittlichen Verdrängung erlegen wäre« (Freud 1931b, S. 519). In der präödipalen Phase verlaufe die psychische Entwicklung beider Geschlechter identisch. Später jedoch, in der ödipalen Phase, werde der Geschlechtsunterschied bedeutsam, ja unausweichlich. Gleichzeitig war der frühe gemeinsame Entwicklungsweg für Freuds Neukonzipierung der ödipalen Phase entscheidend. »Etwas, das beiden Geschlechtern gemeinsam ist, ist durch den Geschlechtsunterschied in eine andere Ausdrucksform gepreßt worden«, schrieb er (Freud 1937c, S. 97). Diese gemeinsame Tendenz nannte er »Ablehnung der Weiblichkeit« (ebd., S. 97) – seine Beschreibung der defensiven Ablehnung der Verletzlichkeit im Verhältnis zum Vater.

Etwa zur selben Zeit, in der Freud *Der Mann Moses* verfasste, erklärte er die Mutter zum »erste[n] erotische[n] Objekt« des Kindes, zum »erste[n] und stärkste[n] Liebesobjekt« und »Vorbild aller späteren Liebesbeziehungen – bei beiden Geschlechtern« (Freud 1940a, S. 115). Indes betrachtete er dies nicht als einen Beweis für ein Ur-Matriarchat, dessen Umsturz die »welthistorische Niederlage des weiblichen Geschlechts« bedeutete, wie Friedrich Engels (1962 [1884], S. 21) oder auch, unter anderem Blickwinkel, Wilhelm

Reich annahmen. Die Anerkennung der Rolle der Mutter war vielmehr ein wesentliches Element des demokratischen Sozialstaates, der im Kontext des Zweiten Weltkriegs eine sehr starke, auf die Spezifizierung und Sicherung der psychologischen Voraussetzungen einer demokratischen Bürgerschaft zielende psychoanalytische Komponente enthielt. Die Theorie, dass die Anerkennung der Vaterschaft einen kulturellen Fortschritt repräsentiere, konnte sexistische Schlussfolgerungen nach sich ziehen – und so geschah es auch –, z. B. die Hypostasierung der Mutterrolle in der frühen Kindheit, die in den Nachkriegsjahren in den USA und in Großbritannien zu beobachten war. Doch solche Schlüsse waren keineswegs unvermeidlich, bedenkt man Freuds Betonung des psychischen im Unterschied zum biologischen Charakter des Geschlechtsunterschiedes. Diese Betonung des Psychischen fand auch ein Echo in seinem Verständnis der jüdischen Identität.

Zu Freuds Zeiten betrachteten Anthropologen und Psychiater die Juden als einen Stamm oder eine Rasse. Sie schrieben ihnen also eine positive – im Sinne einer äußeren oder manifesten – Identität zu. Daher dachte man, dass die empirischen Wissenschaften das jüdische Wesen durch Beobachtung, Messung oder Erbforschung würden ergründen können. Dieses Projekt hatten die Nazis bereits in die Tat umgesetzt, als *Der Mann Moses* entstand. Freud hingegen lehnte die Vorstellung einer direkten, sensorischen, konkreten Erkennung der Abkunft oder rassischen Identität ab; entsprechend brachte er schließlich auch Familie und Verwandtschaft mit einem kognitiven Fortschritt in Verbindung. Letztlich behauptete er, man könne ebenso wenig auf direkte Weise wissen, was es heißt, jüdisch zu sein, wie man auf direkte Weise wissen könne, wer die eigenen Eltern seien. Dies trifft freilich auf jede Identität zu – es gibt immer ein kognitives oder geistiges Element, das es unmöglich macht, Identität unmittelbar zu erkennen. Dieses geistige Element kann mit dem Kosmopolitismus oder der Kultur zusammenhängen, mit dem einenden Geist und der Anerkennung der Diversität, die die Welt mindestens seit Alexander kennt. Im späten 19. Jahrhundert aber wurde die Art und Weise, wie unsere gemeinsame Menschlichkeit über unsere empirische Identität hinausreicht, als Anklage gegen die Juden gewendet, etwa von Richard Wagner (1913 [1881]), der die Juden als »plastischen Dämon des Verfalls der Menschheit« (S. 272) bezeichnete. In den Augen vieler frauenfeindlich und antisemitisch Gesinnter verband diese Anschuldigung die Juden, die sich angeblich so viele unterschiedliche nationale Attribute zu eigen machten, mit der neuen Frau, die angeblich keine stabile sexuelle Identität besitzt. So beschrieb Otto Weininger das Judentum 1903 als »durchtränkt« von »Weiblichkeit« (1980 [1903], S. 409) – den Juden fehle das kantische autonome Ich, das Weiniger mit Männlichkeit in eins setzte (vgl. Sengoopta 1996, S. 490). Wie diese Beispiele zeigen, bestand ein Zusammenhang zwischen jüdischer Identität und Geschlechtsidentität, nicht weil jüdische Männer durch und durch feminisiert wären, wie vor etlichen Jahren verschiedentlich behauptet, sondern weil sowohl jüdische Menschen als auch Frauen die Abwertung der ihnen zugewiesenen biologischen Identität infrage stellten.[8]

Wie dem auch sei, es gab Gründe für Freuds Bedenken hinsichtlich der Resonanz zwischen bestimmten Formen des Maternalismus und einer Verwässerung oder Vulgarisierung der Psychoanalyse. In England, wo sich um Melanie Klein ein brillanter Ableger der Freud'schen Psychoanalyse entwickelt hatte, beschrieb Ian Suttie in seinem 1935 erschienenen Buch *The Origins of Love and Hate* das Christentum als ein »psychotherapeutisches System«, in dem matriarchale Elemente einen zentralen Stellenwert besäßen. Suttie betonte das Soziale gegenüber dem Individuellen, das Äußere gegenüber dem Inneren, den Altruismus gegenüber dem Eigennutz und bezeichnete die freudianische Betonung des Vaters als »eine Krankheit«. In den Vereinigten Staaten, wo sich eine Marktgesellschaft für einen enggefassten Empirismus stark machte und das calvinistische Erbe der Erforschung der Schuldproblematik alles andere als unterstützte, verband sich die Betonung der Mutter mit einer tendenziellen Bagatellisierung des Unbewussten. Gertrude Stein freute sich auf ein unfreudianisches 20. Jahrhundert, »in dem jeder vergisst, ein Vater zu sein oder einen zu haben« (zit. nach Douglas 1995, S. 134f.). Sie brach mit ihrem Bruder Leo, weil dieser sich zu einer Analyse entschlossen hatte, und erklärte: »Jedes Leben das man betrachtet kommt einem unglücklich vor aber jedes gelebte Leben ist ziemlich vergnügt und was immer geschieht es wird

8 In den vergangenen Jahren haben Denker wie Sander Gilman, Eric Santner, Jay Geller und Daniel Boyrin behauptet, mit Blick auf eine – vermeintliche – »Feminität« eine Verbindung zwischen Frauen und Juden zu erkennen. Die Angelegenheit ist zweifellos ungleich komplexer.

auch weiterhin so sein« (Stein 1996 [1937], S. 114). In den 1970er Jahren vollzog sich in der Psychoanalyse die sogenannte relationale Wende. Ihr lag die Überlegung zugrunde, dass die Mutter-Kind-Beziehung immer und von Anfang an intersubjektiv, also kulturell ist und nicht angewiesen auf die Anerkennung der Vaterschaft in Form des Ödipuskomplexes, dem die klassische Analyse solch große Bedeutung zuschrieb. Als Freud seinen *Mann Moses* als Beitrag zu einer von ihm erhofften Wiederkehr des Verdrängten – der Wiederentdeckung der ursprünglichen Entdeckungen der Psychoanalyse – verfasste, waren diese Entwicklungen bereits im Gange.

Freud starb schon bald, nachdem er das Buch fertiggestellt hatte. Sein Tod wirft die Frage auf: Wird es eine Entsprechung zur fünften Phase von Freuds Schema geben, in der die verdrängte Tradition wiederentdeckt und wiederbelebt wird? Oder wird die Psychoanalyse künftig von lediglich historischem Interesse sein? Im *Mann Moses* hat Freud (1939a) diese Frage selbst ausgesprochen:

> »Andererseits wäre es offenkundiges Unrecht, die Kette der Verursachung bei Moses abzubrechen und zu vernachlässigen, was seine Nachfolger und Fortsetzer, die jüdischen Propheten, geleistet haben. Die Saat des Monotheismus war in Ägypten nicht aufgegangen. Dasselbe hätte in Israel geschehen können […]. Aber aus dem jüdischen Volk erhoben sich immer wieder Männer, die die verblassende Tradition auffrischten, die Mahnungen und Anforderungen Moses' erneuerten und nicht rasteten, ehe das Verlorene wiederhergestellt war. […] Und es ist der Beweis einer besonderen Eignung in der Masse, die zum jüdischen Volk geworden ist, wenn sie so viele Personen hervorbringen konnte, die bereit waren, die Beschwerden der Moses-Religion auf sich zu nehmen« (ebd., S. 218f.).

Lässt sich in der Psychoanalyse eine Analogie zu der prophetischen Tradition finden, zum Beispiel bei Persönlichkeiten wie Herbert Marcuse oder Juliet Mitchell, die in dem, was anderen konservativ erschienen war, radikale Tendenzen entdeckten, oder bei Jacques Lacan, der zu einer »Rückkehr zu Freud« aufrief? Oder wurde die Psychoanalyse im Grunde von einer neuen populären, eklektischen Mischung aus Kybernetik, Neurowissenschaften, Behaviorismus, relationaler Psychoanalyse, feministischer Therapie und Kulturkritik absorbiert, so wie das Judentum vom Christentum? Wie auch immer wir dazu stehen mögen – wir müssen zudem auch fragen: Wie können wir den *Mann Moses* so verstehen, dass er nicht nur auf die Geschichte der Psychoanalyse, sondern auch auf den Zweiten Weltkrieg ein Licht wirft?

Der Mann Moses und die Bedeutung des Zweiten Weltkriegs

Während Freud am *Mann Moses* arbeitete, blickte er in den drohenden Abgrund des Zweiten Weltkriegs – fast wie ein Sterbender in ein offenes Grab blicken mag. Auf der vorbewussten Ebene verwob er die Schicksale der alten Ägypter und der Hebräer, seine persönlichen Erinnerungen und das Los der Juden Europas mit seinen Ängsten um die Zukunft der Psychoanalyse. Das Ergebnis ist ein für das Verständnis des Krieges bahnbrechender Text, vergleichbar mit Werken anderer Exilanten wie Erich Auerbach und Hannah Arendt und Überlebender wie Primo Levi und Paul Celan. Liest man das Buch, wozu ich eingangs angeregt habe, als eine Meditation über den kommenden Krieg, so erweist sich das Überleben der Geistigkeit als sein zentrales Anliegen. Nachdem Freud die Vertreibung der Juden aus dem kulturellen und gesellschaftlichen Leben Deutschlands und Österreichs und die Zerschlagung der Psychoanalyse auf dem europäischen Kontinent hatte miterleben müssen, fragte er, ob die Selbsterkenntnis weiterhin Bedeutung haben werde und der Raum, in dem Selbstreflexion sich entfalten kann, zu retten sei.

Gleichzeitig sah Freud sich selbst als jemanden, der die Psychoanalyse historisiert, und zwar nicht nur durch das Aufdecken ihrer evolutionären und historischen Wurzeln, sondern auch indem er sie in dem Kontext des damals so genannten westlichen Denkens stellte. Er betrachtete die Gefährdung der Psychoanalyse als Metapher für die Gefährdung der westlichen Kultur. In diesem Sinn versuchte das Buch im Grunde – selbst wenn Freud sich dessen nur vage bewusst war –, die Werte zu definieren, für die der Krieg geführt werden würde. Wir haben gesehen, dass das Buch dadurch seinen Platz in einer Familie bekommt, zu der neben Erich Auerbachs *Mimesis* (1971 [1946]), Erwin Panofskys *Die Renaissance der europäischen Kunst* (1979 [1944]) auch Hans Barons *The Crisis of the Early Italian Renaissance* (1955), Karl Polanyis

The Great Transformation (1990 [1944]) und Hannah Arendts *Elemente und Ursprünge totalitärer Herrschaft* (1955 [1948]) gehören. Jedes dieser Werke verweist auf einen transzendenten Wert wie Realismus, Zentralperspektive, Republikanismus und gesellschaftliche Kollektivität, der mit den Idealen der Subjektivität, der Geistigkeit und Demokratie, die der Krieg zu vernichten drohte, identifiziert wurde.

Zugleich ist *Der Mann Moses* ein jüdisches Werk: Teil der Tradition jüdischen Denkens und hervorgegangen aus der Verfolgung der Juden am Vorabend des Zweiten Weltkriegs. Ein Blick auf Franz Kafka macht dies vielleicht am ehesten verständlich. Kafka kam eine Generation nach Freud ebenfalls in Mähren zur Welt. Er starb eine Generation vor ihm. Bei beiden Autoren finden wir die Vorstellung eines allmächtigen Gottes oder Urvaters, der sich empirisch nicht lokalisieren lässt, und eines allesbeherrschenden, aber ausfransenden Gesetzes, einer patriarchalen Ordnung oder sogar Tradition, die nicht unmittelbar zugänglich ist, deren Forderungen sich dem Verstand entziehen und die dem Individuum keinen Raum lässt, in dem es sich verstecken könnte. Kafkas Schriften bilden in der realen Außenwelt das literarische Pendant zur inneren Welt Freuds – sie sind das nach außen gewendete Unbewusste. Gregor Samsa wacht tatsächlich als Insekt auf, im eigenen Bett, die Abwehrmanöver eines Ichs graben ein unterirdisches Erdloch, die »Instinkte« nehmen die Gestalt sprechender Tiere an, aus der Bisexualität werden Bruder und Schwester, und ein Joseph K. ist nicht nur vernunftwidrig schuldig, sondern stirbt auch, durchbohrt von einem Fleischermesser, »wie ein Hund«. Für beide Schriftsteller ist die wesentliche Beziehung diejenige zwischen »Mensch« und Gott oder zwischen »Mensch« und Vater, und es ist nicht die in der christlichen Vorstellungswelt so beliebte Ich-Du-Beziehung. Gershom Scholem hat die beiden Autoren gemeinsame jüdische Vorstellung erfasst, als er 1931 in einem Brief an Walter Benjamin Kafkas Werk *Der Prozeß* mit dem Buch Hiob verglich: »Hier ist einmal die Welt zur Sprache gebracht, in der Erlösung nicht vorweggenommen werden kann – geh hin und mache das den Gojim klar« (Scholem an Benjamin, 1. August 1938; Scholem 1975, S. 213).

Wenn Freud die biblische Moses-Geschichte so nacherzählt, dass das Überleben und die Weitergabe im Mittelpunkt stehen, so ist dies auch Teil jüdischer Traditionen, etwa des *Talmuds*, der *Zohar* (Exegese) und der *Haggada*

(Erzählung), zumal in dieser Nacherzählung durchgängig eine strenge väterliche Stimme spricht. Auerbach beschreibt in seinem berühmten Eröffnungskapitel zur *Mimesis* die hebräische Form der Exposition, ihre Prägung durch Gottes Einzug aus großen Höhen oder Tiefen, von einem »unbestimmten dunklen […] Ort« (Auerbach 2015 [1946], S. 11), von dem aus Er oder Sie ruft: »Abraham!« Von einem dunklen, unbestimmten Ort aus trat auch Moses in das jüdische Leben ein und hinterließ Spuren – Jacques Derrida nennt sie Archiv – der Tradition, des Rituals und Gesetzes. So legte Freud (1939a) dar, dass eine religiöse Tradition, die nur auf bewusster oder expliziter Kommunikation beruhe,

> »nicht den Zwangscharakter erzeugen [könnte], der den religiösen Phänomenen zukommt. Sie würde angehört, beurteilt, eventuell abgewiesen werden wie jede andere Nachricht von außen, erreichte nie das Privileg der Befreiung vom Zwang des logischen Denkens. Sie muß erst das Schicksal der Verdrängung, den Zustand des Verweilens im Unbewußten durchgemacht haben, ehe sie bei ihrer Wiederkehr so mächtige Wirkungen entfalten, die Massen in ihren Bann zwingen kann […].« (S. 208f.)

Religiöse Texte wie die Bibel geben, so Freud, diesen langen Prozess der unbewussten Weitergabe und Bearbeitung zu erkennen. Wie alle Kodifizierungen der Erinnerung sei *Das Buch Exodus* Bearbeitungen unterzogen worden, die den Text »im Sinne ihrer geheimen Absichten verfälscht, verstümmelt und erweitert, bis in sein Gegenteil verkehrt haben« (ebd., S. 143). Doch »andererseits hat eine schonungsvolle Pietät über ihm gewaltet, die alles erhalten wollte, wie sie es vorfand« (ebd., S. 143f.).

Der Mann Moses ist auch ein jüdisches Zeugnis, geschrieben von einem politischen Flüchtling. Nachdem die Juden mehrere Jahrhunderte lang ein territoriales Königreich besessen hatten, lebten sie zerstreut im Exil, als Moses sie fand und die meiste Zeit danach. Dies verleiht der Moses-Geschichte ihre unerhörte Macht. Die Hebräer waren die »Gründer« der abendländischen Kultur – sie brachten die Vorstellung eines einzigen Gottes in die Welt, von der sich das Christentum und der Islam herleiten –, doch gleichzeitig waren sie für die Kultur, die sie, ohne sich dessen bewusst zu sein, schufen, auch »die

Anderen«. Ihre Rolle als Gründer ist entscheidend, will man verstehen, weshalb der Antisemitismus die Reichweite, Macht und sogar – für seine Urheber wie auch für seine Feinde – die Majestät hatte, die er, wie wir sehen werden, besaß. Die jüdische Rolle des »Anderen« antizipiert aber bereits den Weg, auf dem der Orkan des Zweiten Weltkriegs von Westeuropa aus in jene Regionen zog, die Timothy Snyder (2013 [2010]) als »Bloodlands« bezeichnet hat – u. a. Polen, die Ukraine, Weißrussland und Westrussland –, bevor er auch auf die Kämpfe gegen die Kolonialisierung in Asien, Afrika und den Nahen Osten und in die nach dem Krieg einsetzende Suche nach einer neuen, nichtwestlichen Weltordnung übergriff.

Auf Exil, Sehnsucht und Erinnerung hatte sich die jüdische Identität seit der Zerstörung des Tempels konzentriert. So heißt es in der hebräischen Liturgie: »Ein Feuer brennt in mir, wenn ich gedenke – des Auszugs aus Ägypten. Aber ich trauere, wenn ich mich erinnere – als ich Jerusalem verließ.« Und die Haggadah mahnt: »In jeder Generation muss ein Mensch sich sehen, als ob er aus Ägypten ausgezogen wäre« (Pesachim 116b). Freud selbst wurde ins Exil hineingeboren und starb im Exil. In der *Traumdeutung* erläutert er einen frühen Traum, der die Exilantensituation in seiner Kindheit behandelt. In diesem Traum ist er den Tränen nahe: »Eine weibliche Person – Wärterin, Nonne – bringt die zwei Knaben heraus und übergibt sie dem Vater, der nicht ich bin« (Freud 1900a, S. 443). Der Traum, so heißt es weiter, dreht sich um die »Judenfrage, die Sorge um die Zukunft der Kinder, denen man ein Vaterland nicht geben kann, die Sorge, sie so zu erziehen, daß sie freizügig werden können« (ebd., S. 444). In seinen Assoziationen erinnerte sich Freud an einen Glaubensgenossen, der »seine mühselig erworbene Anstellung an einer staatlichen Irrenanstalt hatte aufgeben müssen«, an mährische Cousins, die nach England ausgewandert waren, als Freud noch klein war, und an eine im Theater gesehene Aufführung von Theodor Herzls Schauspiel *Das neue Ghetto* (Herzl 1894). Er sah sich selbst auf dem Rand eines römischen Brunnens sitzen und weinen und erinnerte sich an Psalm 137, die Klage der Israeliten über die babylonische Gefangenschaft: »An den Wassern Babels saßen wir und weinten« (ebd., S. 444).

Weil sie im Exil lebten, blickten aschkenasische Juden wie Freud nach Osten. Der antisemitische Diskurs jener Zeit betrachtete sie als »Asiaten«, doch viele Juden glaubten, das geistige Zentrum des Judentums liege in Polen, in der Ukraine und im russischen Ansiedlungsrayon sowie bei den Sepharden und Mizrachim – aber nicht etwa bei den assimilierten Juden in Deutschland oder Österreich-Ungarn. Die Haushalte assimilierter jüdischer Familien bargen oft Gebetsmäntel, Kippas, Gebetsriemen, Gebetbücher und Geschirr für koschere Speisen in Fülle, und all dies stammte aus dem Osten. Kafkas Drang zum Schreiben brach sich Bahn, nachdem er in Prag Aufführungen einer osteuropäischen jiddischen Theatertruppe gesehen hatte. In derselben Zeit strömten Juden in die modernen Universitäten, ins Geschäftsleben, in den Wissenschafts- und Literaturbetrieb. Für ihre jüdische Identität ergab sich daraus ein Konflikt, den wir nachvollziehen können, wenn wir Martin Bubers Schriften über die Chassidim und seine im Ersten Weltkrieg entstandene Ich-Du-Philosophie mit Gershom Scholems Werk *Die jüdische Mystik in ihren Hauptströmungen* (Scholem 1980 [1941]) vergleichen. Sowohl Buber als auch Scholem glaubten an eine Erneuerung des jüdischen Lebens durch die Ostjuden, doch darüber, wie diese sich vollziehen würde, gingen ihre Meinungen auseinander. Buber berief sich auf die chassidischen Erzählungen, um die Universalität jüdischer Erfahrung hervorzuheben, insbesondere ihre Übereinstimmung mit aufgeklärt-christlichen Themen wie der existenziellen Begegnung. Scholem hingegen stützte sich auf die Chassidim, insbesondere auf die mystischen Strömungen, um jüdische Andersheit, Auserwähltheit und Nichtassimilierbarkeit zu betonen. In dieser Hinsicht stand Freud Scholem gewiss näher als Buber, war aber insofern noch radikaler, als er den Topos der jüdischen Geistigkeit zeitlich zurück- und räumlich ostwärts verlegte – nach Ägypten, in das einzige arabische Land, das zu Freud Zeiten auf eine kontinuierliche, direkt ans biblische Zeitalter anknüpfende Geschichte zurückblickte.

Diesem Ägypten galt Freuds besondere Leidenschaft. Obwohl er im Schatten der Athene-Statue in der Wiener Ringstraße aufgewachsen war, glaubte er, dass Athene eine Nachfahrin der ägyptischen phallischen Muttergöttin Neith von Sais, der Kriegsgöttin, gewesen sei. Die Statuetten von Isis, Osiris und Horus zählten zu seinen Lieblingsantiquitäten, und als er 1908 in London weilte, schlug er die meisten Einladungen zu Stadtrundgängen aus und verbrachte seine Abende lieber mit Lektüre, um sich auf seinen Besuch in den ägyptischen Räumen des British Museum am nächsten Tag vorzubereiten.

Bei Karl Abrahams Antrittsbesuch in Wien steckte Freud ihm zum Abschied zwei ägyptische Figurinen in die Tasche, und als ihm Abraham fünf Jahre später seine Abhandlung über Echnaton schickte, bezeichnete er diese in einem Wortspiel als eine neue »Orientierung« für die Psychoanalyse. Nicht anders als seine Zeitgenossen war Freud tief beeindruckt, als bei Grabungen im Palast von Knossos auf Kreta, einer nach Ansicht vieler Archäologen ägyptischen Kolonie, Figurinen von Muttergottheiten entdeckt wurden. Er hielt das antike Ägypten für die Kultur mit der stärksten bisexuellen Orientierung überhaupt und verstand die Bisexualität als zuverlässigste Grundlage des intellektuellen und künstlerischen Fortschritts (Schorske 2004 [1998]).

Hinter der *Keduscha*, die für die Geistigkeit ebenso wichtig ist wie die Vernunft, verbirgt sich das Geheimnis der Herkunft. Freud (1939a) hat Moses als einen »großen fremden Mann« (S. 153) bezeichnet. Tatsächlich waren die Juden, bevor sie in Ägypten versklavt wurden, »Fremde« in Kanaan. Als die Thora entstand, war Babylon das »Andere«. Der Gott des Midrasch erhielt seine Gestalt vor dem Hintergrund des byzantinischen Reiches und der Gott der Kabbala vor dem Hintergrund des muslimischen Spaniens. In *Freud und das Nichteuropäische* schreibt Edward Said (2004 [2003]): »Gewiß war Freud fasziniert von all dem, was jenseits der Vernunft, der Konvention und natürlich des Bewußtseins angesiedelt ist: In diesem Sinne dreht sich sein gesamtes Werk um das Andere« (S. 18). Indem Freud Ägypten *in* Israel lokalisierte und nicht außerhalb davon, gab er, so Said, zu verstehen, dass dem Zentrum der jüdischen Identität etwas Unbekanntes, Unheimliches und Unbewusstes innewohne. Daran ist etwas Wahres – die Wahrheit des Postkolonialismus –, aber das ist nicht die ganze Wahrheit. Freud war es weniger darum zu tun, Ägypten ins Zentrum der jüdischen Geschichte zu rücken; vielmehr wollte er Universalität (Geistigkeit) ins Zentrum der Geschichte insgesamt – einschließlich der jüdischen – rücken. So verstanden, war *Der Mann Moses* ein Vorbild für die Volksfront, den marxistisch orientierten Kampf gegen den Faschismus. Die Volksfront definierte den Zweiten Weltkrieg als einen Konflikt zwischen den Nationen, die ihre Ursprünge in der Aufklärung sahen – einschließlich der Sowjetunion –, und jenen, die die Aufklärung ablehnten, allen voran Nazideutschland. Die Psychoanalyse war für Freud ein Kind der Aufklärung, von der sich auch das Konzept der Geistigkeit herleitete.

In diesem Kontext betrachtet, richtete sich der Angriff auf die Juden nicht nur gegen die Juden als Volk, sondern zugleich gegen den bürgerlichen Republikanismus der Renaissance (Hans Baron, Erwin Panofsky), gegen das Zeitalter der demokratischen Revolutionen (Karl Polanyi, Hannah Arendt) und gegen den von Erich Auerbach so genannten stammesdemokratischen Modus der Darstellung der Alltagsrealität, der mit den alten Hebräern begann. Wie die meisten europäischen Analytiker seiner Zeit war Freud Sozialdemokrat – auch wenn viele Autoren, z.B. Peter Gay (1989 [1988]), einen Befürworter des klassischen Marktliberalismus in ihm sehen wollen. Präziser wäre es gleichwohl, ihn als eine *für* die Volksfront wichtige Persönlichkeit statt als deren Parteigänger zu beschreiben. In *Der Mann Moses* kritisierte er die Theorie, Bewusstsein könne auf sogenannte materielle Faktoren zurückgeführt werden, und betonte stattdessen die besondere Macht der Tradition sowie das Charisma und »den persönlichen Einfluss großer Männer auf die Weltgeschichte« (Freud 1939a, S. 154). Wie auch immer die Beziehung des Freudianismus zur Volksfront beschaffen war – für die jüdische Identität war die Linke von Bedeutung. Der polnisch-jüdische Trotzkist Isaac Deutscher (1988 [1954]) hat dies begriffen, als er Freud im Jahr 1954 als einen »nichtjüdischen Juden« charakterisierte. Er feiert den »jüdischen Abtrünnigen, der über das Jüdische hinausgelangt«, und verbindet Freud mit Heine, Marx und Rosa Luxemburg – allesamt Persönlichkeiten, die

> »an der Grenze zwischen unterschiedlichen Epochen geboren und aufgewachsen sind […], wo die verschiedenartigsten kulturellen Einflüsse sich kreuzten und wechselseitig befruchteten. […] Jeder von ihnen gehörte zur Gesellschaft und doch wieder nicht, war ein Teil von ihr und wiederum nicht. Dieser Zustand hat sie befähigt, ihr Denken über ihre Gesellschaft, über ihre Nation, über ihre Zeit und Generation zu erheben, neue Horizonte geistig zu erschließen und weit in die Zukunft vorzustoßen« (S. 60f.).

In *Der Mann Moses* versuchte Freud, die jüdische Geschichte sowie die jüdische Identität zu verstehen; darüber hinaus wollte er den Antisemitismus verstehen, und zwar nicht nur in seinen alten nationalen und religiösen Erscheinungsformen, sondern auch in seinem modernen Gewand. Der Völkermord an den Juden fand erst nach Freuds Tod statt, doch die psychologischen Voraussetzungen für seine Ermöglichung waren schon in den 1930er Jahren, zumal in den deutschsprachigen Ländern, gegeben. Mark Mazower (2000 [1999]) hat die Ansicht vertreten, dass der Nationalsozialismus »weit besser zu den Hauptströmungen nicht nur der deutschen, sondern auch der europäischen Geschichte [passt], als den meisten Menschen lieb ist« (S. 11). Mazower denkt dabei insbesondere an die rassistisch-nationalistische Wohlfahrtspflege der Nazis und ihren Versuch, einen gemeinsamen europäischen Markt aufzubauen. Der Nationalsozialismus stand den europäischen Hauptströmungen aber auch in seinem Versuch nahe, die europäische Christenheit aus ihrer Abhängigkeit von den Juden zu befreien. Richard Evans (2010) geht in seiner Rezension von Timothy Snyders Buch *Bloodlands* auf die zentrale Rolle ein, die der Antisemitismus für den Zweiten Weltkrieg gespielt hat. Snyder schrieb, dass die Juden zusammen mit Polen, Ukrainern, Weißrussen, Roma und vielen anderen Völkern umgebracht worden seien. Evans hingegen betont »das besonders Sadistische an der Begier der Nazis, die Juden nicht nur zu foltern, zu verstümmeln und zu töten, sondern sie auch zu demütigen. [...] Die Slawen waren letzten Endes ein regionales Hindernis, das man aus dem Weg räumen konnte; die Juden waren ein ›Weltfeind‹, der zu Staub zerrieben werden musste«.

Freuds Buch über Moses vermittelt eine Ahnung, weshalb die Vorstellung von den Juden als »Weltfeind« und der Plan, sie zuerst aus der deutschen Nation auszuschließen und danach umzubringen, eine derartige Durchschlagskraft entwickeln konnten. Das Judentum verlieh dem Nationalsozialismus eine spezifische Bedeutung, die ihm weder das deutsche Streben nach Vorherrschaft auf dem Kontinent und der Drang nach Osten (Osteuropa und Ukraine) auf der Suche nach Land, Öl und Weizen noch die Vorschriften zum »Schutze des deutschen Blutes« verschafften oder hätten verschaffen können. Moses brachte dem jüdischen Volk das Gesetz und damit vor allem das Bilderverbot; auf diese Weise schuf er die Voraussetzung dafür, dass die Welt ihren ersten Schritt zum begrifflichen Denken tun konnte. Insofern dieser Schritt die Auseinandersetzung nicht nur mit der Metaphysik, sondern auch mit Autorität, Tradition und Schuldgefühl ermöglichte, war er keine rein intellektuelle Angelegenheit. Unter dem modernen jüdischen Blickwinkel betrachtet, also z. B. mit den Augen Kafkas oder Freuds gesehen, erhielt die Geschichte nicht durch Christi Opfertod Bedeutung, sondern durch den Bund zwischen einem einzelnen Volk und Gott, einem Modus operandi, mit dem der lange Prozess der Emanzipation der Menschheit vom Gesetz des Vaters begann. In der Tat standen jüdische Denker mit dieser Sichtweise nicht allein. Wollte die nationalsozialistische Revolution mehr sein als eine soziale Revolution oder eine großmachtpolitische Strategie – wollte sie ihre revolutionären tausendjährigen Ziele wirklich erreichen –, dann musste die Bewegung sich eine neue, eigene Grundlage verschaffen, befreit von dem »unreinen«, »kranken«, »fremden« Element, das das deutsche Streben nach Überlegenheit in der Vergangenheit »vergiftet« hatte. Wichtiger, als den Krieg zu gewinnen, war es deshalb, sämtliche deutschen Institutionen vom Judentum zu »säubern« und die Juden selbst zu ermorden. Als offenes Geheimnis durchgeführt, in einer Atmosphäre aus Schauder und kalter Berechnung, mussten der »geheime Schatz« des auserwählten Volkes in den Besitz der Nazis gebracht und seine Träger zu Staub zerrieben werden. Die »existenzielle Bedrohung« durch diesen »Weltfeind« blieb gleichwohl so groß, dass die Nazis Trümmer von Synagogen und Grabsteinen und Bruchstücke zerstörter Thorarollen als Baumaterialien benutzten, um sie in die Geschichte eines neuen, erlösten Deutschlands einzubinden.

Die Sorge um den intellektuellen und geistigen Einsatz, der in den politischen und militärischen Konflikten angeblich auf dem Spiel stand, hat sogar den Holocaust überdauert. 1941 veröffentlichte der Verleger Henry R. Luce im *Life Magazine* seinen Essay »The American Century«, in dem er mit einem Eifer, der noch heute staunen macht, den Kampf der Alliierten gegen den Faschismus zum Kampf gegen den Kommunismus erklärt (Luce 1999 [1941]). Der nachfolgende Kalte Krieg war in hohem Maße ein kultureller, ja sogar geistiger Krieg, vor allem in den 1940er und 1950er Jahren. So wie der Antifaschismus nach einem neuen Geist verlangt hatte, erforderte ihn nun auch der Antikommunismus, als er Nachkriegseuropa eroberte. Dieser neue Geist war der anglo-amerikanische Liberalismus, der, wie zum Beispiel Saul Bellow erkannte, den Jazz, den abstrakten Expressionismus und eine neue ethnische, insbesondere jüdische amerikanische Literatur in sich aufnahm. Gleichwohl bewahrte sich die Religion ihre mit dem Verstand nicht zu fassende Macht. Der US-amerikanische Anspruch auf moralische Überlegenheit gegenüber dem Kommunismus beruht weniger auf der Wirtschaftsleistung als auf der

Überzeugung, dass es ohne geistige Grundlagen keine Freiheit gebe. Die zweite der »Vier Freiheiten«, die Präsident Roosevelt 1941 in seiner Rede zur Lage der Nation anführte, war die Religionsfreiheit. Der Kalte Krieg wurde ebenso wie der Zweite Weltkrieg gegen den vermeintlich atheistischen oder »gottlosen« kommunistischen Feind geführt, und dabei wurde der mosaische Grundpfeiler keineswegs vernachlässigt. Die Juden, die die Nazis mit aller Entschlossenheit der Vergangenheit hatten überantworten wollen, erhielten einen Platz in einer neuen, liberalen »jüdisch-christlichen« Synthese.

Teil der Anstrengungen des Kalten Kriegs, den anglo-amerikanischen Liberalismus zu einer universalen Ideologie auszuweiten, war die Suche nach den geistig-spirituellen Ursprüngen der »westlichen Welt«. Weil der Kalte Krieg weitgehend in Asien, Afrika, im Nahen Osten und in Lateinamerika geführt wurde, fand diese Suche auf nicht- und außerwestlichen Schauplätzen statt. Freilich war es für manche ehemalige Faschisten wie Mircea Eliade und Georges Dumézil und für Reaktionäre wie Henry Corbin genauso selbstverständlich wie vorher für die Nazis, die Juden bei der Suche nach neuen geistigen Ursprüngen zu marginalisieren oder auszuschließen. Sowohl Arnold Toynbee (1949 [1934ff.]) in seiner *Studie zur Weltgeschichte* als auch T. S. Eliot (1967 [1948]) in »Beiträge zum Begriff der Kultur« argumentierten, dass die einzig angemessene Antwort auf die Katastrophe des Zweiten Weltkriegs eine christliche zu sein habe – wobei sie »christlich« als Gegensatz zu »jüdisch« verstanden. Am erfolgreichsten unter all den Nachkriegsbemühungen, eine neue antikommunistische und antikoloniale geistige Basis für den Westen zu schaffen, war indes Karl Jaspers' an Alfred Webers Geschichtsphilosophie anschließende Entwicklung des Konzepts der »Achsenzeit« (Jaspers 1949). In Reaktion auf die großen zentralasiatischen Wanderungen des ersten vorchristlichen Jahrtausends waren die Denker der Achsenzeit – Konfuzius, Laotse, Buddha, Sokrates, die hebräischen Propheten und, je nach Lesart, Zarathustra – mutmaßlich die ersten, die »die grenzenlose Weite der Welt« erlebten und für die der Mensch sich selbst zur Frage wurde (vgl. Arendt 2012 [1968], S. 109ff.; Benda 1947, S. 294). Das Achsenzeit-Theorem war – ebenso wie die darauf aufbauende These der »multiplen Moderne«, die Shmuel Eisenstadt, Martin Bubers Nachfolger an der Jerusalemer Hebrew University, formulierte – ein Versuch, die »abendländische Kultur« den großen Religionen des Alltagslebens und der Familie zu assimilieren, d.h. dem Konfuzianismus, dem Mahayana-Buddhismus und dem Hinduismus. Ebenso wie Freud konzentrierten sich die Denker, die das Achsenzeit-Theorem formulierten, auf den Durchbruch zu einem universalen Reich der Begrifflichkeit. Trotzdem bestehen zwischen der Achsenzeitthese und dem *Mann Moses* grundsätzliche Unterschiede.

Während die Achsenzeit-These von einem linearen Fortschritt ausgeht, liegt Freuds *Mann Moses* die Vorstellung einer Regression zugrunde, die den Gang der Geschichte unterbricht und umkehrt, aber auch historische Tiefen zulässt. Die Theoretiker der Achsenzeit stellten Moral oder Gerechtigkeit ins Zentrum ihres Verständnisses der menschlichen Natur; Freud hat die Bedeutung von Moral und Gerechtigkeit nie bestritten, aber ein komplexeres Verständnis der Rolle, die sie in der Psyche spielen, vertreten und deshalb die Unterscheidung zwischen Ich und Über-Ich getroffen. Die Achsenzeit-Theoretiker betonten den Beitrag, den eine universale Moral zur Entstehung von Staaten und Reichen leistete; Freud (1939a) betrachtete den Monotheismus als einen Aufstand »in absichtlicher Feindseligkeit gegen die Volksreligion« (S. 124), dem sich die herrschenden Autoritäten widersetzten. Erstere betrachteten den achsenzeitlichen Durchbruch als einen Durchbruch der Massen; Freud betonte die Schwierigkeit, geistigen und intellektuellen Fortschritt zu bewahren, wenn er in eine massentaugliche Form übersetzt wird. Sein Verständnis ist ein kritisches, das der Achsenzeit-Denker ein affirmatives. Aus ebendiesem Grund bleibt Freuds Auseinandersetzung mit der Frage, wie schwierige, herausfordernde Denkweisen überleben können, auch in der Welt nach dem Kalten Krieg, in einer Ära des »Endes der Geschichte«, so wichtig; und aus demselben Grund ist die »Obsoleszenz« der Psychoanalyse für so viel mehr als nur die Geschichte der Psychiatrie von Bedeutung.

Kehren wir abschließend noch einmal zurück zur Frage des Überlebens des Judentums. Der Zweite Weltkrieg führte zum Triumph des in der Achsenzeit-Hypothese implizierten affirmativen jüdischen Identitätsgefühls. Amerikanische Juden lehnten Themen wie Exil, Minderheitenstatus oder Stigmatisierung ab und definierten Judentum im Einklang mit den amerikanischen pluralistischen Idealen neu. Die Gründung des Staates Israel im Jahre 1948 vervollständigte die »judeo-christliche« Lösung des jüdischen Problems. Das hebräische Volk hatte »geistigen Bestrebungen« laut Freud (1939a) einen »Vorrang« eingeräumt, der »half, die Roheit und die Neigung zur Gewalttat einzudämmen« (S. 223). Die Israelis lehnten diese Einstellung ab. Sie hielten es mit David Ben-Gurion, der stolz verkündete: »Wir sind keine Yeshiva-Schüler, die über die Feinheiten der Selbstverbesserung diskutieren. Wir sind Landeroberer« (zit. nach Slezkine 2004, S. 211). Enthält *Der Mann Moses* Einsichten für diejenigen, die das amerikanische Jahrhundert und die zionistischen Spielarten des Judentums ablehnen, sich aber dennoch als Juden bezeichnen?

Einer Antwort auf diese Frage kommen wir näher, wenn wir das Problem des jüdischen Überlebens und das Problem der im 2. Kapitel erläuterten afrikanisch-amerikanischen Geschichte miteinander vergleichen. Das Kernproblem ist in beiden Fällen eines des Erinnerns, das aber bei den beiden Völkern unterschiedliche Gestalt annahm. Im Fall der Afroamerikaner war das Problem ein Zu-Wenig an Erinnerung; Erinnerungen mussten aus Bruchstücken wie »Do bana coba, gene me, gene me«, pentatonischen Klängen und dem schmerzhaften Sog des Blues erst herausgearbeitet werden. Im Falle der Juden gibt es ein Zuviel an Erinnerung – fast nichts als Erinnerung im Sinne der überwältigenden Präsenz der Bibel, der Tradition, des Gesetzes, der Auserwähltheit. Als Jude seiner Zeit versuchte Freud, die Frage zu klären, wie die Juden trotz allem, im Exil, unter fremder Herrschaft, bedroht von Verfolgung und sogar Genozid, hatten überleben können. Indem er sich durch das Dickicht der Jahrtausende kämpfte und auf eine zutiefst persönliche, von Grund auf autobiographische Weise zurückkehrte zu der Begegnung zwischen dem hebräischen Volk und Moses, gab Freud das Rätsel *der* Juden den Juden *selbst* als Rätsel auf. Er schrieb den *Moses*, als das jüdische Überleben auf dem Spiel stand, und schuf, indem er die Frage der jüdischen Identität aufs Neue stellte, eines der überdauernden Verdienste des Buches.

4. Kapitel

Das Ich im Krieg. Von der Todestriebtheorie zu Judith Butlers *Precarious Life*

Die Psychoanalyse und der Geist des Krieges

Ebenso wie Kapitalismus, Rassismus und Antisemitismus hat auch die Kriegsfrage immer wieder Anlass zu intensiven politisch-freudianischen Reflexionen gegeben, denn die »totalen« Kriege des 20. Jahrhunderts haben die Grenzen zwischen Schlachtfeldern und Heimatfronten verwischt und die Regierungen gezwungen, Menschen in Massen zu motivieren, ihr Leben hinzugeben. Dies erforderte einen neuen Geist des Krieges, vergleichbar vielleicht dem im 1. Kapitel beschriebenen neuen Geist des Kapitalismus. Mit der Teilnahme an diesen Kriegen und in dem Bemühen, sie psychoanalytisch zu verstehen, tauchte eine Art Theorie nicht allein des Krieges, sondern des Subjekts im 20. Jahrhundert auf.

Zu Beginn des 20. Jahrhunderts leiteten sich der Geist des Krieges oder das Ethos, das ihn befeuerte, nach wie vor aus einer älteren aristokratischen, auf Ehre beruhenden Lebensweise her, aber die unerwarteten Schrecken und das Blutvergießen des Ersten Weltkriegs sowie die zutage tretende Unfähigkeit der politischen und militärischen Eliten ließen Beweggründe wie »Ehre«, »Ruhm« und »Opfer« sinnentleert erscheinen. Die große Anzahl von Soldaten mit Kriegs- oder Schützengrabenneurosen – Granatschocks –, dem ersten massenhaften Auftreten einer Erkrankung, die wir heute unter dem Begriff der posttraumatischen Belastungsstörung kennen, schürte die Antikriegsstimmung, bis schließlich nicht nur der alte Ehrenkodex als überholt galt, sondern auch die liberalen Ideale des 19. Jahrhunderts wie Optimismus, Rationalität und Fortschritt.

Die Psychoanalyse setzte zu den früheren Idealen einen Kontrapunkt. Fast als sei sie auf eine Theorie des Unbewussten zugeschnitten, brachte die Kriegsneurose die Existenz traumatischer Erfahrungen oder Reize ans Licht, die für die Psyche nicht zu verarbeiten sind und den Betroffenen (aber auch ganze Völker) an eine unbewältigte Vergangenheit fesseln. Weil solche Stimuli durch die normalen Mechanismen des Unbewussten, die ihren Ausdruck in Träumen, neurotischen Symptomen oder Wunschphantasien finden, nicht zu kontrollieren waren, erzwangen sie eine Revision der psychoanalytischen Theorie. Zuvor hatte Freud das Unbewusste als Verdrängtes verstanden; nun erkannte er, dass es *permanente* oder *strukturelle* Anforderungen an die bewusste Psyche stellt, und zwar in Gestalt von Triebstrebungen, Selbstvorwürfen oder Charaktereigenschaften. So wurde seine Aufmerksamkeit auf das Ich gelenkt, dem er nicht nur die Fähigkeit, unbewusste Kräfte zu mobilisieren, zuschrieb, sondern auch selbstschützende Funktionen, die eine Reizüberflutung verhindern sollen. Vor allem aber entdeckte Freud die Achillesferse des Ichs, nämlich seine defensive Verleugnung der eigenen Verwundbarkeit – die »Bevorzugung der aktiven Rolle« (Freud 1931b, S. 529) – und deren Beteiligung an der Entstehung der Kriegsneurose. Die Erkrankung bestätigte somit seine Ansicht, dass sich der Vernunft und dem Fortschritt »strukturelle« Hindernisse entgegenstellen, mit anderen Worten: Hindernisse, die dem Ich oder dem Bewusstsein, dem Sitz von Vernunft und Fortschritt, unmittelbar inhärent sind.

Das Ich-Konzept, das Freud im Gefolge des Ersten Weltkriegs ausgearbeitet hatte, wurde in einer weiteren, den Zweiten Weltkrieg betreffenden historischen Begegnung zwischen Psychoanalyse und Krieg durch eine neue Theorie ersetzt. Diese Begegnung hing mit der Erforschung der frühen Kindheit und insbesondere der Rolle der Mutter zusammen. Entsprechende Untersuchungen, die schon in den 1920er Jahren begonnen hatten, brachten eine neue Richtung der Psychoanalyse hervor, nämlich die Objektbeziehungstheorie, die für den sozialdemokratischen Sozialstaat zentrale Bedeutung erlangen sollte. Als Großbritannien in den Krieg gegen Nazideutschland eintrat, unterstützten Objektbeziehungstheoretiker wie Melanie Klein eine auf Verwandtschaftsverhältnisse rekurrierende Rechtfertigung des Krieges, die zu einem gewissen Grad tatsächlich die Funktion eines neuen Kriegsgeistes erfüllte. Die frühe Beziehung zur Mutter, so die Überlegung, bildet die Basis ethischer Verantwortlichkeit, mit anderen Worten: Soldaten kämpften, um ihre verwundbaren Nächsten, vor allem ihre Frauen und Kinder, zu beschützen. Mit ihrer Betonung der Mutterrolle vertieften die Objektbeziehungstheoretiker die Freud'sche Konzipierung des Ichs, indem sie die primären Familienbeziehungen und die Beziehung des Ichs zum Geschlecht als seine Grundlage herausarbeiteten. Indem sie das Ich als Stätte der Vernunft und Selbstreflexion gleichzeitig bagatellisierten oder ignorierten, bahnten sie der heutigen Psychoanalyse den Weg, die das Konzept des Ichs durch das des Selbst ersetzt hat und z. B. vom *Selbstbild* oder vom *Selbstwertgefühl* spricht.

Zentralen Stellenwert besaß das Selbstkonzept für eine dritte historische Begegnung der Psychoanalyse mit dem Krieg, nämlich dem »Krieg gegen den Terror« zu Beginn des 21. Jahrhundert. Als Kulisse für diese Begegnung dienten u. a. die sozialen Bewegungen der 1960er Jahre und ihre Nachfolger, etwa der Feminismus und die poststrukturalistische Philosophie, die den vollständigen Umschwung vom Ich zum Selbst herbeiführten. Einen wichtigen Beitrag leistete in diesem Zusammenhang Jacques Lacan, der in den 1950er und 1960er Jahren einen gezielten Angriff auf die »Ich-Psychologie« führte. Die daraus resultierende neue, poststrukturalistische Lesart der Psychoanalyse ermöglichte einen dritten Verständniszugang zum Krieg, dessen bestes Beispiel Judith Butlers 2004 erschienenes Buch *Precarious Life* (dt.: *Gefährdetes Leben*, 2005) ist. Butler will den amerikanischen Einmarsch im Irak als Abwehrreaktion auf eine katastrophale Demütigung, ein Durchbrechen fragiler narzisstischer Grenzen auf individueller wie auch nationaler Ebene, verstanden sehen. Ihrer Meinung nach hatte der amerikanische Narzissmus oder »Exzeptionalismus« die »Sozialität«, die unserem Selbst zugrunde liegt, verschleiert und den Blick auf die Tatsache verstellt, »dass wir keine umgrenzten Wesen sind […], sondern auch in der Beziehung zu anderen konstituiert werden« (Butler 2007). In welcher Form, so fragt Butler, könnte politische Reflexion stattfinden, wenn wir statt Unabhängigkeit und Selbstbemeisterung die Verwundbarkeit als Ausgangspunkt des politischen Lebens nehmen?

Die Entwicklung einer auf den Krieg konzentrierten politischen freudianischen Tradition kann daher im Kontext des Übergangs von der klassischen cartesianischen oder kantischen Sicht eines rationalen, autonomen, »umgrenzten« Ichs – das an der Schwelle zur modernen Welt steht – zu der heutigen Auffassung verstanden werden, dass das Ich durch Anerkennung,

Objektbeziehungen und Sprache konstituiert wird. Im Zentrum dieses Wandels unserer Konzeption des menschlichen Subjekts steht, so legt Butlers Werk nahe, seine Verwundbarkeit. Freud verstand Vulnerabilität, wie wir sehen werden, als ontologisch und genetisch in dem Sinn, dass sie aus unserer verlängerten Kindheit resultiert und für die menschliche Entwicklung konstitutiv ist. Butler hingegen hält die Vulnerabilität für normativ in dem Sinn, dass ihre Anerkennung den zentralen ethischen Imperativ des politischen Lebens darstellt. Dieser Unterschied hat eine wichtige Konsequenz. Als Freud unsere »Bevorzugung der aktiven Rolle« hervorhob, ging es ihm nicht etwa darum, die illusionäre Selbstbemeisterung des Ichs zu enttarnen. Vielmehr wollte er das Ich *stärken*. Butler hingegen beruft sich auf die Psychoanalyse, um das Konzept eines individuellen Ichs ad acta zu legen und das zugrundeliegende Netzwerk aus unbewussten Beziehungen und Abhängigkeiten ans Licht zu bringen, die unsere Menschlichkeit konstituieren. Hat die Verschiebung der Betonung vom Ich aufs Selbst, von der Autonomie auf die Anerkennung und von einem ontologischen zu einem normativen Verständnis der Vulnerabilität unser Verständnis des Krieges, der Politik und der menschlichen Psyche vertieft oder war sie ihm abträglich? Dieser Frage gehe ich in diesem Kapitel nach.

Der Erste Weltkrieg und der Zusammenbruch der Kriegerethik

Vor dem Aufstieg der modernen Nation waren die Männer, die in den Krieg zogen, entweder Adelige, die für die Kriegsführung ausgebildet worden waren, oder aber zwangsrekrutierte Leibeigene oder Bauern. Mit dem Aufstieg der Massendemokratie veränderte sich dies, denn nun entstanden Massenheere aus Zivilisten, die totale Kriege führten, d. h. Kriege, in denen der Unterschied zwischen Kriegern und Zivilisten untergraben oder ausgelöscht wurde. Einschlägige frühe Beispiele sind die Napoleonischen Kriege, der amerikanische Bürgerkrieg und der Krieg zwischen Frankreich und Preußen. Weil diese Kriege nur mit Armeen aus Wehrpflichtigen geführt werden konnten, ergab sich ein Problem. Wie konnten freie Männer – und später Frauen – davon überzeugt werden, ihr Leben, oft in frühester Jugend, hinzugeben?

Das 19. Jahrhundert hielt eine Antwort auf diese Frage bereit: Im Krieg zu sterben bedeutet nicht, sein Leben zu *verlieren*, sondern es der eigenen Nation *zum Opfer zu bringen*. Diese Antwort brachte den modernen Nationalismus mit einer älteren Kriegerethik in Verbindung, die letztlich in Opferreligionen wurzelte. Das Opfer verleiht Völkern, Nationen oder Zielen Würde, es stellt Vergangenheit und Gegenwart unter ein gemeinsames Symbol und macht gegenüber künftigen Generationen einen Anspruch geltend. Das Sterben der Soldaten als eine Serie bedeutungsvoller und geheiligter Ereignisse zu betrachten verleiht der Nation ihre unvergleichliche Realität (vgl. Scarry 1987). Das Opfer kanalisiert auch männlichen Heroismus und knüpft an Ritual, Rasse, Tribalismus und die Idee einer Nationengründung an. Der Erste Weltkrieg aber ließ Kriegerethik, romantischen Nationalismus und die Ideale des Märtyrertums und der Selbstopferung fragwürdig erscheinen.

Von Heldentum und Opfermut blieb in dem zunächst enthusiastisch begrüßten Krieg nichts mehr übrig. Die besinnungslose Gewalt, die Katastrophe nie dagewesenen Ausmaßes, die Schützengräben als Symbole endloser defensiver Stellungskriege, die zuvor unbekannten Minenlandschaften, das Niemandsland zwischen den Fronten, die Angst, bei lebendigem Leib begraben zu werden, der ohrenbetäubende Lärm, die bebende Erde, die Heimtücke des Giftgases, das Verschwinden des Unterschiedes zwischen Tag und Nacht, die Identifizierung mit dem Feind und die Verengung der bewussten Wahrnehmung – all dies stellte die Erwartungen des 19. Jahrhunderts auf den Kopf. Das neue freudianische Bild der Psyche, das Konzepte wie Abwehrmechanismen, Widerstand, libidinöse Besetzung, Trauma, Verdrängung und Zwangsneurose einbezog, schien relevanter zu sein als das Streben nach Ruhm und Ehre. So wurde der Schützengrabenschock – auch Granatschock oder Kriegsneurose genannt – zum Anlass der ersten Begegnung zwischen Psychoanalyse und Krieg.

Innerhalb eines Jahres nach Kriegsbeginn verzeichneten beide Seiten Hunderttausende erkrankter Soldaten. Obwohl die Kriegsneurose zunächst als eine Störung des Nervensystems beschrieben wurde, die auf eine Explosion zurückzuführen sei, suchten Psychiater immer häufiger nach psychologischen Erklärungen, zumal die Symptome durch Hypnose erfolgreich behandelt werden konnten. Dennoch gab sich das Fortbestehen der alten Kriegerethik in Diagnosen wie »Gierneurose« oder »Pensionsneurose« zu erkennen, die den Betroffen unterstellten, ihre Krankheit zu simulieren. Die Psychoanalyse rückte die Angelegenheit in ein anderes Licht. Ernst Simmel (1918), ein junger deutscher Schüler Freuds, schrieb, dass es »nicht immer der blutige Soldatenkampf sein muß, der so verheerende Spuren an und in den Beteiligten hinterläßt, sondern sehr häufig auch der schwere Konflikt, den die Persönlichkeit in sich […] auszukämpfen gezwungen ist« (S. 5). Er fährt fort: »Was im Erleben des Menschen zu gewaltig oder zu gräßlich ist, als daß sein *bewußter* Geist es fassen und verarbeiten kann, das sinkt auf den *unterbewußten* Grund seiner Psyche. Hier liegt es wie eine Mine, bereit, das ganze Seelengefüge über sich zu sprengen« (ebd., S. 83).

Das Besondere an diesem neuen Verständnis war die Beobachtung, dass die Kriegsneurose durch die nervenzermürbende Erfahrung des passiven Abwartens und nicht durch die Todesangst an sich ausgelöst wurde. 1916 war die erzwungene »Passivität« in den Schützengräben zur bevorzugten psychiatrischen Erklärung der Kriegsneurose avanciert. Einem Kriegspfarrer zufolge »tritt ein hoher Grad an Nervenanspannung am häufigsten bei Männern auf, die während des Granatenbeschusses inaktiv bleiben müssen. Ein Mann mit durchschnittlicher Selbstkontrolle beginnt unter diesen Umständen schon bald, mit höchster Aufmerksamkeit auf jede nahende Granate zu lauschen und zu spekulieren, wo sie explodieren wird. […] Eine ganze Stunde oder zwei […] sind mehr, als die meisten Männer ertragen können« (Forsyth 1915, S. 1399). Auch das britische Kriegsministerium zog den Schluss, dass die Hauptursache der Kriegsneurose die »prolongierte Gefahr in einer statischen Position« (Leed 1981, S. 181) sei. Nach den deutschen Offensiven des Jahres 1918 schienen die sinkenden Zahlen an Erkrankungen diese Erklärungen zu bestätigen.

Analytiker arbeiteten den Zusammenhang zwischen Passivität oder passivem Erdulden und Kriegsneurose heraus, indem sie auf eine zweite Besonderheit verwiesen, nämlich die Wiederholung. Weit davon entfernt, ihre Fronterfahrung zu *verdrängen*, wie man es als Freudianer hätte erwarten können, *wiederholten* die Betroffenen sie in ihren Träumen, in Symptomen und Angstanfällen. Wie ließ sich diese Wiederholung einer unlustvollen Erfahrung erklären? Freud hatte sich mit diesem Problem bereits beschäftigt. In der klinischen

Situation, so seine Überlegung, fürchteten Patienten sich davor, in eine passive Position zu kommen, in der sie sich verletzlich fühlten. Sie brachten ihren »Widerstand« gegen die Analyse zum Ausdruck, indem sie sich weigerten, ihre Erfahrungen zu *erinnern*, und sie stattdessen *wiederholten*. Um dies zu illustrieren, schilderte er das Verhalten seines Enkelsohnes, der vorübergehend von der Mutter alleingelassen worden war. Das Kind erfand ein Spiel, in dem es eine Garnrolle an einem Faden abwechselnd verschwinden ließ und dann wieder hervorholte und dabei sagte: »Fort, da, fort, da«. Es wird bei diesem Spiel zunächst »passiv, wurde vom Erlebnis betroffen und bringt sich nun in eine aktive Rolle, indem es dasselbe, trotzdem es unlustvoll war, als Spiel wiederholt« (Freud 1920g, S. 13). In entsprechender Weise verstand Freud die Kriegsneurose als einen zum Scheitern verurteilten Versuch, die Erfahrung des passiven Abwartens in den Schützengräben durch eine Wiederholung des Bombardiert-Werdens zu bewältigen.

Die Kriegsneurose und der im Behandlungszimmer zu beobachtende Widerstand bewogen Freud, eine revidierte Theorie der Triebe (eine »Mythologie«, wie er sie nannte) auszuarbeiten, die einen Konflikt zwischen Leben und Tod, zwischen Ordnung und Unordnung oder zwischen einem offenen, homöostatischen System und der Entropie postulierte. Die Kriegsneurose veranlasste ihn auch, seine Theorie des Ichs zu formulieren. Erfüllt von Lebenstrieben, ist das Ich eine bindende Kraft, unterliegt aber zugleich dem konservativen oder regressiven Drängen der Triebe, die auf weniger Organisation und letztlich auf den Tod zielen. Die Sexualität, die Freud zuvor als disruptive Kraft konzipiert hatte, erscheint nun als Aspekt der Lebenstriebe, als Teil des Eros, und strebt somit nach Zusammenhalt und Bindung. Entscheidend für die sich herausbildende Ich-Theorie ist der Übergang vom Triebleben zu so etwas wie Vernunft, Einsicht oder Subjektivität, von Freud später als *Geistigkeit* bezeichnet und als Ergebnis der Sublimierung oder des »Triebverzichts« beschrieben. Im Lichte der Rebellion gegen Passivität, die seiner Ansicht nach sowohl der Ausbruch der Kriegsneurose als auch seine eigene therapeutische Arbeit demonstrierten, sprach Freud (1931b) von der »Bevorzugung der aktiven Rolle« (S. 529) durch das Ich beider Geschlechter. Den Passivitätswünschen maß er keinerlei Wert bei, sondern versuchte, sie ins Bewusstsein zu heben oder ins Ich zu integrieren.

Nach Ende des Ersten Weltkriegs wurde die Psychoanalyse mehr und mehr zu einer Ich-Psychologie. In diese Richtung wies bereits Freuds berühmtes Diktum »Wo Es war, soll Ich werden« (1933a, S. 86). Allerdings haben wir es hier nicht länger mit dem cartesianischen oder transzendentalen Ich oder einer von den Trieben vermeintlich emanzipierten Vernunft zu tun. Das Freud'sche Ich ist vielmehr eine Ausfällung der Strebungen, Triebe, Liebesobjekte und Identifizierungen des Menschen, und seine Aufgabe besteht eben nicht, wie bei Descartes, darin, klare Gedanken zu fassen, sondern zwischen unterschiedlichen, auch widersprüchlichen Triebanforderungen einschließlich solcher, die aus dem Es hervorgehen, und der vom Über-Ich geübten Selbstkritik sowie rivalisierenden Repräsentationen der sozialen Welt zu vermitteln. Freud ließ seine eigene, vor dem Krieg vertretene Auffassung des Widerstreits zwischen Bewusstsein und verdrängtem Unbewussten als Grundkonflikt der Psyche fallen. Diese implizierte, dass das Verdrängte nicht aufgedeckt werden will, doch die Wiederholung in Form sowohl der Kriegsneurose als auch des Widerstandes im Behandlungszimmer ließ vermuten, dass das Verdrängte ständig ins Bewusstsein durchzubrechen versucht. Weil es daran durch das Ich gehindert wird, widmete sich ein Großteil der Psychoanalyse fortan dessen Abwehrmechanismen statt der direkten Deutung unbewusster Wünsche.

Freuds Entwicklung der Ich-Theorie ging mit einer umfassenden gesellschaftlichen Transformation des Verständnisses der Geschlechter einher, einer Veränderung, die von der Psychoanalyse sowohl widergespiegelt als auch unterstützt wurde. Weil das analytische Verständnis der Kriegsneurose die defensive Verleugnung der Vulnerabilität so stark betonte, führte es zu einem neuen Bild der Männlichkeit, in dem sich der Verfall der Kriegerethik zu erkennen gab. Garfield Powell, ein britischer Kriegschronist, reagierte während der Somme-Offensive erbost auf die Ahnungslosigkeit von Politikern und Zivilisten: »Kriegsneurose! Wissen sie überhaupt, was das bedeutet? Erwachsene Männer verwandeln sich in schwache Kinder, weinen und fuchteln wie wild mit den Armen, klammern sich an den Nächstbesten und flehen ihn an, sie nicht allein zu lassen« (Eksteins 1989, S. 173). In Ford Madox Fords Roman *Parade's End* klagt Captain McKechnie: »Warum ist man kein nerviges Mädchen, das kreischen und schreien darf?« Pat Barker wiederum rekonstruierte in ihrem Roman *Niemandsland* die Gedanken des englischen Psychiaters

W. H. R. Rivers, der Männer, die unter einer Kriegsneurose litten, mit analytischen Methoden behandelte:

> »Indem er seinen Patienten zu verstehen gab, daß man sich eines Nervenzusammenbruchs nicht zu schämen brauche, daß Schrecken und Angst unvermeidliche Reaktionen auf das Trauma des Krieges seien und daß es besser sei, sie zu akzeptieren statt zu verdrängen, daß es ganz natürlich und richtig sei, Männern Zärtlichkeit entgegenzubringen, daß Tränen ein vertretbarer und hilfreicher Bestandteil von Trauer seien – indem er das tat, widersprach er dem ganzen Tenor seiner Erziehung. Sie waren dazu erzogen, in der Unterdrückung von Gefühlen den Inbegriff von Männlichkeit zu sehen. Männer, die zusammenbrachen oder weinten oder ihre Angst zeigten, waren Schwächlinge, Memmen, Schlappschwänze. Keine *Männer*. Doch auch er war ein Produkt dieses Systems, vielleicht sogar ein ziemlich extremes Produkt. […] Indem er seinen jungen Patienten empfahl, nicht mehr zu verdrängen, sondern die Gefühle von Mitleid und Schrecken zuzulassen, die ihre Kriegserfahrungen zwangsläufig auslösten, zog er sich selbst den Boden unter den Füßen weg.« (Barker 1997 [1991], S. 67)

Rivers behandelte auch den britischen Dichter Siegfried Sassoon, der an der Front verwundet worden war und einen Zusammenbruch erlitten hatte. Sassoon erinnerte sich später daran, wie Rivers ihn in seinem Krankenzimmer aufgesucht hatte: »Ohne ein Wort setzte er sich neben mein Bett; und sein Lächeln war, als segnete er mich für alles, was ich durchgemacht hatte. ›Oh Rivers, ich hatte so viel Spaß, seit wir uns das letzte Mal gesehen haben!‹, rief ich aus. Und mir wurde klar, dass ich auf genau diesen Moment gewartet hatte« (Sassoon 1937, S. 655).

Einhergehend mit dieser neuen Sichtweise männlicher Verwundbarkeit vollzogen sich Veränderungen im Verhältnis der Geschlechter zueinander, vor allem in den sexuellen Beziehungen. Vera Brittain, die 1915 ihren Dienst als Hilfskrankenschwester in einem Militärlazarett in Devonshire antrat, hatte zuvor »noch nie einen erwachsenen Mann nackt gesehen«, doch »durch den ständigen Umgang mit diesen schlanken, muskulösen Körpern begann ich, die Würde der sexuellen Liebe in ihren körperlichen Aspekten zu verstehen« Brittain 2018 [1933], S. 137). Sie fühlte sich frei von sexuellen Hemmungen.

Männer waren in ihren Augen nicht länger »barbarische, zerstörerische Geschöpfe, die ihre gewalterfüllten Triebe nicht unter Kontrolle halten konnten, sondern verletzte, mitleiderregende, verwundbare, geduldige, kindhafte Opfer von Umständen, denen sie ohnmächtig ausgeliefert waren« (Kent 1993, S. 72). Doch auch mit der Kriegerethik wurden Männer weiterhin identifiziert, so wenn etwa Virginia Woolf 1938 behauptete, Kriege würden geführt, weil die »Sucht nach Erwerb« Männer dazu treibe, »anderer Leute Felder und Güter zu begehren, Grenzen zu ziehen und Flaggen zu hissen, Schlachtschiffe und Giftgas einzusetzen, ihr eigenes Leben und das ihrer Kinder zu opfern« (Woolf 2018 [1938], S. 53). In den meisten Frauen aber weckte ein neues Bewusstsein für die männliche Verwundbarkeit zwischenmenschliche Zärtlichkeit und Offenheit. Das Ergebnis war ein Konflikt zwischen den Suffragetten-Müttern der Vorkriegsjahre, die regelmäßig vom »Sexkrieg« gesprochen und die Ehe als »legalisierte Prostitution« bezeichnet hatten, und den Flappers der Nachkriegszeit, des Jazz-Zeitalters, die der Psychoanalyse nahe standen und »den Blickwinkel eines Mannes einnehmen konnten, wozu ihre Mütter nie fähig gewesen wären«, wie die *New York Times* an 16. Juli 1922 schrieb (zit. nach Douglas 1995, S. 246f.). Kurzum, es begann sich eine Tendenz zur Versöhnung zwischen Frauen und Männern abzuzeichnen, die auf der beiderseitigen Anerkennung der Verletzlichkeit beruhte.

Nach dem Krieg wandten sich junge Männer und Frauen gegen den überlieferten Ehrenkodex und die aristokratische Gesellschaft, die sein Fundament gewesen war. Thomas Mann notierte, nachdem er eine Besprechung von *Jenseits des Lustprinzips* gelesen hatte, am 24. Mai 1921 in seinem Tagebuch, das Werk signalisiere das »Ende der Romantik«. Er bezog sich auf die Rolle, die romantische Ideen des Kriegerselbst und der heroischen Selbstaufopferung dabei spielten, reaktionäre – und schließlich faschistische – Kräfte in Deutschland an die Macht zu bringen. In der Hoffnung, eine Alternative zur Romantik zu finden, stützte er sich auf Freuds Erklärung des fragilen, verletzlichen Ichs, das in einem inneren und äußeren »Kraftfeld zerstörender Ströme und Explosionen« (Benjamin 1991 [1936], S. 439) steht. Selbst die damals noch fernen Vereinigten Staaten bekamen die Wucht dessen, was der Krieg und seine Folge ans Licht brachten, zu spüren. 1895 hatte Oliver Wendell Holmes, Angehöriger der Bürgerkriegsgeneration einer Abschlussklasse der Harvard University, noch vortragen können, dass nur der Krieg Männern die Chance gebe, sich »die göttliche Torheit der Ehre« zu verdienen (Holmes 1987 [1895], S. 87). 1929 schrieb Ernest Hemingway, Wörter wie »Ruhm, Ehre, Mut oder heilig« seien »obszön neben konkreten Namen von Dörfern, Nummern von Straßen, Namen von Flüssen, Nummern von Regimentern und Daten« (Hemingway 1963 [1929], S. 127).

Aus drei miteinander zusammenhängenden Gründen entwickelte sich die Sozialdemokratie der Nachkriegszeit als Alternative zu den älteren, auf der Ehre beruhenden Adelsgesellschaften. Sie erkannte die Vulnerabilität des Menschen an und akzeptierte sie, sie erkannte die neuen, mit größerer Gleichberechtigung verbundenen Beziehungen zwischen Männern und Frauen an, und sie wollte die niedrigen Klassen in eine organische Konzeption der Demokratie integrieren. In diesem Sinn war die psychoanalytische Kultur Nachkriegseuropas ausgesprochen sozialdemokratisch. Der erste psychoanalytische Nachkriegskongress verabschiedete 1918 im kommunistischen Budapest eine Resolution, die an die analytischen Gesellschaften appellierte, sich auf die Behandlung von »Menschenmassen« vorzubereiten, d. h. auf staatlich finanzierte Therapien. Freud (1919a) erklärte, »daß der Arme ein ebensolches Anrecht auf seelische Hilfeleistung hat wie bereits jetzt auf lebensrettende chirurgische. Und daß die Neurosen die Volksgesundheit nicht minder bedrohen als die Tuberkulose« (S. 192f.). In den 1920er und 1930er Jahren boten die meisten europäischen analytischen Gesellschaften Arbeitern und ihren Familien preiswerte analytische Behandlungen in großer Zahl an. Psychoanalytische Institute organisierten Vorträge für die Arbeiterklasse, und der Begriff »angewandte Analyse« tauchte zur Bezeichnung der analytischen Arbeit in Kindertagesstätten, Erziehungsberatungsstellen, Beratungsstellen für junge Menschen und in der Fürsorge auf. Das Rote Wien stellte der analytischen Gesellschaft ein Gebäude zur Verfügung und unterstützte insbesondere »Freud's free clinics«, wie Elizabeth Danto (2005) diese gemeinnützigen Initiativen bezeichnete.

Auch eine Antikriegsstimmung prägte die Sozialdemokratie und die Sozialreformen der Nachkriegszeit. Die Gründung des Völkerbundes 1919 war mit großen Hoffnungen verbunden, sah die Satzung doch die schiedsgerichtliche Beilegung internationaler Konflikte, Sanktionsmöglichkeiten und allgemeine

Abrüstung vor. Maternalistische Feministinnen wie Jane Addams und Helene Stöcker stellten die Unterstützung der Mutterschaft in den Dienst des Pazifismus. Gewaltlosigkeit ergänzte den zivilen Ungehorsam als seriöse Philosophie der Linken. Tolstois christlicher Anarchismus wurde ebenso wiederbelebt wie seine Überzeugung, dass die »Massen« die eigentlich Verantwortlichen für die Verbrechen des Zeitalters seien und nicht ihre augenscheinlichen Anführer, die er mit den »Bürsten« verglich, »die vor einem Zug zur Reinigung der Gleise entlangfegen« (Tolstoi 1982 [1863–1869], S. 458). Das heißt, die Politiker verkünden leere moralische Parolen und angebliche Kriegsanlässe, um die Massen von ihren eigenen zerstörerischen Leidenschaften abzulenken. Das *Time Magazine* ernannte Gandhi zum Mann des Jahres 1930. 1933 gründeten Studenten die »Oxford Pledge Campaign« und erklärten in einer Resolution, dass sie die Regierung in einem Krieg, den diese möglicherweise zu führen beabsichtige, unter keinen Umständen unterstützen würden (vgl. Gittings 2012, S. 169).

1932 kamen Albert Einstein und Sigmund Freud einer Bitte des Völkerbundes nach, über das Problem des Krieges miteinander zu korrespondieren. Freud (1933b) richtete an Einstein die Frage: »Wie lange müssen wir nun warten, bis auch die Anderen Pazifisten werden?«, und fügte hinzu: »Alles, was die Kulturentwicklung fördert, arbeitet auch gegen den Krieg« (S. 26f.). Gehen wir dieser Aussage auf den Grund, begreifen wir, wie Freud über den Krieg dachte. Als typisches Kind der klassischen Bildung des 19. Jahrhunderts verstand er unter »Kultur« politische Ordnung und Gerechtigkeit; Rom war sein Paradigma. Im psychoanalytischen Sinn aber verstand er unter »Kultur« auch Eros oder die Bindungsarbeit. Analytisch gesehen, ist die Verwundbarkeit das Kennzeichen der Situation des Menschen; das Ich ist wichtig, weil es der einzige Teil der Psyche ist, der Licht ins Dunkel der Tiefen werfen kann. In einer Abhandlung aus dem Jahr 1926 führt Freud uns das »biologische Moment« vor Augen, das den Gefährdungen des Ichs und den innerpsychischen Konflikten zugrunde liegt, nämlich

> »die lang hingezogene Hilflosigkeit und Abhängigkeit des kleinen Menschenkindes. Die Intrauterinexistenz des Menschen erscheint gegen die der meisten Tiere relativ verkürzt; es wird unfertiger als diese in die Welt geschickt. Dadurch wird

der Einfluß der realen Außenwelt verstärkt, die Differenzierung des Ichs vom Es frühzeitig gefördert, die Gefahren der Außenwelt in ihrer Bedeutung erhöht und der Wert des Objekts, das allein gegen diese Gefahren schützen und das verlorene Intrauterinleben ersetzen kann, enorm gesteigert. Dies biologische Moment stellt also die ersten Gefahrsituationen her und schafft das Bedürfnis, geliebt zu werden, das den Menschen nicht mehr verlassen wird.« (Freud 1926d, S. 186f.)

In politischer Hinsicht entscheidend ist hier Folgendes: Objektliebe und Familienleben sowie Erziehung, Bildung, Psychotherapie und politische Führung (*virtu* im klassischen Sinn des Wortes) können als Bindekräfte dienen, die das Ich und dadurch auch seinen Einfluss auf Gerechtigkeit, Frieden und politische Ordnung stärken und eine Gegenkraft zu der durch Hilflosigkeit erzeugten Destruktivität bilden.

Die Grundfrage, die sich die Kriegsgegner vor dem Hintergrund der starken Antikriegsstimmung und des massiven Zulaufs, den sozialdemokratische und linke Bewegungen erlebten, stellten, betraf den Kapitalismus als mögliche Ursache des Ersten Weltkriegs. Woodrow Wilson orientierte sich an Montesquieu und John Stuart Mill und gab eine klassisch-liberale Antwort auf diese Frage, d. h. er verwies als Alternative zum Krieg auf den Handel, weil dieser letztlich der internationalen Kooperation zugutekomme. Dem hielt Wladimir Iljitsch Lenin entgegen, dass der Krieg dem Kapitalismus inhärent sei, weil Industriestaaten danach strebten, in nichtentwickelte agrarische Weltregionen zu expandieren, und dabei miteinander in Konflikt gerieten. Freud (1930a) stellte Lenins Grundannahme, dass der Mensch »eindeutig gut« sei und lediglich »die Einrichtung des privaten Eigentums […] seine Natur verdorben« (S. 472) habe, infrage. Aggression, so schrieb er, »ist nicht durch das Eigentum geschaffen worden«, sondern »zeigt sich bereits in der Kinderstube« (S. 473). Aber Freud schlug sich nicht etwa auf Wilsons Seite. Vielmehr unterschied er die Aggression, die als bindende Kraft dienen kann, von den entropischen, konservativen und repetitiven Kräften in der Psyche, die Zerstörung betreiben und ebenso wohl in kommerziellen, ausbeuterischen Interaktionen als auch in deren gut gemeinter, aber törichter Abschaffung Ausdruck finden können.

In Freuds spätem Essay »Die endliche und die unendliche Analyse« (Freud 1937c) finden wir die abschreckenden Worte, zu denen er sich sowohl durch gescheiterte analytische Behandlungsversuche als auch durch die drohende Weltkatastrophe veranlasst sah:

> »Es gibt keinen stärkeren Eindruck von den Widerständen während der analytischen Arbeit als den von einer Kraft, die sich mit allen Mitteln gegen die Genesung wehrt und durchaus an Krankheit und Leiden festhalten will. [...] Hält man sich das Bild in seiner Gesamtheit vor, zu dem sich die Erscheinungen des immanenten Masochismus so vieler Personen, der negativen therapeutischen Reaktion und des Schuldbewußtseins der Neurotiker zusammensetzen, so wird man nicht mehr dem Glauben anhängen können, daß das seelische Geschehen ausschließlich vom Luststreben beherrscht wird. Diese Phänomene sind unverkennbare Hinweise auf das Vorhandensein einer Macht im Seelenleben, die wir nach ihren Zielen Aggressions- oder Destruktionstrieb heißen und von dem ursprünglichen Todestrieb der belebten Materie ableiten« (S. 88).

Diese Worte zeugen von einem Pessimismus, den die Schrecken des Ersten Weltkrieges und ihre später in noch größerem und furchtbarerem Maße stattfindende Wiederholung rechtfertigten.

Der Londoner Blitz und der »München-Komplex«

Mit dem Niedergang der Kriegerethik tauchte das Problem auf, eine demokratische Bürgerschaft auf den Krieg einzustimmen. Während des Zweiten Weltkriegs wurde dieses Problem im Vereinigten Königreich und in den USA auf höchst effiziente Weise gelöst, nämlich durch einen Angriff von außen. Die Luftangriffe deutscher Bomber auf London in den Jahren 1940–41 wurden, so ein Beobachter, als »eine Naturkatastrophe erlebt, die das ganze Volk im Geist der Einheit zusammenschloss« (Stansky & Abrahams 1994, S. 191). Eine ähnlich starke Wirkung übte die Bombardierung Pearl Harbors durch die Japaner auf die USA aus. Jener 7. Dezember 1941, von Franklin Roosevelt in einer berühmten Formulierung als »Tag der Infamie« bezeichnet, hatte eine so starke Wirkung, dass das neokonservative Project for a New American Century unter der Leitung von William Kristol und Robert Kagan schon im Jahr

2000, ein ganzes Jahr vor 9/11, über »ein katastrophales und katalysierendes Ereignis – wie ein neues Pearl Harbor« nachdachte, das geeignet wäre, die Amerikaner zu militärischen Maßnahmen im Nahen Osten zu motivieren, so wie einst der japanische Angriff sie zu Maßnahmen im Fernen Osten und in Europa motiviert hatte (vgl. Dower 2010, S. 21).

Der Angriff von außen war zweifellos wichtig, um Briten und Amerikaner zu Kriegshandlungen zu motivieren; eine wichtige Rolle spielte aber auch die Basis der nationalen Solidarität, die mit der Sozialdemokratie herangewachsen war. Dieser lag ein starkes und neu erwachtes Bewusstsein für die frühe Mutter-Kind-Beziehung zugrunde, das z. B. in Wörtern wie *homeland* und *motherland* sprechenden Ausdruck fand. Im Ersten Weltkrieg hatte Freud (1919h) den Mutterleib als »Heimat des Menschenkindes« bezeichnet und erläuternd hinzugefügt: »[…] wenn der Träumer von einer Örtlichkeit oder Landschaft noch im Traume denkt: Das ist mir bekannt, da war ich schon einmal, so darf die Deutung dafür das Genitale oder den Leib der Mutter einsetzen« (S. 259). In den Vereinigten Staaten ließ John Steinbeck seinen 1939 erschienenen Roman *Grapes of Wrath* (dt.: *Früchte des Zorns*, 1940) damit enden, dass eine junge Mutter einem hungernden Landstreicher die Brust gibt – ein Symbol für Nahrung, Frieden und Sicherheit. Indem die Psychoanalyse sich der Mutter zuwandte, spiegelte sie die maternalistische Ikonografie der sozialdemokratischen nationalen Einheit nicht nur wider, sondern verlieh ihr gleichzeitig Nachdruck. Diese Ikonografie hat die Beteiligung Amerikas und Großbritanniens am Zweiten Weltkrieg geprägt.

Manch einer betrachtete den Aufbau des Sozialstaates als gemeinschaftliches Projekt, das die gesamte Nation zusammenschließen und wie einst der New Deal einen Geist der Einheit stiften, ja womöglich sogar die solidarischen internationalen Beziehungen anbahnen würde, auf die die Bolschewiken der Volksfront drängten. Die Mehrheit aber hielt solche universalen Ideale, wie Robert Westbrook (2004) gezeigt hat, für allzu fragil, als dass sie die Opferung junger Männer und Frauen im Krieg hätten rechtfertigen können. Als Norman Rockwell 1942 von der *Saturday Evening Post* gebeten wurde, Roosevelts – seiner Ansicht nach – »hochtrabende« Rhetorik der »Vier Freiheiten« zu illustrieren, war ihm intuitiv klar, dass moderne Bürgerschaft auf direkten, partikularistischen und familienzentrierten Loyalitäten beruht und nicht auf Träumen von weltumspannender Brüderlichkeit. Dementsprechend wählte er zur Illustration der Vier Freiheiten einfache Alltagsszenen: Rede- und Meinungsfreiheit – eine Bürgerversammlung in Neuengland. Freiheit von Not – ein Thanksgiving-Essen. Die Religionsfreiheit illustrierte ein älteres Ehepaar, das in der Stadtkirche betet, die Freiheit von Willkür und Furcht ein Elternpaar, das am Abend seine Kinder zu Bett bringt. Um demokratische Ideale in einer für jedermann verständlichen Weise dazustellen, ließ Rockwell die moderne amerikanische Nation in konkreten partikularistischen Erfahrungen wurzeln (vgl. Westbrook 2004).

Der Psychoanalyse, die in den 1930er und 1940er Jahren mehr und mehr in Richtung einer familien- und mutterzentrierten Ideologie tendierte, fiel daher im Zweiten Weltkrieg eine wichtige Rolle zu. In den USA lernte jeder Militärarzt in seiner Ausbildung die psychoanalytischen Grundprinzipien kennen. Die Begutachtung der Folgen von Bombardierungen auf die Zivilbevölkerung orientierte sich an psychoanalytischen Theorien der Moral und der Gruppendynamik; psychoanalytische Kulturtheorien gingen in die Planung der Besetzung Deutschlands und Japans ein (vgl. Howells 1975, S. 464; Menninger 1948, S. 452). Zur Reife gelangte die Entwicklung der psychoanalytischen Theorie des Ichs – oder nun des *Subjekts* – aber in England. Der im Vergleich mit den Vereinigten Staaten stärkere kommunale, klassenbewusste Hintergrund, das leidenschaftliche, von Bloomsbury inspirierte Interesse an den neuen Strömungen des Privatlebens der Mittelschicht und die große Anzahl von Psychoanalytikerinnen ermöglichten es, dass Freuds Konzipierung des Ichs als Spiegel der defensiven Verleugnung menschlicher Vulnerabilität zu einer reifen Theorie der Mutter-Kind-Beziehung ausgearbeitet werden konnte. Melanie Klein spielte in diesem Veränderungsprozess die Hauptrolle.

Klein nahm an, dass die ursprüngliche Grundlage der menschlichen Gesellschaft matriarchalisch gewesen sei. Nach dem Ersten Weltkrieg war Bronislaw Malinowski, in England lebender polnischer Emigrant, von seiner Exkursion zu den Trobriand-Inseln zurückgekehrt und hatte behauptet, keinen einzigen Ursprungsmythos gefunden zu haben, der dem Vater eine Rolle bei der Fortpflanzung zugestand (vgl. Stalley 1972; Novak 1995). 1927 legte Robert Briffault in *The Mothers* seine Auffassung dar, dass sämtliche Formen sozialer Organisation unmittelbar mit der Notwendigkeit der langen Phase mütterlicher Fürsorge zusammenhingen. Lewis Mumford beschrieb das mütterliche Dorf in *Technics and Civilization* 1934 als Vorläufer der väterlichen Stadt. Auf der Grundlage der Ausgrabungen der minoisch-mykenischen Kultur auf Kreta nahm Jane Harrison eine Neuinterpretation der griechischen Tragödien vor und deutete diese als Spiegel des Konflikts zwischen Erdmuttergöttinen und patriarchalen, militarisierten Invasoren, letztere verkörpert durch Zeus: Der »erzpatriarchalische *Bourgois*« (Zeus) ersetzte eine matriarchale, chthonische, frauenzentrierte Ordnung per Zwang durch die heterosexuelle Familie (vgl. Peacock 1988, S. 237, 179–223).

Mit diesem matrizentrischen Paradigma im Hintergrund setzte Klein zu einer Neukonzipierung der Psychoanalyse an und beschrieb die – nie untergehende – Beziehung zur Mutter als den Ursprung der Psyche. Entscheidende Abweichungen von der Freud'schen Theorie waren die Folge. Für Freud bestand das Hauptproblem darin, das Ich zu stärken, um dem Individuum Freiheit gegenüber Triebimpulsen, sozialen Zwängen und unpersönlichen Repräsentationen einer verinnerlichten Autorität zu verschaffen. Klein ging es darum, persönliche Beziehungen, angefangen mit der Beziehung zur Mutter, aufzubauen und aufrechtzuerhalten. Der Mensch strebt danach, gut zu sein – davon gingen sowohl Freud als auch Klein aus, aber Freud verstand dieses Ringen als einen kantianischen und moralischen Kampf, Klein hingegen als eine konkrete, in zwischenmenschlichen Beziehungen zu meisternde Herausforderung. Die freudianische innere Welt wird beherrscht von der Pflicht, allgemeingültige Normen zu respektieren, die kleinianische von der Verantwortung gegenüber bestimmten Anderen, denen man aufgrund spezifischer Beziehungen und Umstände verpflichtet ist. Der moralische Kern des Individuums bildet sich laut Freud in Konflikten heraus, die mit den für unsere Menschlichkeit konstitutiven »Gesetzen« zusammenhängen, z. B. mit dem Inzestverbot. Klein verstand die Kernkonflikte als einen Spiegel der Frustration elementarer Bedürfnisse durch andere Menschen, z. B. des Bedürfnisses nach Milch oder nach Aufmerksamkeit, und zwar im Kontext realer oder imaginierter Rivalen oder Feinde. Britische Analytiker benutzten diesen kleinianischen oder »relationalen« Blickwinkel, um eine »weibliche« Alternative zu Freud zu entwickeln – eine Ethik der Fürsorge anstelle einer Ethik der Gerechtigkeit. Der mehrheitlich aus Frauen bestehende kleinianische Kreis entwickelte einen neuen Mutter-Tochter-, Mutter-Sohn- und Schwester-Schwester-Diskurs, der das britische Selbstverständnis während des Zweiten Weltkriegs beeinflusst hat.

Im Juni 1940, kurz vor Beginn der Luftschlacht um England, der *Battle of Britain*, im August des Jahres, schrieb die Psychoanalytikerin Joan Riviere an Melanie Klein:

> »Als die Invasion zum ersten Mal offiziell erwähnt wurde und die Möglichkeit, dass unsere gesamte Arbeit damit beendet sein würde, so nahezuliegen schien, hatte ich das Gefühl, dass wir alle sie in unserem Herzen bewahren müssen [...], weil wir sie nur so für die Zukunft retten können. [...] Natürlich habe ich unentwegt über die psychologischen Ursachen der furchtbaren Verluste und Zerstörungen, die der Menschheit nun drohen, nachgedacht. So kam ich auf die Idee, dass Sie mir (und dann einer Gruppe von uns) alles, was Sie über diese Ursachen denken, erläutern könnten. [...] Erstens, was Sie über die Ursachen der deutschen psychologischen Situation denken, und zweitens über die der Situation des übrigen Europas und vor allem der Alliierten seit dem letzten Krieg. Mir ist die Apathie der Alliierten, insbesondere Englands, und ihre Verleugnung nicht klar. (Ich habe sie nie geteilt.) Wie hängt dies mit dem, was ich als ›München‹-Komplex bezeichne, zusammen, der Unfähigkeit des Sohnes, für Mutter und Land zu kämpfen? [...] Eine wichtige Frage wäre, warum es so wichtig ist, tapfer zu sein und zu ertragen, ganz gleich was passiert. Davon hängt in der *Realität* alles ab.« (Riviere 1940)

Riviere weist Klein in diesem Brief die Mutterrolle zu und bittet sie, ihre Kinder über die drohende Gefahr aufzuklären und vor ihr zu schützen. Die wichtigste männliche Rolle ist dementsprechend nicht die des Ehemannes oder des Vaters, sondern die des Sohnes, und die entscheidende Frage lautet, ob der Sohn fähig sein wird, für seine Mutter, seine Schwestern und deren Kinder, d. h. für die Schwachen und Verletzlichen, zu kämpfen. In ihrer Antwort machte Klein geltend, dass der Sohn aufgrund der Verwundbarkeit, die er als Kind in seiner Beziehung zur Mutter selbst erlebt hat, gelernt haben sollte, sich für Andere verantwortlich zu fühlen. Doch die englischen Söhne sind »abwesend«, planen »zusammen mit dem destruktiven Vater Verschwörungen und Intrigen« und verhalten sich passiv im Vergleich zu den phallischen,

»harten« und gefährlichen Männern, als die sich die Nazis präsentierten. Dieselbe Schwäche, die britische Männer in Kleins Augen zu einer unbewussten Komplizenschaft mit dem Faschismus veranlasste, hinderte sie daran, ihre Verantwortung gegenüber Frauen und Kindern anzuerkennen. Die Beziehung zur Mutter bedeutet demnach, Verwundbarkeit und Abhängigkeit anzuerkennen. Die Beziehung zur Mutter ist der Schlüssel zu ethischer Verantwortlichkeit.

Kleins Revision der Ich-Theorie fand Ausdruck im britischen Sozialstaat, dessen Aufbau noch während des Krieges begann. Als Modell diente der berühmte Beveridge Report, der besonderes Gewicht auf die Mutter-Kind-Beziehung legte. Auslöser dieser sozialstaatlichen Entwicklung war die Bombardierung des vorwiegend von Arbeiterfamilien bewohnten Londoner East End 1940. Nach den Angriffen gab die Queen ihre Unterstützung für den Aufbau eines öffentlichen Gesundheitssystems bekannt und erklärte: »Die Menschen haben so sehr gelitten« (vgl. Perkin 1989). Infolge der Bombardierungen mussten annähernd 3,5 Millionen Menschen aufs Land evakuiert werden. Viele von ihnen waren Kinder, viele von ihnen arm, und viele wurden von ihren Müttern und Vätern getrennt, die zurückbleiben mussten, um kriegswichtige Arbeit zu leisten (Perkin 1989, S. 411). Die Geschehnisse trugen maßgeblich dazu bei, dass die Briten sich als eine Gesellschaft betrachteten, die der Notwendigkeit, verwundbare Kinder zu schützen, oberste Priorität einräumte.

Dieses Selbstbewusstsein der Nation als kinderzentriertes, gemeinschaftliches Projekt fand auch Ausdruck in den Skulpturen Henry Moores. Kein in den Kriegsjahren geschaffenes Kunstwerk wurde mehr gefeiert als Moores 1943 enthüllte Skulptur *Madonna und Kind.* Sie entstand auf Initiative Reverend Walter Husseys, der die Church of England drängte, sich erneut ihrer führenden Rolle in den Künsten zu besinnen. Hussey war tief beeindruckt von Moores Zeichnungen einzelner Personen und ganzer Familien, die sich während des »Blitzes« entgegen der öffentlichen Verordnungen schutzsuchend in die U-Bahn-Stationen geflüchtet hatten. Sie zeigten die Vermischung von Öffentlichkeit und Privatleben in einer unter Beschuss stehenden Stadt sowie den Versuch, in einer Art provisorischer Gemeinschaftsunterkunft Kinder zu betreuen. Sie zeugten, wie Hussey schrieb, »von Spiritualität und tiefer Humanität und sind zugleich monumental und zeitlos«. Als die Skulptur geweiht wurde, sagte er in seiner Ansprache: »Das Heilige Kind steht im Mittelpunkt dieses Werkes, aber sein Thema ist die Inkarnation – die Tatsache, dass Christus von einer Menschenmutter geboren wurde –, und deshalb wird die Gesegnete Jungfrau so gezeigt, wie jedes kleine Kind sich seine Mutter vorstellt, nicht als klein und zerbrechlich, sondern als ausladender, sicherer, zuverlässiger Hintergrund des Lebens« (zit. nach Stansky & Abrahams 1994, S. 65).

Englands quasi-christliche Idee der auf einer gemeinsamen Beziehung zur Mutter beruhenden nationalen Einheit floss auch in ein fast mythisches Gefühl der Identifizierung mit essenziellen abendländischen oder europäischen Idealen ein. Hatte man während des Ersten Weltkriegs über deutsche Musik die Stirn gerunzelt und sie sogar verboten, wurde der Anfang von Beethovens *5. Sinfonie* – kurz, kurz, kurz, lang – im Zweiten Weltkrieg zum Siegessymbol der Alliierten, mit dem die BBC ihre Auslandssendungen ankündigte, denn im Morsealphabet stehen die Tonlängen für den Buchstaben V, also Victory. In der National Gallery (aus der die Gemälde evakuiert worden waren) fanden Mittagskonzerte statt – manchmal unter Bombenbeschuss. Der Dokumentarfilmer Humphrey Jennings hat eines der berühmtesten dieser Konzerte aufgenommen. In ihm spielt die Pianistin Myra Hess im Anschluss an Beethovens Sonate *Appassionata* ihre Klavierbearbeitung von Bachs Choral *Jesus bleibet meine Freude*. Kenneth Clark erinnert sich, dass er »zusammen mit der Hälfte des Publikums in Tränen aufgelöst war. Das war es, worauf wir alle gewartet hatten – eine Bekräftigung ewiger Werte« (zit. nach Stansky & Abrahams 1994, S. 65).

George Orwell verfasste seinen Essay »The Lion and the Unicorn: Socialism and the English Genius« (1984 [1941]) in London, auf dem Höhepunkt der Bombardierungen, und äußerte sich ein wenig skeptischer über das familiäre Solidaritätsgefühl. Er beschrieb Großbritannien als

> »eine Familie, in der die falschen Mitglieder das Sagen haben. Eine ziemlich spießige Familie […] mit jeder Menge Leichen im Keller. Sie hat reiche Verwandte, vor denen man zu buckeln hat, und arme Verwandte, denen man das Leben schwer macht, und über die Herkunft des Familieneinkommens [das britische Empire] herrscht ein verschworenes Schweigen. Es ist eine Familie, in der man der Jugend Knüppel in den Weg wirft und die Macht zu einem Großteil in den Händen unzu-

> rechnungsfähiger Onkel und ans Bett gefesselter Tanten liegt. Dennoch ist es eine Familie. Sie hat ihre Privatsprache und gemeinsame Erinnerungen, und sie schließt die Reihen, sobald ein Feind anrückt.« (S. 261)

Notwendig sei, so Orwells Schlussfolgerung, eine demokratische Revolution, die der vermögenden Klasse die Macht aus der Hand nehme. Zu einer demokratischen Revolution, die diesen Namen verdient hätte, ist es nicht gekommen, doch Orwells Hoffnungen gingen zumindest teilweise in Erfüllung, als Großbritannien 1948 als erstes westliches Land seiner gesamten Bevölkerung eine kostenlose Gesundheitsversorgung anbot. Das System beruhte nicht auf dem Versicherungsprinzip, demzufolge sich die Anspruchsberechtigung nach der Beitragszahlung gerichtet hätte, sondern auf dem Prinzip der Sozialbürgerschaft. Dank der Lobbyarbeit der britischen Psychoanalytiker war der National Health Service der erste öffentliche Gesundheitsdienst, der auch die Kosten für psychologische Beratungen übernahm.[1]

Einhergehend mit der Verbreitung eines neuen, auf der konkreten Verpflichtung gegenüber anderen Menschen beruhenden Kriegsgeistes wurden zuerst die britische und dann auch die amerikanische Psychoanalyse als Theorie der Mutter-Kind-Beziehung neu formuliert. Allerdings waren die Implikationen dieser Objektbeziehungstheorie, wie schon erwähnt, mehrdeutig. Indem die Theorie die Tiefe zwischenmenschlicher Verbundenheit hervorhob, warf sie einerseits Licht auf die Schwierigkeiten, im persönlichen Leben, in der Kunst und in demokratischen gesellschaftlichen Organisationen Beziehungen zu »ganzen Objekten« aufzubauen und aufrechtzuerhalten. So gesehen, verlieh sie der Sozialdemokratie psychologische Tiefe. Gleichzeitig aber kam ihr nach und nach die Vorstellung abhanden, dass der Mensch ein mit Vernunft und Rationalität begabtes Wesen sei – eine Idee, die von Denkern wie Descartes, Spinoza, Locke und Kant ausformuliert und von Freud maßgeblich weiterentwickelt worden war. So gesehen, schwächte die Objektbeziehungstheorie die Verbindungen zwischen Psychoanalyse und kritischem Denken und brachte

1 Laut Rudolf Klein (2000) war der NHS zur Zeit seiner Gründung ein »in einer Marktgesellschaft einzigartiges Beispiel für öffentlich finanzierte Gesundheitsversorgung« (S. 132).

eine therapeutische Kultur hervor, die nicht der Gerechtigkeit verpflichtet war. Britische Analytiker wie D.W. Winnicott, Harry Guntrip und Ronald Fairbairn handhabten die in den Objektbeziehungen implizierte Mehrdeutigkeit, indem sie die Psyche auf ihre intersubjektiven Beziehungen reduzierten, mit anderen Worten: auf ihr Bedürfnis nach Anerkennung. Das Ergebnis war ein Bedeutungsverlust der Idee des Ichs, den Peter Homans (1989) mit den Worten kommentierte: »Unter dem Eindruck [...] eines gesellschaftlichen Strukturwandels und der nationalen Trauer über die durch den furchtbaren Krieg verursachten Verluste« wurde die Analyse des Ichs ersetzt durch »die klinische und theoretische Konzentration auf Bindung, Verlust und auf die soziale Welt der Patienten« (S. 114, S. 226f.). Dass wir uns heute in einer ganz und gar veränderten psychoanalytischen Landschaft wiederfinden, verdeutlicht unsere dritte Fallstudie über das Verhältnis zwischen Psychoanalyse und Krieg anhand von Judith Butlers Analyse der Reaktion der USA auf den 11. September 2001.

9/11 und das Problem, die Toten zu begraben

Am 11. September 2001 entführten 19 radikale Islamisten vier US-amerikanische Linienflugzeuge und benutzten drei von ihnen, um das World Trade Center und das Pentagon anzugreifen. Die unmittelbare Reaktion der Menschen in aller Welt war eine mitfühlende Identifizierung mit den Vereinigten Staaten, beispielhaft ausgedrückt durch die *Le Monde*-Schlagzeile »Nous sommes tous Américains« – »Wir sind alle Amerikaner«. Die Bush-Regierung nutzte die Gelegenheit jedoch, um einen unsinnigen Krieg im Irak zu führen, der in weiten Teilen der Welt eine antiamerikanische Stimmung auslöste. Nach 9/11 begannen die USA, mutmaßliche Terroristen zu foltern, und die Amerikaner gewöhnten sich daran, in einer Atmosphäre erhöhter Angst zu leben. Barack Obama wurde von der Demokratischen Partei in erster Linie deshalb zum Präsidentschaftskandidaten gekürt, weil er versprach, viele Maßnahmen der Bush-Politik rückgängig zu machen. An deren wesentlichen Grundlagen aber hielt er letztlich fest. Kann die Psychoanalyse uns etwas über die Ereignisse lehren, und wenn ja, was?

Ich schlage vor, die Argumente zu sichten, welche die Philosophin Judith Butler in ihrer 2004 erschienenen Aufsatzsammlung *Precarious Life* (dt.: *Gefährdetes Leben*, 2005) formuliert hat. Verfasst in Reaktion »auf die Bedingungen gesteigerter Verwundbarkeit und Aggression, die mit diesen Ereignissen einhergingen« (Butler 2004 [2005], S. 7), behandeln die Aufsätze eine Zeit, in der »die Grenzen der USA durchbrochen worden waren« und »eine schwer erträgliche Verwundbarkeit zutage trat« (ebd.). Warum, fragt Butler, führten »die Erfahrungen von Verwundbarkeit und Verlust geradewegs zu militärischer Gewalt und Vergeltung« (ebd.) statt zu einer Intensivierung der globalen Kommunikation, die unmittelbar nach dem Angriff möglich zu sein schien? Butlers Antwort spiegelt, wie wir sehen werden, die Verflechtung der zeitgenössischen Psychoanalyse mit Poststrukturalismus, Feminismus und Phänomenologie wider, und zwar vor allem die Auffassung, dass das Ich sich durch Anerkennung herausbildet, durch Objektbeziehungen und durch Sprache. Ich stütze mich im Folgenden auch auf den Historiker John Dower (2010), der die amerikanische Reaktion auf Pearl Harbor mit derjenigen auf 9/11 verglichen hat.

Butler betrachtet die amerikanische Reaktion auf die Angriffe im breiten und vertrauten Kontext des Traumas. Feuerwehrleute, die in bereits einstürzende Gebäude rannten, das Chaos in den Straßen von New York City, die ein ums andere Mal wiederholten Fernsehbilder von brennenden Türmen, zusammenbrechenden Türmen, das zwanghafte Aufsuchen von »ground zero« – all dies waren Traumareaktionen. Die Psyche ist auf das Geschehen nicht vorbereitet, hat keine Möglichkeiten, es zu verarbeiten, ist überfordert. Danach wandert sie immer wieder zu dem Ereignis zurück, durchlebt es erneut, als bereite sie sich auf eine abermalige Konfrontation mit ihm vor. Es geht darum, das Geschehen durch Wiederholung zu bewältigen und es auf diese Weise ins Alltagsbewusstsein zu assimilieren.

Zum Trauma wurde der Angriff, weil er Grenzen durchbrach. Die Wunde oder Verletzung (so die griechische Wortwurzel) wurde zu einer *Stätte* der Reaktivierung unbewusster Erinnerungen. Der Angriff wurde, wie Dower (2010) erläuterte, als eine Wiederkehr von Pearl Harbor erlebt. George W. Bush schrieb in sein Tagebuch: »Heute fand das Pearl Harbor des 21. Jahrhunderts statt.« Zahlreiche Zeitungen erschienen mit Schlagzeilen wie »New Day of Infamy«, und auf einer Plakatwand am Kennedy Expressway in Chicago mahnten zwischen den beiden Daten 7. Dezember 1941 und 11. September 2001 die Worte: »Never Forget!« Nicht nur Pearl Harbor, sondern auch der Zweite Weltkrieg und die Atombombe wurden wieder in Erinnerung gerufen. Das berühmte Foto der Marines, die auf Iwojima die US-amerikanische Flagge hissen, wurde als Poster und als Briefmarke mit dem Bild von Feuerwehrmännern, die die Flagge auf dem Gelände des zerstörten World Trade Center hissen, neu aufgelegt. Die Stätte selbst erhielt den Namen Ground Zero – eine Bezeichnung, die man zuvor den durch Bomben zerstörten Gebieten Hiroshimas und Nagasakis vorbehalten hatte.

Es lassen sich noch weitere Parallelen zwischen Pearl Harbor und 9/11 aufzeigen. Im Grunde war mit beiden Angriffen seit Jahren zu rechnen gewesen, aber man hatte die Warnungen ignoriert – nicht nur, weil man die Intelligenz und die Entschlossenheit des Feindes unterschätzte, sondern auch aufgrund einer psychischen Abwehrbarriere, die die Amerikaner errichtet hatten, um die Möglichkeit feindlicher Attacken nicht an sich herankommen zu lassen. Vor dem Zweiten Weltkrieg und noch in den Kriegsjahren war das amerikanische Verständnis Japans rassistisch verblendet. In vergleichbarer Weise waren die Amerikaner vor und nach 9/11 nicht fähig oder nicht bereit, die »islamofaschistische« Wut zu verstehen. In Wirklichkeit wurde die Abwehrbarriere auf zahlreichen Ähnlichkeiten zwischen den USA und ihren Angreifern errichtet. Während des Zweiten Weltkriegs stand der in Japan herrschende Rassismus hinter dem amerikanischen in nichts zurück. Und in der Ära des 9. September 2001 waren die amerikanischen Führer ebenso wie die Terroristen in quasireligiösem Denken gefangen. Die Berichte höchsten Geheimhaltungsgrades, die das Pentagon während der Invasion im Irak für Präsident Bush verfasste, enthielten als Überschriften Bibel-Zitate, während sich in der von Al Kaida vertretenen Überzeugung, dass die Taktik des tödlichen Schocks die Moral und die Entschlossenheit des Feindes untergraben könne, die US-amerikanische Begründung für die Bombenangriffe auf deutsche und japanische Städte sowie für die Invasion im Irak spiegelte (vgl. Dower 2010, S. 19, 85, 299).

Zwischen Pearl Harbor und 9/11 gab es aber auch wesentliche Unterschiede. Pearl Harbor traf eine Nation, in deren Bevölkerung noch ein starker Zusammenhalt bestand. 2001 waren diese Bindungen schon deutlich geschwächt.

Die umstrittene Präsidentschaftswahl im Jahr 2000, ein Jahr vor den Angriffen, brachte gleich einer Röntgenaufnahme die Krankheitsherde und die Pestgeschwüre der Korruption im Körper der amerikanischen Politik ans Licht. Im Zweiten Weltkrieg hatte für US-Bürger noch die allgemeine Wehrpflicht gegolten, die aber nach dem Vietnamkrieg 1973 abgeschafft wurde. Und auch wenn man den Aufforderungskodex grundsätzlich noch anerkannte, lautete der einzige Appell, den Präsident Bush nach 9/11 an das Volk richtete, »weiterhin einkaufen« zu gehen. Die historische Disposition des Landes, seine technische Überlegenheit im Dienst der *Un*verwundbarkeit zu mobilisieren, hatte zwar auch 1941 eine Rolle gespielt, kam aber 2001 durch die neue, quasipersonalisierte digitale und elektronische Technologie verstärkt zum Tragen. »Die wie Elektroschocks wirkenden, wiederholten Dosen an Unwirklichem und Unglaublichem« bahnten, wie Frederic Jameson schrieb, einer paranoiden Kultur der Opferhaltung den Weg (zit. nach Anderson 2011). Und schließlich fiel der amerikanische »Exzeptionalismus« – ein Begriff, mit dem Tocqueville die vermeintliche Sonderstellung der USA bezeichnet hatte – 1941 mehr oder weniger in eins mit »Überlegenheit«. 2001 hingegen blickte das Land auf mehrere Jahrzehnte der Sorge um den Verlust seiner Sonderstellung und seinen Niedergang zurück.

Gleichwohl war die US-amerikanische Reaktion auf die Angriffe nicht vorherbestimmt. Die Flugzeugentführer hatten das World Trade Center und das Pentagon als Ikonen der US-Macht ausgewählt. Viele Amerikaner reagierten dennoch mit dem Versuch, diese ikonischen Objekte zu *entdinglichen*, indem sie ihren Blick auf die Menschen richteten, die dort gearbeitet hatten und ein- und ausgegangen waren. Solche Versuche fanden Ausdruck in den Bildern der Vermissten, die in New York noch viele Wochen später an Hauswänden und Mauern klebten, in dem Projekt der *New York Times*, eines jeden Opfers mit einer Kurzbiographie, manchmal zusammen mit Fotos, zu gedenken, und in dem Bemühen, jedes Knochenfragment oder andere Überreste, anhand deren Menschen identifiziert werden konnten, zu bergen, obwohl die Aufräumarbeiten und deren offizielle Beendigung, als »closure« bezeichnet, sich dadurch verzögerten. In diesem Prozess wurden das Gewöhnliche und Alltägliche mit persönlicher Bedeutung angereichert. So verwandelten sich die Shopping Malls und Büroetagen des World Trade Centers aus Stätten des Konsums und dubioser Transaktionen der Hochfinanz in Lebenswelten, mit denen persönliche Ziele und Erwartungen verbunden gewesen waren. Gleichermaßen wichtig waren die Momente auf den Straßen New Yorks, in denen einander fremde Menschen die gewohnte Anonymität überwanden und mit ungekannter Eindringlichkeit spürten, dass sie eine gemeinsame Welt bewohnten.

Trotz alledem wurde die menschliche Reaktion der Traurigkeit und des Bedürfnisses, sich mit anderen verbunden zu fühlen, sehr schnell untergraben. Zehn Tage nach dem Angriff erklärte Bush in einer Ansprache vor dem Kongress: »Unser Schmerz wurde zu Wut und Wut zu Entschlossenheit. Ob wir unsere Feinde zur Rechenschaft ziehen oder unsere Feinde ihrer gerechten Bestrafung zuführen, der Gerechtigkeit wird Genüge getan werden« (Bush 2001). Die typischen Ausdrucksformen einer selbstgerechten Opferhaltung tauchten auf: Die Bilder der brennenden Türme, die in permanenter Wiederholung über die Bildschirme liefen, die Wallfahrten zum Unglückort, die amerikanische Flagge als Schultertuch. Als Jacques Derrida einige Wochen nach dem Angriff nach New York kam, sagte er: »Allerdings ist es nicht nur unmöglich, sondern man spürt genau, man läßt einen spüren, daß es *verboten* ist, daß man nicht das Recht hat, darüber anzufangen zu sprechen, über was auch immer, insbesondere in der Öffentlichkeit, ohne dieser Verpflichtung Tribut zu zollen und ohne sich auf dieses Datum in einer Art zu beziehen, die immer ein wenig blind ist« (Habermas & Derrida 2004 [2003], S. 119).

Um zu erklären, weshalb sich das Gleichgewicht der Kräfte von gemeinsamer Trauer und Nachdenklichkeit auf vergeltungssüchtige, blinde Reaktion verlagerte, hebt Butler die qualvolle Erfahrung der Verletztheit und Verwundbarkeit hervor, die Nacktheit angesichts der Angriffe, die Scham darüber, sich nackt und ausgeliefert zu fühlen, und die Unfähigkeit, ebendiese Scham zu ertragen, mit anderen Worten: Sie betont dieselbe defensive Verleugnung der Verwundbarkeit, mit der sich das analytische Denken in den beiden vorangegangenen Kriegen beschäftigt hatte. Allerdings fügt Butler etwas Neues hinzu: Wenn die Erfahrung, verwundet zu werden, keinen Kreislauf der Vergeltung und Wiedervergeltung in Gang setzen soll, muss sie zur Kommunikation zwischen Opfer und Aggressor führen. Dementsprechend rekurriert sie auf die Lehren der phänomenologischen Tradition und insbesondere auf Emmanuel Levinas' Betonung der Anerkennung von Angesicht zu Angesicht.

»Die Annäherung an das Gesicht«, so schreibt Levinas, »ist die elementarste Form von Verantwortung« (zit. nach Butler 2005 [2004], S. 157). Die Aufforderung, dem Anderen ins Gesicht zu sehen, war Levinas' Versuch, sich dem primären, präkognitiven Kern anzunähern, in dem menschliche Verwundbarkeit sich zeigt: in der Kommunikation mit einem besonderen Anderen. In der Psychoanalyse sind wir mit dieser Verwundbarkeit vertraut – durch die Beziehung des Babys zur Mutter und natürlich auch durch die (nichtvisuelle) Beziehung des Patienten zum Analytiker –, aber Levinas bezieht auch das Bewusstsein der Sterblichkeit mit ein. Der Blick des Anderen »ist der [A]ndere vor dem Tod, er durchschaut den Tod und enthüllt ihn. Zweitens ist das Gesicht der [A]ndere, der mich bittet, ihn nicht allein sterben zu lassen« (ebd., S. 157).

Butler erinnerte an die ursprünglichste unserer Ängste, die Angst, mutterseelenallein zu sterben, um das Chaos und die Gewalt des 11. September zu durchleuchten und die intersubjektive Welt wiederherzustellen, die durch den Angriff und durch die törichte, böswillige Reaktion des Präsidenten zerstört worden war. Dazu musste sie nicht nur über das Opfer-Feind-Bild hinausblicken, sondern auch den Großgruppen- bzw. massenmedialen oder Spektakelcharakter des Geschehens analysieren, der das Risiko eines Identitätsverlustes mit sich brachte, obwohl er eine gewähnte Gemeinschaft, präziser, eine gewähnte Öffentlichkeit erzeugte. Wie ist es möglich, so fragt sie, im Zeitalter des Spektakels eine irgendwie konkrete Intersubjektivität zu bewahren? Den Faden, der sie zu genuiner Intersubjektivität hinführte, fand sie in der Anerkennung der Verwundbarkeit. Für Freud lag diese Anerkennung der Autonomie des Ichs zugrunde; für Klein war sie der Schlüssel zur Schaffung des ganzen Objekts, und für Butler wurde sie nun entscheidend für ein demokratisches Denken inmitten des ersten großen Krieges des 21. Jahrhunderts.

Weil die Anerkennung der Vulnerabilität laut Butler einen Versuch darstellte, die zerbrochenen intersubjektiven Bindungen erneut zu knüpfen, ging sie mit der Schaffung eines intersubjektiven Narrativs einher. So erinnert sich jeder Mensch in den Vereinigten Staaten daran, wo er sich gerade aufhielt und was er tat, als er hörte, dass Flugzeuge in die Türme gerast seien. Doch jeder erzählt die Geschichte jenes Tages als ein Narrativ der ersten Person, also aus der Ich-Perspektive. So entsteht laut Butler »eine narrative Form, mit der die tiefe narzißtische Wunde kompensiert werden soll, die durch das öffentliche Sichtbarmachen unserer physischen Verwundbarkeit geschlagen wurde« (Butler 2005 [2004], S. 23). Aber dieser Versuch der Wiedergutmachung der eigenen narzisstischen Kränkung reicht nicht aus, erläutert sie. Notwendig ist zudem ein Prozess der Dezentrierung und Reintegration mit dem Ziel, die Fähigkeit zu erwerben, »uns selbst nicht allein aus der Perspektive der ersten Person, sondern beispielsweise auch aus der Position der dritten Person zu schildern oder eine Darstellung anzuerkennen, die in der zweiten Person vorgetragen wird« (ebd., S. 24f.). Wir müssen, mit anderen Worten, fähig sein, uns von unserem eigenen Ich zu dezentrieren und unsere Erfahrung nicht nur unter dem persönlichen Blickwinkel, sondern auch unter dem des verletzenden und verletzten Anderen zu erzählen.

Damit die angestrebte Intersubjektivität erreicht werden kann, spielt die *Trauer* eine entscheidende Rolle. Die Trauerarbeit ermöglicht es uns laut Freud, die Verbindung zu einem verlorenen Objekt – wenngleich unter Schmerzen – aufrechtzuerhalten. Sie ist also intersubjektiv. Indem wir trauern, nehmen wir den verstorbenen Menschen in unser Alltags-Ich und dadurch in eine bestehende menschliche Gemeinschaft auf. Dass die Trauer auch mit Gerechtigkeit zusammenhängt, lässt die gemeinsame lateinische Wurzel der Wörter *grievance* = ein erlittenes Unrecht und *grief* = Trauer vermuten, nämlich *gravis* = schwer. Um die Ereignisse von 2001 verstehen zu können, müssen wir nach Butlers Meinung den Horizont der Trauer über die universalen, von Freud beschriebenen Bindungen und die von den objektbeziehungstheoretischen Schulen beschriebenen partikularistischen Loyalitäten hinaus erweitern. So kontraintuitiv es uns erscheinen mag: Wir müssen die Trauerökonomie der Gemeinschaft überdenken, wenn wir ein künftiges 9/11 und künftige Kriege im Irak verhindern wollen. Dieses Überdenken bedeutet, über den Nationalstaat hinauszublicken.

Die »ungleichmäßige Verteilung von Betrauernswürdigkeit« dient laut Butler »der Erzeugung und Erhaltung bestimmter ausschließender Vorstellungen, die festlegen, wer der Norm entsprechend menschlich ist: Was zählt als ein lebenswertes Leben und als ein betrauernswerter Tod« (ebd., S. 10)? Toten Amerikanern wird »in öffentlichen Gedenkfeiern gehuldigt, […] die ebenso viele Akte der Nationenbildung darstellen« (ebd., S. 10), während die Namen,

Bilder und Erzählungen derjenigen, die von den USA getötet wurden, »aus der öffentlichen Darstellung getilgt werden« (ebd., S. 10). Wir sind unfähig, über die eigene Nation hinaus zu trauern, weil wir arabische Leben nicht als *Leben* betrachten, die der Trauer wert sind. Guantanamo wird zum Fegefeuer »nicht lebenswerter Leben« (ebd., S. 10). Infolgedessen sterben viele Menschen, die aus dem Kreis der Betrauernswerten ausgeschlossen wurden, allein, während das Heimatland selbst »eine nationale Melancholie, verstanden als eine nicht zugelassene Trauer« (ebd., S. 10), entwickelt. Butler stützt sich hier auf die tiefe Verwurzelung der Psychoanalyse in einer globalen – archäologischen und anthropologischen – Perspektive, die im Zeitalter des sozialdemokratischen Nationalstaates verloren gegangen ist. Gleichzeitig lenkt sie die Aufmerksamkeit auf die Bedeutung der Trauerarbeit.

Butler führt den besonderen Stellenwert der Trauer für den Aufbau und Erhalt intersubjektiver Bindungen darauf zurück, dass die Trauerarbeit untrennbar mit einem Verlust der Kontrolle oder mit der Akzeptanz der Verwundbarkeit einhergeht. In der Trauer erlebt man »Momente[], in denen man etwas durchmacht, was man nicht beherrschen kann, und feststellt, daß man außer sich ist, nicht eins mit sich ist« (ebd., S. 45). Man erklärt sich bereit, »sich einer Veränderung zu *unterziehen*«, die sich »weder festlegen noch planen [läßt]«, und akzeptiert, »daß man durch den Verlust, dem man sich stellt, verändert werden wird, und zwar möglicherweise für immer« (ebd., S, 38). Wenn wir jemanden verloren haben, wissen wir nicht immer, »was es ist, das ich *in* einer anderen Person verloren habe«, d. h., wir haben nicht nur diesen Menschen verloren, sondern auch unser früheres Identitätsgefühl: »Vielleicht können wir sagen, daß der Schmerz die Möglichkeit beinhaltet, eine Form der Enteignung zu verstehen, die grundlegend dafür ist, wer ich bin« (ebd., S. 45). Die Trauer deckt »meine Unwissenheit, den unbewußten Abdruck meiner primären Sozialität«, auf. Welche Form, so fragt Butler, müssten »politische Reflexion und Überlegung annehmen« (ebd., S. 7), wenn wir Verwundbarkeit und Aggression zu den beiden Ausgangspunkten unseres politischen Lebens machen statt Unabhängigkeit und Selbstbemeisterung? Mit anderen Worten: Wie sähe eine Politik aus, »die auf einem Verständnis davon aufbaut, wie leicht ein Menschenleben ausgelöscht werden kann« (ebd., S. 13)?

Butlers Analyse des 9. September wirft Licht auf die politische freudianische Tradition, die den Krieg zu verstehen suchte. Die drei Fallstudien, die wir uns in diesem Kapitel angesehen haben, zeigen, dass die auf dem Gewahrsein der uns gemeinsamen Verwundbarkeit beruhende Solidarität im Zentrum dieser Tradition steht. In der ersten Episode, der Begegnung mit dem Ersten Weltkrieg, beobachten wir den defensiven Wunsch, Verwundbarkeit zu leugnen. In der zweiten Episode, der Entwicklung der Objektbeziehungstheorien während des Zweiten Weltkriegs, beobachten wir das Bewusstsein für die Verantwortung, geliebte Menschen zu schützen. In der dritten, dem »Krieg gegen den Terror«, beobachten wir den Versuch der Allgemeinbevölkerung, Verwundbarkeit abzuwehren, aber auch die Möglichkeit eines Gegenentwurfs, der auf die Entwicklung von Solidarität in der Trauer und darüber hinaus zielt. Alle drei Momente spiegeln ein erweitertes Gefühl menschlicher Verbundenheit wider: eine Erweiterung vom Selbst auf unmittelbare Andere, insbesondere Familienangehörige, sodann auf die Nation und schließlich, als Möglichkeit, auf die globale Gemeinschaft insgesamt. In seinem Brief an Einstein hat Freud diese »Kulturentwicklung« durch *Eros* oder »Gefühlsbindungen« als Einfluss des Lebenstriebes beschrieben. In jedem Fall stiftet das Wissen um die menschliche Vulnerabilität Verbundenheit unter den einzelnen Menschen und erweitert darüber hinaus den Kreis jener, die durch ihr gemeinsames Gewahrsein der Verwundbarkeit zur Solidarität finden.

Gleichzeitig kann Butlers Forderung, im politischen Leben von dem Verständnis auszugehen, »wie leicht ein Menschenleben ausgelöscht werden kann«, in zwei verschiedene Richtungen weisen. In einem der beiden Szenarien ist die Konzentration auf die Verwundbarkeit normativ; Verwundbarkeit wird zum Kern der Ethik und Politik. Im anderen ist sie genetisch und erklärt, woher wir kommen, jedoch nicht, wer wir sind. Eine Konsequenz dieses Unterschiedes sind zwei verschiedene politische Standpunkte. Im ersten, normativen, Fall *ersetzt* unser wachsendes Verständnis der Verwundbarkeit die liberale Betonung individueller Rechte durch eine Politik der Anerkennung und wechselseitigen Unterstützung. Im zweiten Fall *durchdringt* sie eine liberale Politik mit einem Bewusstsein der inhärenten Verwundbarkeit des Subjekts, ohne jedoch das vorgängige Paradigma der individuellen Rechte zu ersetzen. Meiner Ansicht nach tendiert die psychoanalytische Vorstellung einer Psyche, die mit langer Abhängigkeit beginnt, aber im autonomen Ich gipfelt, zur zweiten Option. Sie revidiert die liberale Sozialvertragstheorie, die so häufig, beispielsweise für Woodrow Wilson und später für Bush, die Destruktivität ummäntelte, verzichtet aber nicht auf das Kernideal der liberalen Tradition – das sich bis zur Aufklärung und zur Reformation zurückverfolgen lässt –, dass der Eckpfeiler allen Fortschritts das eigenständige, freidenkende Individuum ist. Anders ausgedrückt, die politische freudianische Tradition bedeutet in Bezug auf den Krieg, dass wir Kriege leichter begrenzen, abwenden und letztlich verhindern können, wenn wir unsere Mitmenschen nicht nur als verwundbare Körper betrachten, sondern als potenziell rationale, ebenbürtige Beteiligte am Aufbau der bindenden Kräfte der Kultur und an der Einhegung innerer wie auch gesellschaftlicher destruktiver Kräfte.

Zu erwähnen sind hier die Worte Fred Weinsteins und Gerald Platts: »Vom Standpunkt der psychischen Struktur aus betrachtet, [...] war die historisch wichtige Entwicklung die Stärkung des Ichs«. Sie war das Ergebnis eines radikalen »Bruchs mit der Autorität in Religion, Politik, Wirtschaft und Familie«. Dieser Bruch – »nicht die Produktivkräfte [...] und ebenso wenig die Verpflichtung zur Rationalität *an sich* – erwies sich als hervorstechender Beitrag moderner fortschrittlicher Bewegungen« (Weinstein & Platt 1969, S. 214, 221; Hervorhebung E. Z.). Freuds Ich-Theorie steht in dieser Tradition. Formuliert wurde sie in einer Zeit, die häufig als allgemeine Krise des 20. Jahrhunderts bezeichnet wird und für die der Aufstieg der Massenpropaganda, der Bilder und der charismatischen Vaterfiguren prägend war. In ihrem Zentrum steht die – insbesondere innere – Schwierigkeit, individuelle Autonomie oder Freiheit zu erlangen und zu bewahren. Autoren wie Erich Fromm, z. B. in *Die Furcht vor der Freiheit* (1966 [1947]), vertraten die Ansicht, dass die Entwicklung von kommunalen zu individualistischen Gesellschaften prekär sei und die Menschheit immer dazu neige, auf infantile Abhängigkeiten und paranoide Ängste zurückzufallen. Die Psychoanalyse war wichtig, weil sie genau diesen Übergang erfasste. Ihre Einsichten in die Tiefe der menschlichen Verwundbarkeit sollten die Rationalität, Eigenständigkeit und Selbstbemeisterung *vertiefen*, mit anderen Worten: Sie sollten *stärken*, was der japanische Politikwissenschaftler Masao Maruyama angesichts der Krise nach dem Zweiten Weltkrieg und der Bombardierung Hiroshimas als »das moderne Ich« bezeichnete – das Ich, das sich gegen Ungerechtigkeit oder Tyrannei zur Wehr setzt. Ebendieses Anliegen durchzieht die unüberschaubare Literatur der Volksfront über Familie, Erziehung, Bildung, Kultur und Politik.

Der 11. September wirft das gleiche Problem auf. Jeder, der die Ereignisse miterlebt hat, wird sich an die gewaltigen Wogen tiefster Angst erinnern, die über das Land rollten und bis heute nicht verebbt sind, an abgenötigte Loyalität und beiseitegeschobene Meinungsverschiedenheiten. Wenn wir verstehen wollen, was nach 9/11 in Amerika passiert ist, greift eine liberale Perspektive zu kurz. Butler erklärte die Massenpsychologie der Angst mit der enormen Kränkung des amerikanischen Narzissmus, mit anderen Worten: der amerikanischen Identität oder des amerikanischen »Selbst«. Sie fragt aber nicht, was den amerikanischen Narzissmus dermaßen fragil gemacht hat, dass seine Kränkung eine so unangemessene, verzerrte, selbstdestruktive Reaktion hervorrief. Butlers Erklärung übersieht das liberale Streben, Marktbeziehungen auszubauen und autonom walten zu lassen, das die Öffentlichkeit bereits atomisiert hatte, als sie auf 9/11 reagierte, indem sie die Invasion im Irak zuließ. Der entbettete Markt, von klassischen Liberalen als Lokus der Rationalität betrachtet, untergrub oder dezimierte auch kollektive Bindungen wie Gemeinden, Gewerkschaften, Kooperativen oder Sozialstaat und verstellte dadurch den Blick auf die Rolle, die die Anerkennung der Abhängigkeit dabei spielt, die soziale Welt – einschließlich des Marktes selbst – zusammenzuhalten. Somit übersieht Butler den Unterschied zwischen dem in erster Linie am Eigennutz interessierten Ich der neoklassischen (liberalen) Ökonomie und politischen Wissenschaft der rationalen Entscheidung einerseits und dem von Freud beschriebenen selbstreflektierten Ich mit seinen Verbindungen ins Unbewusste andererseits. Die marxistische Kritik des Marktes ist hier eine unverzichtbare Ergänzung Freuds. Weil Butlers Sichtweise aus der kulturellen Revolution der 1970er und 1980er Jahre hervorgegangen ist und ihr der antikapitalistische Blickwinkel, der in der früheren politischen freudianischen Tradition noch lebendig war, infolgedessen fehlt, erfasst sie nicht, dass die Vertiefung des Netzes an Verbindungen, die kollektives Handeln ermöglichen, mit einer Stärkung des Ichs, wie Freud es verstanden hat, zusammenhängt. Die eigentliche Kraft der Tradition des politischen Freud besteht darin, Abhängigkeit und Eigenständigkeit eben nicht als Antithesen einander entgegenzusetzen. Vielmehr demonstriert sie, dass das Ich am festesten in seinen frühen, ursprünglichen, im Grunde unsterblichen Abhängigkeiten wurzelt, wenn es am stärksten und eigenständigsten ist.

5. Kapitel

Von der Ethik der Reife zur Psychologie der Macht

Die Neue Linke, der Feminismus und die Wiederkehr der »gesellschaftlichen Realität«

Die Psychoanalyse und die langen 1960er Jahre

Wenn wir über die Rolle der Psychoanalyse in repressiven oder autoritären Gesellschaften sprechen, denken wir gewöhnlich an Nazideutschland und Vichy-Frankreich, wo Formen der Psychoanalyse praktiziert wurden, oder auch an die Sowjetunion und Osteuropa, wo die Analyse verbannt war, aber als Einfluss im Untergrund fortwirkte. Die jüngere Vergangenheit gibt Anlass, über die Psychoanalyse in lateinamerikanischen Diktaturen nachzudenken: über ihre Hermetik, ihre Komplizenschaft und ihr kontraintuitives Florieren. Doch welche Rolle spielt die Psychoanalyse in nominell demokratischen Gesellschaften wie den USA? Sind Fragen nach Autorität, Autoritarismus und Repression dort überhaupt relevant?

In den 1960er Jahren beantworteten Angehörige der Neuen Linken diese Fragen mit einem nachdrücklichen »Ja«. Eine scheinbar apolitische oder »neutrale« Psychoanalyse war ihrer Meinung nach in Wirklichkeit von Grund auf politisch und diente den Eliten des Kalten Krieges. Die Ich-Psychologie und die Ethik der Reife, wie ich die vorherrschende psychoanalytische Weltsicht jener Zeit nenne, bildeten einen integralen Bestandteil der sogenannten verwalteten Gesellschaft der Vereinigten Staaten und übten in den Nachkriegsjahren einen maßgeblichen Einfluss auf die Arbeit von Schulpsychologen, Vertrauenslehrern, Erziehungsberatern, Stadtplanern, Ärzten, Psychotherapeuten, Jugendrichtern und Seelsorgern aus. Die Ethik der Reife betonte die Stärke und Anpassungsfähigkeit des Ichs in der praktischen Welt und beruhte auf der Annahme, dass die tieferen Lebenserfahrungen in der Privatsphäre stattfinden. Im Kern ging es ihr darum, eine »utopische« – d. h. linke – Politik der Art, wie sie die Vereinigten Staaten während des New Deal charakterisiert hatte, abzulehnen. Reife implizierte demnach, so Philip Rieff (1971), »eine Haltung ironischer Einsichtigkeit des Selbst gegenüber allem, was nicht Selbst ist«. Reife setzte voraus, sich zurückzuziehen »von der unlustvollen Spannung zwischen Zustimmung und Ablehnung« (ebd., S. 130) im Verhältnis zur Gesellschaft, um sich affirmativer zu den eigenen Tiefen zu verhalten.

Mit ihrer Kritik an der Ethik der Reife strichen die Vertreter der Neuen Linken letztlich heraus, dass die Psychoanalyse ein repressives Autoritätssystem in einer vermeintlich demokratischen Gesellschaft unterstützte. Um dieses System infrage zu stellen, formulierten sie eine ganze Bandbreite an Theorien einschließlich der Objektivitäts- und Szientismuskritik, die Idee der »repressiven Toleranz« – Dissens wird so lange akzeptiert, wie er wirkungslos bleibt – und die Idee der »repressiven Entsublimierung«, d. h. einer Triebentfesselung, die die bestehenden Machtverhältnisse stabilisiert, statt sie zu hinterfragen. Dabei stützten sich die Neuen Linken oft auf *anti*autoritäre Bewegungen innerhalb der analytischen Tradition selbst. Mit Herbert Marcuses *Triebstruktur und Gesellschaft* (1970 [1955]) und Norman O. Browns (19962 [1959]) *Zukunft im Zeichen des Eros* lehnten sie die Ich-Autonomie als Ziel ab und propagierten stattdessen die Idee eines »ozeanischen Gefühls« oder einer primordialen Einheit, die in der frühen Beziehung des Säuglings zur Mutter gründet. Historisch mit der von Mystikern beschriebenen Selbstauflösung zusammenhängend, ließ das ozeanische Gefühl karnevaleske Erfahrungen der 1960er Jahre anklingen, etwa die Leidenschaft der Masse, das Verwischen sexueller Grenzen und die »polymorphe Sexualität«, die Erotisierung des gesamten Körpers. Von der neuen, wiewohl instabilen Basis eines aufgelösten oder entgrenzten Selbst ausgehend, stellten die Neuen Linken die Komplizenschaft der Analyse mit dem Kalten Krieg, ihre Idealisierung der Privatsphäre und die Ethik der Reife infrage.

Binnen Kürze aber, nämlich schon in den 1970er Jahren, traten neuartige soziale Bewegungen, insbesondere ein radikaler Feminismus und die Schwulenbefreiung, an die Stelle der Neuen Linken. Hatte diese noch zwischen einer repressiven und einer emanzipatorischen Psychoanalyse unterschieden, lehnten die radikalen Feministinnen Freud mehrheitlich pauschal ab. Sie sahen in ihm die Quelle des Sexismus und der Homophobie des 20. Jahrhunderts und griffen Konzepte wie Penisneid, vaginalen Orgasmus und weiblichen Kastrationskomplex an, als bestünde die gesamte Psychoanalyse aus nichts anderem als diesen Ideen. Die daraus resultierenden Diskussionen hatten zur Folge, dass Psychoanalytiker sich ein Gutteil der Kritik tatsächlich zu Herzen nahmen. Es kam zu einem Paradigmenwechsel, in dessen Verlauf die Erforschung des Unbewussten einer Kritik der Machtverhältnisse wich, die Sexualität dem Gender, die Bisexualität der Androgynie und die analytische Zurückhaltung und Neutralität der relationalen Psychotherapie. Dennoch lässt sich schwerlich behaupten, dass das von der Neuen Linken identifizierte Problem der repressiven Autorität damit gelöst gewesen wäre. Ebenso wie die Ethik der Reife den militärischen Keynesianismus der 1950er Jahre ergänzt hatte, komplettierte das neue, feministisch inspirierte relationale therapeutische Paradigma die Marktrevolution der 1970er Jahre.

Diese drei Episoden – der Aufstieg der Ethik der Reife, die antinomische Absetzung dieser Ethik durch die Neue Linke und die leidenschaftliche, pauschale Ablehnung Freuds durch den radikalen Feminismus waren von einer Intensität, ja Wildheit erfüllt, in der sich die zentrale Bedeutung der Psychoanalyse für die US-amerikanische Kultur jener Zeit spiegelte. Im 1. Kapitel habe ich diese zentrale Position zu beleuchten versucht, indem ich die Ansicht vertrat, dass die Psychoanalyse eine entscheidende Rolle als Mittler zwischen einer älteren, durch Sparsamkeit, Zwanghaftigkeit und Heuchelei charakterisierten protestantischen Ethik und der post-fordistischen Ethik spielte, die in den 1970er Jahren auftauchte und durch Hedonismus (oder Narzissmus), Flexibilität und Empowerment charakterisiert war. Hier nun möchte ich diese Idee weiterentwickeln, indem ich die Veränderungen der traditionellen Autorität und vor allem der Familie in den Vordergrund rücke, die mit den Veränderungen des kapitalistischen Geistes Hand in Hand gingen.

Meine Argumentation sieht, grob skizziert, wie folgt aus: Durch den New Deal und den Zweiten Weltkrieg wurden die ökonomischen Bedingungen – der Keynesianismus – geschaffen, die für die Veränderung von Zurückhaltung zur Entfesselung notwendig waren. Diese Veränderung bereitete dem neuen Geist des Kapitalismus den Weg. Gleichzeitig aber stieß sie eine Revolution in der Struktur familialer und gesellschaftlicher Autorität an. Das Ergebnis war der Untergang eines älteren, statusgebundenen, WASP-dominierten Amerika, in dem Immigranten selbst nach ihrer Einbürgerung nicht als Amerikaner anerkannt und schwarze Männer als »boy« bezeichnet wurden und Frauen nur dann aushäusig arbeiteten, wenn sie alleinstehend, schwarz oder irischer Abstammung waren. Anstelle einer obsoleten Statushierarchie suchten reformerische Eliten eine rationalisierte Gesellschaft zu entwickeln, die nicht auf traditioneller Autorität, sondern auf verinnerlichter Selbstkontrolle beruhte. Für dieses Projekt wurde die Psychoanalyse in Gestalt der Ich-Psychologie rekrutiert. Die Rationalisierung schwächte die traditionelle Autorität, ersetzte aber die von der Neuen Linken kritisierte Anpassung, Etikettierung und Manipulation. Gleichzeitig beschränkte sich der Einfluss der Psychoanalyse nicht auf das Projekt der sozialen Kontrolle. Als charismatische Bedeutungsquelle verkörperte die Analyse mächtige sexuelle und andere emanzipatorische Strömungen, die von den maßgeblichen Sozialisierungsinstanzen, vor allem der Familie, nicht eingehegt werden konnten. In den 1960er Jahren überfluteten antinomische, mit der Analyse zusammenhängende Wellen die Grenzen der neuen Sozialisierungsinstanzen, der heterosexuellen Familie und des Sozialstaates, und inspirierten sowohl die Neue Linke als auch die neuen sozialen Bewegungen, insbesondere den Feminismus und die Schwulenbefreiung. Das Ergebnis war ironischer Natur und unbeabsichtigt: Obwohl diese Strömungen sich selbst als kapitalismuskritisch verstanden, förderten sie die Revolution der Familienstruktur und der Autoritätsbeziehungen, die mit dem neuen postfordistischen Geist des Kapitalismus zusammenlief.

Um die Veränderungen, die sich in den 1960er Jahren vollzogen, sowie die Veränderungen, die ausblieben, zu begreifen, ist es hilfreich, sich die Erfahrung der Puritaner in Erinnerung zu rufen, die den Grundstein für einen Großteil der amerikanischen Kultur gelegt haben. Der Puritanismus war seinerseits eine kulturelle Revolution, die gegen die mittelalterliche Weltsicht zielte, mit anderen Worten: gegen die traditionelle Autorität. Freudianisch formuliert, war der ursprüngliche puritanische Moment auch ein Moment der *Geistigkeit* in dem Sinn, wie wir ihn im 3. Kapitel kennengelernt haben. Aufgrund der immensen Implikationen der Prädestinationslehre waren die Puritaner gezwungen, eine neue Form der Introspektion zu entwickeln und sich zu fragen: Bin ich wirklich erlöst? Bin ich wirklich gut? Doch ebenso wie der mosaische Monotheismus nicht überdauerte, konnte auch die eindringliche Gewissensbefragung der Puritaner das Wachstum des Kapitalismus und neuer, demokratisch gesinnter Massen nicht überleben. Stattdessen ließ die übersteigerte puritanische Aufmerksamkeit für die Anforderungen des Über-Ichs zwei Häresien entstehen: Der Antinomismus besagte, dass Gott durch direkte Erfahrung erkennbar sei, und der Arminianismus lehrte, dass der Mensch durch gute Werke zur Erlösung gelange. Letzterer findet Ausdruck in Ideologien wie der des »Self-made-Man«, in einer zupackenden Haltung nach dem Motto »can do« und in der Selbstdefinition der USA als »Land der unbegrenzten Möglichkeiten«. Der Arminianismus behauptete sich gegenüber dem Antinomismus, weil er mit dem in Amerika so stark ausgeprägten Interesse am Wirtschaftsleben harmonierte. Gleichwohl erlebte das Land regelmäßig auch antinomische Phasen, Great Awakenings, radikale Aufschwünge und Zeiten gemeinschaftlicher Zielsetzungen, die die arminianische Tradition erneuerten und revidierten und sie sozusagen aus dem Quell des Narzissmus nährten. Ein Beispiel dafür sind die 1960er Jahre. Die ursprüngliche Tendenz zur Kultivierung von Schuldgefühlen und Selbstkasteiung ist danach ebenso wenig wie bei den Puritanern verschwunden, sondern tauchte gestärkt, und zwar in Form der politischen Correctness, wieder auf.

Indem ich die Umbrüche, die in der Phase zwischen den 1950er und 1970er Jahren zu verzeichnen waren, so beschreibe, dass die Psychoanalyse ihren wichtigen Platz zurückerhält, hoffe ich auch zu erklären, weshalb wir die Tradition des politischen Freud heute brauchen. Man kann die Geschichte der langen 1960er Jahre auch auf eine andere Weise, als ich es tue, erzählen: Als liberale Geschichte über ein Land, das sich auf die Ideale der Freiheit und Gleichheit berief und Sklaverei, Patriarchat und ethnischen Hass zur Zeit seiner Gründung, ohne sich darüber im Klaren zu sein, ignorierte, sich aber nach und nach besserte und seine inneren Überzeugungen stetig perfektionierte, so dass mit der Bürgerrechtsbewegung, der Frauenbewegung und den übrigen Protestbewegungen der 1960er Jahre im Grunde tatsächlich ein Gründungstraum in Erfüllung ging. Diese Geschichte enthält eine wichtige Wahrheit, stellt die Dinge aber unvollständig und verzerrt dar. Sie ignoriert die tiefe, psychische Struktur der individuellen Menschen, aus denen Gesellschaft besteht, und die Tiefenstruktur der kapitalistischen Gesellschaft selbst.

Schon 1835 hatte Alexis de Tocqueville gewarnt, dass die Demokratie ein zweischneidiges Schwert sei. Einerseits tendiere sie dazu, »soziale« oder

»aristokratische« Unterschiede zu untergraben, zum Beispiel solche der Rasse und des Geschlechts; andererseits erzeuge sie eine neue, auf »Manufakturen« beruhende Hierarchie (vgl. Tocqueville (1945 [1835], S. 169–171). Ebendies geschah in den 1960er und 1970er Jahren, obgleich die Finanz- und nicht die Manufakturwirtschaft der verändernde Faktor war. Tocqueville ahnte, dass sich – modern ausgedrückt – mit der Schwächung der *kulturellen* Ungleichheit die *strukturelle* Ungleichheit verstärken würde, mit anderen Worten: dass eine intrinsisch kapitalistische Gesellschaft wie die amerikanische sich zu einer Meritokratie entwickeln, aber der Gleichheit Widerstand leisten kann. Indem wir die langen 1960er Jahre durch die Linse der Autoritätsstrukturen betrachten, die historisch in der Familie gründeten und heute im persönlichen Leben Ausdruck finden, gelangen wir zu einem tieferen Verständnis dessen, worauf Tocqueville hinauswollte. Im Grunde waren die Konflikte der 1960er Jahre Konflikte, die sich an der von Psychoanalytikern so genannten Vaterimago entzündeten, an den Beziehungen zwischen Männern und Frauen und an dem Platz des Unbewussten in der Gesellschaft – allesamt Bereiche, die die Klassenstruktur, die Amerika seinen eigentlichen, innersten Charakter verleiht, durchdringen und stützen. Aus diesen Konflikten ging ein tiefgreifender Wandel nicht nur der Struktur des Kapitalismus, sondern auch der Psyche der ihn konstituierenden individuellen Menschen hervor. Dies wird klar, wenn wir uns die Rolle ansehen, die der politische Freudianismus dabei gespielt hat.

Die Ethik der Reife

Im August 1945, wenige Monate nach Franklin Roosevelts Tod, warfen die Vereinigten Staaten Atombomben auf Hiroshima und Nagasaki. Der Anbruch des Atomzeitalters beendete das beispiellose Grauen und Leid des Zweiten Weltkriegs auf eine entsetzliche Weise. In der *Saturday Review* beschrieb Norman Cousins »eine primitive Furcht, die Furcht vor dem Unbekannten, das aus dem Unterbewussten ausgebrochen und ins Bewusstsein eingedrungen ist und unser Denken nun mit Urängsten erfüllt« (zit. nach Graebner 1991, S. 20). Gleichzeitig erfuhr das tragische Schicksal der Russischen Revolution eine Politisierung durch den – nach wie vor nicht hinreichend verstandenen –

Ausbruch des McCarthyismus, der größten Repressionswelle der US-amerikanischen Geschichte. Als zehntausend Menschen ihre Arbeit verloren, weil sie im Verdacht standen, mit dem Kommunismus zu sympathisieren, ließ sich nicht der leiseste Protest vernehmen, im Gegenteil (vgl. Schrecker 1999). Eine neue antikommunistische Ideologie, beispielhaft repräsentiert durch Whittaker Chambers' *Witness* (1952), begriff den Westen als krank und nährte eine paranoide Mentalität des Misstrauens, der Opferhaltung und des Zeugenwesens. Noch fünfzig Jahre später machte sich Chambers' Einfluss bemerkbar, als die konservative Kolumnistin Ann Coulter schrieb, die Liberalen besäßen »die Medien, die Universitäten, die Lehrbücher. Wir haben uns selbst. Wir sind die Zeugen« (zit. nach Kimmage 2009, S. 11).

Die liberalen Eliten der USA reagierten auf die traumatisch wirkende Explosion des McCarthyismus in zwei aufeinanderfolgenden Wellen. Zunächst bauten sie den nationalen Sicherheitsstaat auf, ein Einheitsmuster aus Haltungen, politischen Maßnahmen und Institutionen, die die Vereinigten Staaten in einen permanenten Kriegszustand versetzen sollten (vgl. Yergin 1990). Obwohl ein Nachkriegskonflikt zwischen der Sowjetunion und den Vereinigten Staaten infolge des Vakuums, das die Zerschlagung des Dritten Reichs hinterlassen hatte, praktisch unausweichlich war, verwandelte der nationale Sicherheitsstaat diesen Konflikt in einen hochideologischen globalen Kreuzzug, der in Gestalt des »Kriegs gegen den Terror« bis zum heutigen Tag, 30 Jahre nach dem Zusammenbruch des Kommunismus, geführt wird. Schließlich aber verurteilten Liberale den McCarthyismus als eine Spielart des irrationalen Populismus. Ihre klassische Formulierung fand diese Aburteilung in Richard Hofstadters 1964 erschienenem Essay »The paranoid style in American history«. Die Opposition der liberalen Eliten gegen die von ihnen wahrgenommene Paranoia und ungezügelte Aggressivität des rechten Flügels verstärkte ihre Hinwendung zu einem neuen, technokratischen, »wachstumsorientierten« Liberalismus, der an die Stelle des New Deal trat und den Kontext erzeugte, in dem die Ethik der Reife gedieh.

Das Herz des neuen, technokratischen Liberalismus war eine auf Familienkonsum ausgerichtete Politik des Wirtschaftswachstums. Weil die Wirtschaft der Theorie zufolge »transpolitisch« ist, ermöglicht wirtschaftliches Wachstum es dem Land, die Gespaltenheit und die Konflikte zu vermeiden, die das Zeitalter des New Deal charakterisiert und zum Ausbruch des McCarthyismus geführt hatten (vgl. Wolfe 1981; Maier 1977). Als politisches Pendant zum Wachstum der Wirtschaft empfahlen Politikwissenschaftler einen Pluralismus. Sie lehnten die New-Deal-Vorstellung des Kapitalismus als Tiefenstruktur der amerikanischen Gesellschaft ab und beschrieben das »Business« als *eine* Interessengruppe unter anderen, etwa der Gewerkschaften, der Kirchen oder Nachbarschaftszusammenschlüsse. Gestützt auf die Wachstums- wie auch auf die Pluralismusideologie plädierten liberale Denker wie Arthur Schlesinger Jr. für eine Post-New-Deal-Politik, frei von »Ideologie« und »Klassenkampf«. So erklärte Schlesinger (1970), die Reform Amerikas teile zwischen jenen, »die den Liberalismus für ein praktisches Programm halten, das es umzusetzen gilt [...], und jenen, die den Liberalismus als Ventil für persönliche Beschwerden und Enttäuschungen benutzen« (S. 159, S. 233). Linke wie auch Rechte, so Schlesinger, seien in höherem Maß an den symbolischen Aspekten der Politik interessiert als an praktischen Ergebnissen (vgl. Rogin 1967, S. 6).

Die Idee, dass »persönliche Beschwerden und Enttäuschungen« von »Extremisten« in Politik übersetzt würden, diente einer banalisierenden Lesart der Psychoanalyse als fruchtbarer Boden. Freud war Zionist und Sozialdemokrat gewesen und hatte die Revolution der Bolschewisten in den 1920er Jahren als ein » große[s] kulturelles Experiment« (1927c, S. 330) bezeichnet. Indes demonstrierte sein Werk nach Meinung des Politikwissenschaftlers Harold Lasswell, dass die Triebkraft radikaler Politik irrationale Bedürfnisse seien, die ihren Ursprung in der Privatsphäre haben (Lasswell 1971 [1927], S. 4f.). Die Psychologisierung des »wahren Gläubigen« oder der »revolutionären Persönlichkeit« nahm einer liberalen Tradition, die wegen der Ermöglichung McCarthys an Glaubwürdigkeit verloren hatte, ihre Entschlossenheit. Hatte Freuds Betonung der Schwierigkeit von Selbsterkenntnis während der Popular Front die demokratische Reform beeinflusst, gerann die politische Leidenschaft nun zu einem antidemokratischen, technokratischen Liberalismus. So wurde die Ethik der Reife durch die liberale Kooptierung der Psychoanalyse – die Ablehnung des politischen Freud – von Anfang an kompromittiert.

Die liberale Hinwendung zu Freud im Kalten Krieg ging mit einer Wiederentdeckung der Puritaner einher. Perry Millers 1939 und 1953 in zwei Bänden erschienene tiefschürfende Interpretationen des augustinischen Moments im Puritanismus erlangten kanonischen Rang. Was die Leser von *The New England Mind* ganz besonders beeindruckte, waren das hohe intellektuelle Niveau der Puritaner sowie deren Verachtung für die hohle »pelagianische« Ablehnung von Prädestination und Erbsünde, ihre Geringschätzung törichter Vorstellungen vom freien Willen und ihre Anerkennung der Fallstricke des Narzissmus, von Miller als »Selbstheit« [»self-hood«] bezeichnet. Als Intellektuelle sich anschickten, die amerikanische Geschichte als »American Studies«, befreit von dem »populistischen« Bias progressiver Historiographie, neu zu schreiben, verstanden sie den puritanischen Moment als Antizipation ihrer eigenen Version des Freudianismus. So wie der Puritaner seinen Weg laut Max Weber hatte allein gehen müssen, um sein Schicksal, das ihm von Ewigkeit her vorbestimmt war, zu erfüllen, war der Freudianer zum Alleinsein mit seinem Unbewussten verurteilt. Wie oberflächlich wirkte die Popular Front, wenn man, um es mit Philip Rieffs freudianisch gewendeten Worten zu sagen, verstand, dass soziale Beziehungen den Menschen nicht länger definierten. Verwurzelt in der puritanischen Revolution, erneuert durch die Moderne, bevölkert von jüdischen Amerikanern und ehemaligen Kommunisten, maß die New Yorker Intellektuellenkultur, die die Psychoanalyse in den 1950er Jahren förderte, der Ironie, der Komplexität und der Mehrdeutigkeit höchsten Wert bei und verachtete den »schlichten«, »reduktionistischen« Materialismus des Lesebuch-Marxisten.

Darüber hinaus waren die Vereinigten Staaten ein Nährboden für Psychoanalytiker gewesen, die während der 1930er und 1940er Jahre in großer Zahl einwanderten. Auch dank seiner puritanischen Anfänge hatte das Land im 19. Jahrhundert den Ideen von psychischer Krankheit und Psychotherapie den Weg bereitet; und hier war 1896 weltweit erstmals eine Krankheit, die Neurasthenie, psychologisch definiert worden. Freud wurde in den USA durch seine Clark-Vorlesungen berühmt, die er 1909 in der ursprünglichen Hochburg der Puritaner, in New England, hielt – zu einer Zeit, als man ihn in Europa noch weitgehend ignorierte. Während die Große Depression Schlagzeilen wie »Farewell to Freud« produzierte, erlebte die analytische Psychiatrie in den 1930er Jahren geradezu eine Explosion. Doch vor allem durch den Zweiten Weltkrieg, die stärkste Antriebskraft der Massenrationalisierung und sozialen

Kontrolle in der Geschichte, erlangte die Psychoanalyse in den USA zentrale Bedeutung. Jeder Militärarzt erlernte die psychoanalytischen Grundprinzipien und war angehalten, sie nicht nur im Rahmen der Rekrutierung und Ausbildung zu benutzen, sondern mit ihrer Hilfe auch die interpersonalen Dimensionen der Medizin abzuklären (vgl. Menninger 1948, S. 452). Als der Bedarf an psychotherapeutischen Behandlungen nach dem Krieg durch die Ärzteschaft nicht mehr gedeckt werden konnte, traten neu etablierte Professionen auf den Plan, nämlich die klinische Psychiatrie und die psychiatrische Sozialarbeit. Das Jahr 1947, in dem es zu einer Intensivierung des Kalten Kriegs kam, wurde für Analytiker, die mehr und mehr Führungspositionen in der psychiatrischen Profession, in Kliniken und Ausbildungsprogrammen bekleideten, zu »einer Art Goldrausch« (Hale 1995, S. 211f.). Sechs Jahre später jubelte der Präsident der Amerikanischen Psychoanalytiker Vereinigung, seine Wissenschaft habe es in den USA »endlich zu Anerkennung und Ansehen« gebracht – im Gegensatz zu der wechselvollen Karriere, die ihr in Europa beschieden war (vgl. Coser 1984; Kurzweil 1995 [1989]).

Ebenso wie der Puritanismus einen Bruch mit den mittelalterlichen kommunalen Kontrollen zugunsten individueller Verantwortung bedeutet hatte, beruhte die therapeutische Revolution der Nachkriegsjahre auf der Idee der verinnerlichten Selbstkontrolle. Der traditionelle Psychiater verkörperte die von Michel Foucault so genannte »repressive Macht«, d. h. die väterliche Autorität, der sich eine in geordneten Verhältnissen lebende Familie unterwirft. Doch unter dem Eindruck der Ich-Psychologie, wie die aus Europa eingewanderten Analytiker ihr Projekt nannten, verwandelte sich die Psychiatrie in eine »psychodynamische« Disziplin, die ihre Aufgabe darin sah, die von Foucault so genannte »produktive Macht« zu stärken, d. h. eine Disziplinarmacht, die nicht von außen, sondern von innen wirkt, indem sie Menschen und deren Handeln »nicht in Ketten [legt], um sie einzuschränken […]. Die Disziplin ›verfertigt‹ Individuen« (Foucault 1977 [1975], S. 220). Zahlreiche Darstellungen der Psychiatrie in Filmen aus jener Zeit, etwa Anatol Litvaks *The Snake Pit* von 1948, stellen dem dilettantischen Psychiater alten Stils, der nach wie vor auf Isolation, Elektroschock und andere Formen der repressiven Macht setzt, den Analytiker gegenüber, der die neueren »Gesprächstherapien« praktiziert. Ihren Wendepunkt fanden diese Filme gewöhnlich dann, wenn die

Analytiker auf Wutausbrüche ihrer Patienten nicht mit Sanktionen reagierten, also nicht von außen auf sie einwirkten, sondern ihnen den »Raum« zugestanden, in dem sie die angestrebte Selbstkontrolle oder Ich-Autonomie innerlich entwickeln konnten.

Freuds Theorie des Ichs war im Ersten Weltkrieg formuliert worden und kam für das Projekt der verinnerlichten Selbstkontrolle zur rechten Zeit. In der klassischen psychoanalytischen Behandlung (wie auch im Monotheismus nach Freud'scher Interpretation) sollten die dem Unbewussten entstammenden mächtigen Triebstrebungen nicht etwa verdrängt werden; vielmehr sollte der Analytiker sich weigern, sie zu befriedigen. Diese Frustration gab den Patienten – zumindest in der Theorie – Gelegenheit zu lernen, ihre Triebenergien zu sublimieren, d.h. sie von der unverzüglichen sinnlichen Befriedigung ab- und auf Einsicht, rationales Denken oder *Geistigkeit* hinzulenken. Aber die Sublimierung ist nicht unumgänglich. So konnte Freuds Verständnis den neuen Therapieverfahren ebenso als Orientierungshilfe dienen wie auch den neuen liberalen Theorien des Managements und der politischen Ordnung. Um die hysterische Antikriegsstimmung, die auf dem Ersten Weltkrieg gelastet hatte, gar nicht erst aufkommen zu lassen, riet beispielsweise Talcott Parsons 1942 Franklin Roosevelt, »auf feindselige Interpretationen der Regierungspolitik« nicht einzugehen, sondern die Kritiker in der Art eines Therapeuten zum Schweigen bringen, »der sich unbeteiligt verhält und die neurotischen Wahrnehmungen des Patienten dadurch untergräbt« (Parsons 1954 [1942]). In entsprechender Weise stützte George F. Kennan seine Politik des Containments fünf Jahre später auf die Überlegung, dass eine ruhige, auf Einschüchterung verzichtende Präsenz an den sowjetischen Grenzen die Sowjets zwingen würde, sich innerlich zu wandeln und schließlich rational zu verhalten; militärische Interventionen und »Tests« ihrer Entschlossenheit hingegen würden die sowjetische Paranoia lediglich verstärken. Wie diese Beispiele zeigen, war die Ethik der Reife in Wirklichkeit keineswegs apolitisch. Vielmehr zielte sie auf eine höhere Ebene der individuellen Verantwortung und Autonomie als der angebliche Linksradikalismus, den sie bekämpfte. Um noch einmal Erik H. Erikson (1974 [1950]) zu zitieren: Die reife Persönlichkeit ist »tolerant gegenüber Unterschieden [...], in der Wertverteilung vorsichtig und methodisch, im Urteil gerecht, im Handeln umsichtig und – trotz all dieser scheinbaren Relativismen – fähig zu glauben und fähig, sich zu empören« (S. 406).

Während die Ethik der Reife die Analyse mit liberalen Idealen der Integrität und Gerechtigkeit verband, legte sie gleichzeitig Wert darauf, emotional aufgeladene oder sogenannte moralische Fragen aus der Politik herauszuhalten. Psychoanalytiker und eine Vielzahl anderer, von ihnen beeinflusster Spezialisten sollten dabei helfen, »exzessive« öffentliche Gefühlsausbrüche zu verhindern – ein Problem, dem man gerade im Nuklearzeitalter besondere Aufmerksamkeit widmete. Tatsächlich gab der Korea-Krieg (1950–1953), in dem mehrere Millionen Koreaner und Zehntausende Amerikaner ihr Leben verloren, ungleich seltener als später der Vietnam-Krieg Anlass zu Massendemonstrationen. Arthur Miller (1989 [1987]) wurde »den Verdacht nicht los, daß die Psychoanalyse [...] nicht nur als Ersatz für den Marxismus, sondern als Ersatz für jede Art gesellschaftlichen Aktivismus benutzt wurde« (S. 423). Analytiker beschwichtigten ihre Patienten, wenn diese im Zusammenhang mit den McCarthy-Untersuchungen unter »übertriebenen« Gewissensbissen litten. Als der Schauspieler Sterling Hayden gegenüber seinem Analytiker äußerte, dass »das FBI mich nicht vom Haken lassen wird, ohne dass ich Leute hineinziehe, die sich nie etwas haben zu Schulden kommen lassen«, beruhigte ihn der Analytiker mit den Worten, das FBI werde »diese Information wahrscheinlich vertraulich behandeln« (Hayden 1964, S. 371).

Parallel zum Rückgang der Proteste und der Feindseligkeit vollzog sich in den Nachkriegsjahren eine Aufladung des Privatlebens mit persönlichen Bedeutungen und Ambitionen. Christopher Lasch (2013 [1991]) ordnet die auch unter dem Einfluss der Psychoanalyse erfolgende Hinwendung zum Privatleben in einer autobiographischen Rückschau historisch ein:

> »Meine Generation hat persönliche Beziehungen mit einer Intensität besetzt, die sich, wie sich herausstellte, auf die Dauer nicht aufrechterhalten ließ. Doch unser leidenschaftliches Interesse am Leben des Anderen wäre als eine Art Rückzug auf Gefühlsleben keineswegs treffend beschrieben. Wir haben versucht, im Kreis unserer Freunde die Intensität des Strebens nach gemeinsamen Zielen wiederaufleben zu lassen, die wir in der Politik oder am Arbeitsplatz nicht mehr finden konnten« (S. 32).

Laschs Worte verweisen auf die Veränderung des Familienlebens, für die sich die Ethik der Reife stark machte. Diese lehnte nicht nur die traditionelle, auf väterlicher Autorität beruhende Arbeiterfamilie ab, sondern auch die männliche, homosoziale adoleszente Welt der »Kumpel« oder »Kumpane« der New-Deal-Ära. Sie befürwortete eine neuerliche Hinwendung der Männer zur heterosexuellen Dyade, die Anerkennung der ehelichen Verpflichtungen und den Aufbau von Freundschaftsnetzwerken, an denen beide Geschlechter beteiligt waren. Die Ethik der Reife galt auch für Frauen. Wir haben schon im 1. Kapitel gesehen, dass die (von Jennifer Jones gespielte) Ehefrau in dem Film *Der Mann im grauen Flanell* von 1956 ihre narzisstische Kränkung überwindet, nachdem sie erfahren hat, dass ihr Mann während des Krieges mit einer Römerin ein Kind gezeugt hat. Sie bekennt sich aufs Neue zu ihrer Ehe und erklärt sich damit einverstanden, dass ihr Mann die finanzielle Verantwortung für das Kind übernimmt – ein Symbol der finanziellen Verantwortung Amerikas für Italien Mitte der 1950er Jahre.

Die Psychoanalyse war ebenso wie der Puritanismus eine posttraditionelle, individualisierende Ethik mit hohen Erwartungen an ihre Anhänger. Dies aber war zugleich ihre Achillesferse. Eine Art internalisierter Autoritarismus, eine Identifizierung mit dem Angreifer, durchsetzte den gesamten Ausbildungsprozess und veranlasste Nachkriegsanalytiker häufig, die vermeintliche »Schwäche« ihrer Patienten zu verachten. Dies erklärt mehr als alles andere ihre berüchtigte »Kälte« – eigentlich ihren Sadismus – gegenüber Frauen wie z. B. Annie Parsons, die nicht zur analytischen Ausbildung zugelassen wurde, weil es ihr angeblich nicht gelungen war, »mit ihren elementaren weiblichen Trieben zurechtzukommen« (vgl. Breines 1992); gegenüber Schwulen wie Howard Brown, der von seinem Analytiker zu hören bekam, »wegen meiner sexuellen Orientierung von Grund auf gestört zu sein«; gegenüber Opfern von sexueller Diskriminierung, die mindestens ein Analytiker als »Sammler von Ungerechtigkeiten« bezeichnete; und gegenüber »narzisstischen Patienten«, deren Probleme von Analytikern für ihre zahllosen »gescheiterten« Analysen verantwortlich gemacht wurden. Die Ich-Psychologen, viele von ihnen jüdische, nach Anerkennung strebende Einwanderer, identifizierten sich mit der mächtigen männlichen Autorität in den Vereinigten Staaten und gerieten dadurch im Laufe der 1960er Jahre auf die falsche Seite.

Ironischerweise aber sollten andere psychoanalytische Strömungen, insbesondere jene, die sich auf die körperliche Liebe konzentrierten, für die Revolte gegen die Ethik der Reife eine zentrale Rolle spielen. Die geschlechtliche Liebe setzt sich laut Max Weber »[a]llem Sachlichen, Rationalen, Allgemeinen so radikal wie möglich entgegen[...]«, so dass der Liebende sich »in den [...] Kern des wahrhaft Lebendigen eingepflanzt [weiß]« und sich »den kalten Skeletthänden rationaler Ordnungen entronnen« fühlt (Weber 2017 [2015], S. 827). Gegen Ende der 1950er Jahre vereinte sich die Explosivität der Sexualität und des Unbewussten mit einer Jugendrebellion. Jack Kerouacs Roman *On the Road* (dt. *Unterwegs*, 1959) zeigte 1957 mit seinen »ziellosen Trips quer durch den amerikanischen Kontinent, dem vollständigen Mangel an gesellschaftlichen Ambitionen, der Suche nach etwas irgendwie, irgendwo Wichtigem, dem Experimentieren mit dem Leben und dem Verschlingen von Büchern [...] eine amerikanische Jugend, wie es sie noch nie gegeben hatte« (Knowles 1961, S. 612). David Riesman, Zeitgenosse Kerouacs, lässt die unter der Jugend mehr und mehr verbreitete Vorliebe für »volkstümliche Unterhaltung« in *Die einsame Masse* (1956 [1950]) mit dem Tod Henry Fords im Jahre 1947 anheben, der den Übergang vom innengeleiteten zum außengeleiteten sozialen Charakter oder, psychoanalytisch ausgedrückt, vom Ich zum Selbst symbolisch angestoßen habe. Damit begann eine der bedeutenden Episoden der antinomischen Unbegrenztheit in der amerikanischen Geschichte.

Die Neue Linke und der Antinomismus

Anfang der 1960er Jahre hielt ein hoffnungsvoller Geist Einzug in die westlichen Gesellschaften. Diese Neuerung erfolgte im Kontext des epochalen Übergangs von der traditionellen oder »repressiven« Autorität zu neuen Formen des individualisierenden »Empowerment«, deren Anfänge auf die 1950er Jahre zurückgingen. Dieser Wandel ließ sich nicht ohne Weiteres unter Kontrolle bringen. Globale Tendenzen hin zur Entspannung des Kalten Krieges sowie der wachsende Wohlstand dienten als Hintergrund für eine Eruption von Vitalität und Sexappeal, ethnischer und sexueller Subkulturen und einer an der Jugend orientierten Kultur des Massenkonsums. Bob Dylan, The Beatles,

Grateful Dead, Pop Art, Jimi Hendrix, John F. Kennedy, Marshall McLuhan, Buckminster Fuller, Mary Quant, Farbfernsehen, Linienflüge, Transistorradios und die Pille bereiteten die Bühne für den demokratischen Aufbruch der 1960er Jahre.

Bei diesem Aufbruch ging es im Kern um eine grundsätzliche Herausforderung der bestehenden öffentlichen und privaten Autoritätssysteme. Samuel P. Huntington, der über diesen Wandel keineswegs glücklich war, nahm an, dass »die Leute nicht mehr denselben Gehorsamszwang empfinden wie diejenigen, denen sie sich bislang in Bezug auf Alter, Rang, Status, Kompetenz, Charakter oder Talente unterlegen gefühlt haben. In den meisten Organisationen hat sich die Disziplin gelockert, Statusunterschiede haben sich verwischt. [...] Hierarchisch gestützte Autorität, Kompetenz und Reichtum, all dies lief offenbar der demokratischen und egalitären Stimmung jener Zeit zuwider« (Huntington 1975, S. 75). Eine Neue Linke, damals als »Bewegung« bezeichnet, versuchte, diesen Aufbruch zu politisieren. Frühere Revolutionen, ganz gleich, ob »bürgerlicher« oder »sozialistischer« Couleur, waren staatsbildende Projekte gewesen, die Neue Linke aber stand der Staatlichkeit kritisch gegenüber. Sabine von Dirke zieht zusammenfassend den Schluss: »Die kulturelle Revolution des Spätkapitalismus war ungeduldiger, generöser und weniger leicht zufriedenzustellen als die ökonomisch-politische Revolution. Sie umfasste [...] eine Revolution sämtlicher Beziehungen, in denen der Mensch zur Ware wird« (von Dirke 1997, S. 44).

Ebenso wie auf den Liberalismus im Kalten Krieg übte der Freudianismus jener Zeit auch auf die Neue Linke einen starken Einfluss aus. Entsprechend kritisch beurteilte sie die Autoritätsbeziehungen in der Familie. Freilich war eine Kritik an der Familie – gleichbedeutend mit »Die-Welt-auf-den-Kopf-Stellen«, um Christopher Hill zu zitieren – unterschwellig auch Teil früherer Revolutionen gewesen. So hatte der Marquis de Sade in der Französischen Revolution behauptet, dass der Inzest eine revolutionäre Gesellschaft fester zusammenkitte als die Brüderlichkeit, weil er libidinöse Energien freisetze, die die Bürger in ihr Land investieren könnten (vgl. Weinstein & Platt 1969, S. 59). Solche Ansichten hatten sich aber nicht durchsetzen können und waren als Provokation verstanden worden. In den 1960er Jahren rückte die Kritik an den Familienbeziehungen jedoch ins Zentrum linker Politik, Hand in Hand mit der Kritik an anderen Autoritätsformen einschließlich jener, die einer rationalisierten Selbstkontrolle oder der »produktiven Macht« zuträglich waren. Die Neue Linke geriet dadurch in Konfrontation mit der Ethik der Reife und folglich mit der Psychoanalyse in ihrer ich-psychologischen Ausrichtung.

Als Kritiker der Ethik der Reife waren die Neuen Linken überzeugt, bezüglich der analytischen Theorie entscheiden zu müssen, sie entweder pauschal zu verwerfen oder einen kritischen Ansatz in ihr zu finden. Sie reagierten auf die Situation, indem sie sozusagen eine Theorie zweier Freuds entwickelten. Einer dieser beiden Freuds war ein apolitischer, sexistischer Mediziner, der andere ein Theoretiker der unterdrückten Sehnsüchte, der Utopie und des Begehrens, des Surrealismus und der Situationistischen Internationalen, kurz: der Revolution. Der eine Freud autorisierte die amerikanische Beherrschung der Welt, die geheiligte Mittelschichtsfamilie und die klassengenerierenden Regierungen des Sozialstaats. Der andere vertrat die Theorie, dass Vernunft aus Wahnsinn hervorgehe, und unterstützte die befreienden Explosionen der 1960er Jahre. Dass weder der eine noch der andere dem historischen Freud entsprach, war weniger wichtig als die Anliegen, in deren Dienst die einflussreiche Freud-Imago gestellt werden konnte.

Indem die Neue Linke sich auf Freud als Gewährsmann der Revolution berief, stellte sie sich gegen die frühere freudo-marxistische Tradition. In Österreich und Deutschland der Vorkriegsjahre hatte Wilhelm Reich die »Massenpsychologie des Faschismus« auf die patriarchalische deutsche Familie zurückgeführt und die Einrichtung von Sexualkliniken in Arbeitervierteln als Möglichkeit propagiert, den Nazis Widerstand zu leisten. Reich führte auch die stalinistische Gegenrevolution auf ihre reaktionären sexuellen und familialen Praktiken zurück und stützte seine eigene Arbeit auf seine Theorie der unterdrückten genitalen Bedürfnisse der industriellen Arbeiterklasse. Stammväter der Neuen Linken wie Dwight MacDonald, C. Wright Mills und Paul Goodman führten die Versäumnisse der Popular Front im Einklang mit Reich auf eine »Fehlbeurteilung der Psychologie der Massen«, wie Mills es ausdrückte (zit. nach Geary 2009, S. 114), zurück, unterschieden sich von ihm aber in ihrer Orientierung an einer jugendzentrierten postindustriellen Gesellschaft statt an einer traditions- und familienzentrierten Arbeiterklasse. Goodman – Homosexueller, Kommunitarist, Anarchist und Schüler von John

Dewey – leistete zur Genese der Neuen Linken einen besonders wichtigen Beitrag. Die Ich-Psychologie fördere, so klagte er, eine »rationalisierte Soziolatrie«, das »reibungslose Funktionieren des Gesellschaftsapparates, *so wie er ist*«. Statt des Ichs sollten daher Therapeuten und Lehrer »das *Selbst* als einen Strukturierungsprozess des Organismus-Umwelt-Feldes betrachten« (Perls, Hefferlein & Goodman 1951, S. 235; Hervorhebung E. Z.).

Goodmans Gegenüberstellung von Ich und Selbst ist ein Beispiel für die Veränderung, die sich während der 1960er Jahre in der Psychoanalyse vollzogen hat. Gleich vielen anderen Veränderungen in der Geschichte der Psychoanalyse wird auch diese verständlich, wenn man sich die Sprache genauer ansieht. Freuds eigener Begriff, Ich, war mehrdeutig, doch Freud hatte ihn mit Bedacht gewählt. Einerseits bezeichnete »Ich« – ego – eine psychische Instanz, die es vom Es – id – und vom Über-Ich – super-ego – zu unterscheiden gilt. Andererseits bezeichnete »Ich« aber auch das vom Objekt unterschiedene Subjekt. Freud machte sich diese Doppeldeutigkeit in der Art, wie er das Wort verwendete, zunutze. Einerseits beschrieb er den psychischen Apparat, der aus verschiedenen Instanzen (Es, Ich, Über-Ich) mit jeweils eigenen Interessen besteht. Andererseits muss das Ich aber einen Sinn für die Interessen des Subjekts insgesamt haben, um seiner Funktion als Mittler zwischen den verschiedenen Anteilen der Psyche gerecht werden zu können. Diesen Sinn beginnt es in der Phase des Narzissmus zu entwickeln, in der es das eigene Selbst zum Liebesobjekt erwählt. Das Ich bezieht auch einen Großteil seiner Energien aus dem Narzissmus, kann aber nicht auf das Selbst reduziert werden. In den 1960er Jahren nun wurde das Ich-Konzept mehr und mehr mit Verdrängung, Autoritarismus oder produktiver Kraft in Foucaults Sinn assoziiert. Das Selbst-Konzept trat an seine Stelle und ermöglichte schließlich ein neues, affirmatives Verständnis des Narzissmus.

Die Ersetzung des Ichs durch das Selbst war auch eine *antinomische* Reaktion auf den Puritanismus der Ethik der Reife. Um dies zu verstehen, müssen wir uns daran erinnern, dass Perry Millers Puritaner die Selbstliebe im Einklang mit Augustinus mit der Erbsünde in eins setzten. Das Gegenteil der Selbstliebe war die Frömmigkeit – »piety« –, die Ehrfurcht vor dem Moralgesetz, durch das Gott »Seinen« Willen offenbart. Der Antinomismus hingegen bestätigte das Selbst, denn er postulierte, dass es Gott direkt, ohne Vermittlung durch Gottes Gesetz, erkennen könne. Der Antinomismus ist tatsächlich gleichbedeutend mit dem Widerstand gegen das Gesetz. Der Ehrfurcht der Puritaner vor dem Moralgesetz entsprechend, war Autorität für sie eine patriarchale, weitergegeben vom Vater zum Sohn. Den Antinomismus hingegen erfüllte der Geist von Frauen und anderer Außenseiter. Die antinomische Häresie einer Anne Hutchinson, die 1636–1638, sehr bald nach Gründung der Massachusetts Bay Colony im Jahre 1620, mehr und mehr Anhänger um sich sammelte, war eine Rebellion gegen die konservativen puritanischen Ältesten. Die antinomische Ablehnung der althergebrachten Moral und Überzeugung von der Wahrheit unmittelbarer Erfahrung beschränkte sich zudem nicht auf die Religion. Weil die Erbsünde als klassische Rechtfertigung aller Formen der Ungerechtigkeit, die Sklaverei inbegriffen, diente, ging ein affirmatives Verständnis des Selbst eine enge Verbindung mit dem Kampf gegen Sklaverei, mit dem Feminismus, dem Transzendentalismus und der romantischen Reform ein, lange bevor es Einfluss auf die Kultur der 1960er Jahre auszuüben begann.

Die antinomische Tradition hatte auch die amerikanischen psychotherapeutischen Praktiken der »Mind-cure«-Bewegungen oder der Suggestion geprägt. Die »Heilung durch den Geist« beruhte auf Entspannungstechniken wie der Meditation und strebte nach Auflösung und anschließender Wiederaufrichtung des Selbst. Diese nach dem Muster von Bekehrungserfahrungen gebildete Vorstellung von Tod und Wiedergeburt liegt den starken Traditionen der amerikanischen Psychologie, angefangen von Christian Science und Mesmerismus über Anonyme Alkoholiker, Erhard Seminars Training (EST), Lifespring bis hin zu den Theorien des »positiven Denkens« und der »Co-Abhängigkeit«, zugrunde. Als antinomische Version der Psychotherapie war die Mind Cure auch die von amerikanischen Frauen bevorzugte Therapieform. Mary Baker Eddy, die Gründerin von Christian Science, Clara Barton, Gründerin der amerikanischen Roten Kreuzes, Dorothea Dix, die sich für die Reformierung der psychiatrischen Anstalten einsetzte, und Jane Addams, Mitbegründerin der professionellen Sozialarbeit, praktizierten Mind Cure als positives Denken. Sie alle waren als junge Frauen krank gewesen, entdeckten dann ihre Berufung und führten fortan ein reiches, gesundes und produktives Leben. Alles andere als eine oberflächliche, »affirmative« Alternative zur Psychoanalyse, fand die Mind-cure-Bewegung auch internationale Anerkennung. Als William James 1901/1902 in Schottland die Gifford Lectures hielt, lehnte er die selbstquälerische Morbidität der Puritaner zugunsten einer, wie er es nannte, »antimoralistischen Methode« ab. Diese »Religion des gesunden Geistes« oder »Mind-cure-Bewegung« – »Du bist schon gerettet, wenn du nur daran glaubst« (James 2014 [1901/1902], S. 110–151) –, bahnte der Psychoanalyse in den USA den Weg, auch wenn sie von Psychoanalytikern als Tummelplatz unqualifizierter weiblicher Amateure verachtet wurde.

In den 1960er Jahren dienten antinomische Bewegungen und verschiedene Strömungen der Heilung durch den Geist – häufig in Gestalt von New-Age-Psychologien – als starker, wiewohl nicht anerkannter Rückhalt für die Abwendung von der Ethik der Reife und die Hinwendung zur Affirmation des Selbst. Wir können die Entfaltung der Theorie, die dieser Veränderung zugrunde lag, auf zwei Gebieten verfolgen, nämlich dem der professionellen Psychoanalytiker und Psychotherapeuten einerseits sowie dem der Neuen Linken andererseits. Unter Analytikern war ein zunehmend affirmatives therapeutisches Vorgehen zu beobachten; die Analyse wurde freundlicher und behutsamer, begann aber auch, ihr ureigenes Projekt, die Widerstandsanalyse, zu verlieren. Schon 1946 hatten Heinz Hartmann, Ernst Kris und Rudolph Löwenstein die analytische Zunft gedrängt, das Wort »ego« in der englischen Übersetzung von Freuds Narzissmus-Arbeit aus dem Jahr 1914 durch »self« zu ersetzen, und zwar mit der Begründung, dass der Narzissmus keine libidinöse Besetzung des *Ichs* im Gegensatz zum Es sei, sondern des *Selbst* im Gegensatz zur Welt (Hartmann, Kris & Loewenstein 1946, S. 16). Damit verspielten sie die Tiefe der Freud'schen Konzipierung. In den 1960er Jahren plädierten Analytiker wie z.B. Heinz Kohut für eine *affirmative* Einstellung zum Narzissmus. Die Ich-Psychologen als Vertreter der Ethik der Reife propagierten, so Kohut (2016 [1981]), eine brutale »Moral, der Wahrheit mutig ins Gesicht zu sehen« (S. 225), eine »Gesundheits- und Reifemoralität« (Kohut 1979 [1977], S. 190) im Dienste der Ich-Entwicklung. In Kohuts Augen aber war es nicht notwendig, das Ich durch die Kultivierung analytischer Zurückhaltung oder »Abstinenz« (Freuds bevorzugter Begriff) zu stärken; vielmehr sah er die analytische Aufgabe darin, dem verletzten Selbst die Erfahrung zu vermitteln, sich bestätigt zu fühlen.

Der Freudianismus der Neuen Linken, beispielhaft dargelegt in Marcuses *Triebstruktur und Gesellschaft* (1970 [1955]) und Browns *Zukunft im Zeichen des Eros* (1960 [1962]), lehnte die für die Ethik der Reife charakteristische Betonung des Ichs ebenfalls ab, allerdings ausdrücklich im Rahmen einer angestrebten Transformation von Autoritätsbeziehungen, mit anderen Worten: Die Neuen Linken politisierten Freud. Indem Marcuse *überschüssige* (durch Kapitalismus, Arbeitsethik, Rassismus oder Sexismus verursachte) Verdrängung von *notwendiger* (unserem Leben als sterbliche, verwundbare Wesen eigener) Verdrängung unterschied, diagnostizierte er die Ethik der Reife als Artefakt des amerikanischen Nachkriegskapitalismus und nicht als logische Weiterentwicklung des Freud'schen Denkens. Auch Brown argumentierte, dass sich die von der Ethik der Reife geforderte »Neutralität« und Zurückhaltung aus Freuds Theorie nicht herleiten ließen. Vielmehr sei in Freuds Vision der infantilen Sexualität eine neue Lebensweise angelegt, die Brown als »polymorphe Perversität« bezeichnete. Beide Denker vertraten die Ansicht, dass Freuds Schriften eine revolutionäre Konzeption einer nicht-repressiven Gesellschaft enthielten, die in den explosiven Möglichkeiten des Trieblebens wurzele.

Was das Narzissmusverständnis der Neuen Linken vom therapeutischen Ansatz unterschied, war die Tatsache, dass Psychotherapeuten und Analytiker das Selbst bestätigen wollten, so wie sie zuvor das Ich zu stärken versucht hatten. Marcuse, Brown und die Neue Linke hingegen wollten es auflösen. Statt den Narzissmus im Sinne des Selbstwertgefühls oder im Sinne des *sekundären* Narzissmus zu begreifen, lenkten sie die Aufmerksamkeit auf den *primären* Narzissmus, die infantile Quelle der Selbstliebe und Verschmelzung mit dem Körper der Mutter. Mit dem Konzept des primären Narzissmus hatte Freud (1930a) in seiner Abhandlung *Das Unbehagen in der Kultur* das »ozeanische Gefühl« zu erklären versucht, als er schrieb: »Ursprünglich enthält das Ich alles, später scheidet es eine Außenwelt von sich ab. Unser heutiges Ichgefühl ist also nur ein eingeschrumpfter Rest eines weitumfassenderen, ja – eines allumfassenden Gefühls, welches einer innigeren Verbundenheit des Ichs mit der Umwelt entsprach« (S. 67). Marcuse hatte das ozeanische Gefühl im Sinn, als er behauptete, dass der primäre Narzissmus dem Auftauchen des Ichs (»I«) oder des Selbst vorgängig sei. Er bewirke keineswegs eine psychische Besetzung des Selbst, sondern charakterisiere das intrauterine

Leben und den Schlaf. Weil er die ursprüngliche, »innigere[] Verbundenheit des Ichs mit der Umwelt« widerspiegele, stellte Marcuse ihn dem Ich als Grundlage der Ethik der Reife gegenüber. Dieses Ich beschrieb er als »ein wesentlich aggressives, offensives Subjekt, dessen Gedanken und Taten dazu geeignet waren, Objekte zu bemeistern. Es war ein Subjekt *gegen* ein Objekt. [...] Die Natur (sowohl seine eigene, als die äußere Welt) ist dem Ich als etwas ›gegeben‹, das bekämpft, erobert, selbst vergewaltigt werden mußte« (Marcuse 1995 [1955], S. 110). Die Ethik der Reife »widerspricht zunehmend jenen Kräften und Haltungen, die viel mehr rezeptiv als produktiv sind, die auf die Befriedigung statt auf Transzendenz zielen – die dem Lustprinzip in hohem Maße verhaftet bleiben« (ebd., S. 112).

Während Marcuse in den Traditionen der Kritischen Theorie und der radikalen Politik schrieb, berief sich Brown (1962 [1960]) auf den mystischen Selbstverlust, um die Ethik der Reife infrage zu stellen. Browns Helden waren Lao-tse, Jakob Böhme und William Blake sowie deren spätere Nachfahren, u.a. Alan Ginsberg. In seinem Vorwort zu *Zukunft im Zeichen des Eros* berichtet er, dass ihn »die Restbestände[] der politischen Gedankenwelt, welche die liberalen Ideen und Aktionen der dreißiger Jahre geformt hatte« – d.h. der Marxismus –, sowie seine tiefe Abneigung gegen die »Politik der Sünde, des Zynismus und der Verzweiflung« – d.h. gegen den Liberalismus des Kalten Krieges – gezwungen hätten, »die klassischen Auffassungen vom Wesen der Politik und vom politischen Charakter der menschlichen Natur zu überprüfen« (S. 9). Brown teilte Marcuses Ablehnung des für die 1950er Jahre charakteristischen genitalen »Ichs der Bemeisterung« und Marcuses Gleichsetzung der Unbegrenztheit mit »weiblichen Motiven«, z.B. Rezeptivität und Befriedigung. Mit seiner Ablehnung der »Pseudo-Individuation« der Ich-Psychologie, die seiner Ansicht nach »aufgebaut oder gegründet [ist] auf feindseligen Bestrebungen, die gegen die Mutter gerichtet sind« (ebd., S. 165), wollte Brown Johann Bachofens Entdeckung der Rolle, die das Matriarchat in der Menschheitsgeschichte gespielt hatte, »von der Schwärmerei Jungs befreien« (ebd., S. 161).

Solche Lesarten Freuds waren in der Neuen Linken weit verbreitet und florierten vor dem Hintergrund der (drogeninduzierten) »veränderten Bewusstseinszustände«, der Be-Ins, der verschwimmenden Identität, der

Massenansammlungen und der Welt des neugeborenen Massenkonsums, in dem die Farbigkeit, die Vitalität und die ursprünglichen Rhythmen des unbewussten Es vibrierten. Kommunen, Angriffe auf die Monogamie, Rockmusik, die Zurschaustellung privater Verhaltensweisen oder Nacktheit, zwanglose Kleidung und Selbstenthüllungen in der Öffentlichkeit, eine Aktivistenkultur, deren einziges regulatives Ideal die »Beteiligung« war – all dies schuf die soziale Basis für eine neue, die Befreiung des Selbst anstrebende Ethik *nach* der Ethik der Reife. Der primäre Narzissmus, so behauptete Marcuse (1970 [1955]), weise den Weg »von der unter das genitale Supremat gezwungenen Sexualität zu der Erotisierung der Gesamtpersönlichkeit« (S. 199), von der instrumentellen Rationalität zu Kunst, Spiel und narzisstischer Zurschaustellung. Mit seiner Artikulation des im Narzissmus enthaltenen utopischen Elements identifizierte Marcuse Künstler und Homosexuelle als Vorhut jener Kräfte, die die Ethik der Reife zu Fall bringen würden. Beide fanden Ausdruck im Dichter und Sänger Orpheus. Dieser trat nun an die Stelle des Prometheus, Marx' Helden aus der antiken Welt, der den Göttern das Geheimnis des Feuers entrissen hatte und so zum Heros einer produktivistischen Kultur geworden war. Orpheus hingen war eine Gestalt der Ära nach der Knappheit und verwarf ebenso wie Narziss »den normalen Eros, nicht um eines asketischen Ideals, sondern um eines noch volleren Eros willen« (ebd., S. 169). Er vermochte nicht nur alle Lebewesen mit seiner Musik zu verzaubern, sondern führte auch die Homosexualität in die Menschheitsgeschichte ein.

Die Regression der 1960er Jahre auf den primären Narzissmus spiegelt das Potenzial der narzisstischen Libido zur »Rückbeziehung auf Konjugierendes, Verschmelzendes«, wie Lou Andreas-Salomé (1921, S. 362) es ausgedrückt hat, wider. Dies war der Moment, in dem sich gesellschaftliche und geschlechtliche Unterschiede auflösten, ein antinomischer Moment, der das Individuum aus seinem sozialen Kontext heraustrennt und direkt vor Gottes Angesicht bringt. In der Psychoanalyse blieb der antinomische Moment in Form der freien Assoziation erhalten, die auf der Suspendierung des Handelns beruhte, aber der Deutung den Weg bahnte. Im Gegensatz dazu trennte die Neue Linke den Einzelnen aus seiner sozialen und kulturellen Situation heraus, um ihn zu neuen Handlungsformen anzuregen. Kristin Ross (2002) hat diese Fähigkeit der Neuen Linken als »Entidenfizierung« bezeichnet.

Sie schreibt: »Der Mai '68 hatte mit der sozialen Gruppe – Studenten oder ›Jugend‹ –, die ihn anzettelten, wenig zu tun. Er hatte ungleich mehr zu tun mit der Flucht vor sozialen Determinanten, mit Entwurzelung, die die Menschen aus ihrer gesellschaftlichen Verortung riss, mit Disjunktion zwischen politischer Subjektivität und sozialer Gruppe«. Ross bezeichnet dies auch als »eine Erschütterung der sozialen Identität, die es ermöglichte, dass Politik stattfinden konnte« (S. 2f.). Die Entidentifizierung bildete eine Form des politischen Antinomismus, die etablierte Formen der Autorität oder sozialen Distinktion auflöste.

Die Ethik der Reife hatte die traditionelle Autorität schon zu untergraben begonnen, indem sie eine distanzierte und ironische Einstellung zur Gesellschaft unterstützte. Die Neue Linke ging aber wesentlich weiter, indem sie die antipolitischen Konnotationen der Ethik der Reife infrage stellte und der radikalen oder linken Politik einen Platz einräumte. Um dies in seiner ganzen Bedeutung zu verstehen, ist es hilfreich, sich daran zu erinnern, dass das liberale Bild Freuds als eines konservativen Opponenten des utopischen und progressiven Denkens tief in zwei Jahrhunderten antipolitischen Denkens des amerikanischen Mainstreams wurzelte, und dieses antipolitische Denken wiederum war ein direkter Abkömmling des Bestrebens, die Frage der Sklaverei aus der Politik herauszuhalten. Daher rührte der revolutionäre Einfluss der Bürgerrechtsbewegung – z. B. der Sit-Ins als Proteste gegen die Rassentrennung –, die die Codes von Anstandskontrolle und Protesteindämmung zersprengte. Die Antikriegsbewegung stützte sich auf die Bürgerrechtsbewegung als Präzedenzfall. Während ihrer Demonstrationen, Sit-Ins und Märsche klagten Liberale des Kalten Krieges, Universitätspräsidenten und Gesellschaftstheoretiker regelmäßig, dass die Studenten die pluralistischen Erwartungen, Mechanismen und Verfahren nicht zu würdigen wüssten, beispielsweise die Formulierung »klarer Anforderungen«, Kompromisse und Verhandlungen, von denen die Gesellschaft in den Augen der Liberalen und Pluralisten zusammengehalten wurde. In Wirklichkeit hatten die Studenten erkannt, dass nur eine kontinuierliche, aktive Herausforderung der Hierarchie, einschließlich der Hierarchie innerhalb der radikalen Bewegung, zu genuiner Gleichheit führen würde (vgl. Breines 1982, S. XIV). Die Linie, die regulierte, was politisch infrage gestellt werden konnte und was privat bleiben musste, war dieselbe Linie, die im Innern der Individuen Gültigkeit besaß, Manierliches von Grobheit schied, Lautes von Leisem, das Männliche vom Weiblichen, das Akzeptable vom ernsthaft Herausfordernden. Die Unterdrückung der Triebe hing, wie der Aktivismus der Neuen Linken faktisch demonstrierte, aufs Engste mit dem Überleben der älteren Statushierarchien in Amerika sowie mit dem Kapitalismus selbst zusammen.

Ein antinomischer Aufbruch wie in den Sechzigern kann naturgemäß nicht von Dauer sein. Ein Großteil des antinomischen Geistes jener Zeit wurde von den Flammen Vietnams verzehrt. Quasi-surreale Werke wie Michael Herrs *Dispatches* und Tim O'Briens *The Things They Carried* gedachten des erbittert geführten Krieges, der mit der Tet-Offensive im Januar 1968 an einem Wendepunkt anlangte. Im April kam es zu einem Aufstand in Prag, und im Mai zu einem Generalstreik der Arbeiter und Studenten in Paris. In Mexico City wurden Studenten in der Universität brutal ermordet. In Chile, Paraguay, Brasilien, Argentinien und Uruguay »verschwanden« linke Aktivisten – manche von ihnen wurden bei lebendigem Leib aus Militärflugzeugen hinausgeworfen. Vor einem solchen Hintergrund und im gleißenden Scheinwerferlicht der Fernseh- und Filmkameras (»die ganze Welt sieht zu«) begann die Neue Linke in Grüppchen und Massenkristalle (Canetti) zu zerfallen. Als deren langlebigster sollte sich der radikale Feminismus erweisen. Gleichzeitig wurden unzählige neue Zeitschriften, vorparteiliche Organisationen, Manifeste zur Universitätsreform, Konferenzen und andere intellektuelle und politische Projekte ins Leben gerufen, um den weitgehend unkoordinierten Aufschwung der Neuen Linken in eine permanente radikale Präsenz zu transformieren.

Derweil keimte auch die neoliberale Revolution auf. Eine neue Form des Konsumismus, symbolisiert durch den *Whole Earth Catalogue*, und ein neues Arbeitsmodell, symbolisiert durch Silicon Valley, schlugen eine Brücke zwischen dem Utopismus der Sechziger und dem Unternehmergeist der Siebziger. Obwohl die vorherrschende, mit dem Markt assoziierte Ideologie eine Ideologie der rationalen Entscheidung war, konnte der Neoliberalismus vieles von der Kreativität, die zuvor mit dem Unbewussten und mit dem Privatleben verbunden gewesen war, für sich vereinnahmen, und zwar einhergehend mit einem neuen, affirmativen Narzissmusverständnis. Als die 1970er Jahre anbrachen, erfanden Journalisten das Schlagwort »Me-Generation« und beschrieben als typische Eigenschaft der Angehörigen dieser Generation ein ständiges Bemühen, »selber auch zu den Großen, Reichen und Mächtigen zu gehören«, und eine dauernde Angst, »es könnte sich herausstellen, daß sie auch nur ›mittelmäßig‹ sind« (Kernberg 1983 [1975], S. 269). Christopher Lasch vertrat in seinem außerordentlich einflussreichen Buch *Das Zeitalter des Narzissmus* (Lasch 1980 [1978]) die Ansicht, dass es der Neuen Linken »nicht mehr um gesellschaftliche Veränderung [gehe]; sie ist zum Kampf um Selbstverwirklichung entartet« (S. 49). Lasch zitiert Susan Sterns Bericht über ihre Zeit bei den Weathermen und ihre Gefühle bei den Antikriegsdemonstrationen während des Parteitages der Demokraten in Chicago 1968: »Ich fühlte mich wohl. Ich spürte, wie geschmeidig, stark und schlank mein Körper war; ich hätte meilenweit laufen können, und ich spürte, wie sicher und behend meine Füße sich unter mir bewegten. […] Ich hatte ein Gefühl meiner eigenen Wirklichkeit. […] Ich fühlte es, ich war Teil eines riesigen Zusammenhangs von starken, aufregenden, brillanten Menschen« (ebd., S. 24). Obwohl Lasch das Phänomen des Narzissmus herabwürdigt, zitierte er unbewusst eine Passage, in der eine Frau ihre Körperwahrnehmung beschreibt.

Frauenbefreiung und Konsolidierung des Konsumkapitalismus

Trotz des in den 1960er Jahren weitverbreiteten Interesses an Marcuse und anderen freudo-marxistischen Theoretikern war die Gegnerschaft zu Freud den meisten Linken in Fleisch und Blut übergegangen. Sie betrachteten Freud als einen viktorianischen Denker, der die rückwärtsgewandten Ideologien seiner Zeit, die angeborene Aggression, die patriarchale Familie und die Minderwertigkeit der Frau, anerkannte und über konkrete soziale Realitäten wie Kapitalismus, Rassismus und Sexismus hinwegsah. In den frühen 1970er Jahren aber machten radikale Feministinnen und Unterstützer der Frauenbefreiung geltend, dass Freuds Werk von entscheidender Relevanz für die Auseinandersetzung mit den Problemen sei, die den Aufstieg der Neuen Linken begleiteten: Autorität, Herrschaft, Sexualität, die Sozialisierung des Temperaments und der »Geschlechterrollen«, die Beziehung zwischen Privatheit und Öffentlichkeit, der Unterschied zwischen den Geschlechtern und, an vorderster Stelle, die Unterdrückung der Frau. Gleichwohl waren sie überzeugt, dass Freuds Einfluss von Grund auf extrem negativ gewesen sei. Weil die Psychoanalyse den ideologischen Kern der Ethik der Reife bereitgestellt hatte, definierte sich der radikale Feminismus zumindest in seinen ersten, formativen Jahren sogar weitgehend durch Angriffe auf Freud. Gleichzeitig war er aber insofern auch Erbe des politischen Freudianismus, als er von der Annahme ausging, dass die psychosexuelle Familiendynamik für das Verständnis von Politik, Kultur und Gesellschaft entscheidend sei. Infolge dieser Nähe zu Freuds Denken war der feministische Bruch mit Freud eine hochambivalente Angelegenheit. Er vollzog sich in drei gegenläufigen, einander aber überschneidenden Phasen.

In der ersten Phase wurde die Psychoanalyse als Feind, sogar als *der* Feind, grundsätzlich abgelehnt. In der zweiten erfuhr sie eine Neuschrift als »feministische Theorie *manqué*«, d.h. als eine defizitäre Theorie des Patriarchats, die auf eine Umarbeitung im feministischen Sinn angewiesen war. In der dritten, bis heute andauernden Phase wurde der Freudianismus noch einmal in einer relationalen oder »Selbst-Objekt«-Form revidiert, die mit der neoliberalen Wende und insbesondere mit der Konsolidierung des neuen kapitalistischen Geistes zusammenlief. Alles in allem war die feministische Beschäftigung mit Freud kurzlebig, aber intensiv und historisch folgenreich. Die Konzepte und ethischen Ideale, die in den frühen Siebzigern formuliert wurden, erwiesen sich als bemerkenswert ausdauernd, und zwar zum großen Teil deshalb, weil sie eine symbiotische Verbindung mit dem auftauchenden Geist des Kapitalismus eingingen.

In der ersten Phase, der Phase der Ablehnung, argumentierten radikale Feministinnen, dass die Entdeckungen Freuds, »dieses großen Pioniers, […] dazu benutzt worden [seien], einen Gesichtspunkt zu vertreten, der im Grunde konservativ ist« (Millett 1971 [1970], S. 208). Als Kate Millett diese Worte 1970 veröffentlichte, galten sie der Neuen Linken schon als Binsenweisheit, aber der radikale Feminismus verlieh ihnen eine neue Bedeutung. Die Theorie des Penisneides wirkte demnach zur rechten Zeit »als wohlgezielte Anklage« gegen jede Frau, »die nicht willens [war], auf ihrem Platz zu bleiben« (ebd., S. 221). Laut Millets Lesart nahm Freud an, »daß die Entdeckung ihres eigenen

Geschlechts für die Frau eine Katastrophe von so verheerendem Ausmaße« sei, »daß sie ihr ganzes Leben hindurch davon verfolgt« werde (ebd., S. 210).

Entscheidend zum Verständnis der ersten Phase war das Credo: »Das Private ist politisch.« Dieser Slogan stellte die Idee eines relativ autonomen intrapsychischen Lebens direkt zugunsten der, wie es später heißen sollte, sozialen Konstruktion infrage. Als frontaler Angriff auf die Ethik der Reife wurzelte er tief in der Kultur jener Zeit. Die Totalitarismusideologie des Kalten Kriegs, die ihren Ausdruck auch in der »Gehirnwäschenmetaphorik« fand, war der Vorstellung einer allmächtigen Gesellschaft zuträglich gewesen; selbst der Wahnsinn, so behaupteten die Vertreter der Neuen Linken, sei eine soziale Konstruktion. Auf solche Vorläufer gestützt, waren die radikalen Feministinnen der ersten Welle überzeugt, dass alles, was Frauen negativ beeinflusste, seinen Ursprung nur außerhalb der weiblichen Psyche haben könne. Natürlich war damit das Stäbchen über der Psychoanalyse gebrochen. Feministinnen gaben »bewusstseinserweiternden« Gruppen den Vorzug vor »individuellen Erklärungen«. Die pro-freudianische Feministin Juliet Mitchell (1976 [1974]) wandte dagegen ein, dass Feministinnen das Seelenleben »von der Betrachtung ausgeschlossen« hätten: »Alles passiert wirklich … und es gibt keine andere Art von Realität als die soziale Realität« (S. 400).

Mitchells Bemerkung lässt keinen Zweifel daran, dass die ersten feministischen Angriffe allzu simpel waren, als dass sie eine so komplexe und imposante Persönlichkeit wie Freud hätten vernichten können. Aussichtsreicher war eine zweite, rekonstruierende Phase, in der Feministinnen proto-freudianische Denkfiguren übernahmen, um tiefer in das persönliche oder familiale Terrain einzudringen. Nun sahen sie sich jedoch mit einer verhängnisvollen Ambivalenz konfrontiert. Einerseits war die Familie der Sitz traditioneller Autorität, mithin auch der Unterordnung der Frau; sie war aber gleichzeitig der wichtigste Ort der Liebe zwischen Männern und Frauen, ihres Ringens, sexuelle Bindungen und Elternbeziehungen sowie ein Privatleben jenseits der Vorgaben einer rationalisierten kapitalistischen Ordnung aufzubauen. Im Allgemeinen lösten Feministinnen diese Ambivalenz auf negative Weise, indem sie die Familie umstandslos als Sitz der Unterdrückung oder Macht definierten. Bestätigung erfuhr dieser Ansatz, der sich auf Wilhelm Reich berufen konnte, in den frühen siebziger Jahren durch die neomarxistische-cum-feministische Entdeckung, dass die Familie Teil der von Marx so genannten »ökonomischen Struktur« der Gesellschaft war – eine Stätte gesellschaftlich notwendiger, aber nicht anerkannter, weil nicht bezahlter Arbeit. Diese Entdeckung hätte Amerika in eine ganz andere Richtung pushen können, nämlich in Richtung einer Sozialdemokratie, doch ihr wesentlicher Effekt bestand darin, der Entidealisierung von sexueller und romantischer Liebe, der wichtigsten Errungenschaft der zweiten Phase der feministischen Begegnung mit Freud, Auftrieb zu geben.[1]

Obwohl der Koitus, so Kate Millett (1971 [1970]), »an sich eine rein biologische und körperliche Tätigkeit zu sein *scheint*«, kann man ihn doch »als Mikrokosmos […] machtstrukturelle[r] Beziehungen« betrachten, »aufgrund derer eine Gruppe von Menschen von einer anderen regiert wird« (S. 31). Als klassische Referenz diente diesem Ansatz Shulamith Firestones *The Dialectic of Sex* von 1970 (dt.: *Frauenbefreiung und sexuelle Revolution*, 1975). Laut Firestone gründet »alle bisherige Geschichte« letztlich in der »biologischen Familie«, in der sich eine vom Vater beherrschte »Psychologie der Macht« (S. 19) entwickelt hat, »psychologische[s] Muster von Herrschaft und Unterordnung« (ebd., S. 42). Penisneid ist in Wahrheit Machtneid. »So sieht also das bedrückende Klima aus, in dem das normale Kind aufwächst. Von Anfang an spürt es die Hierarchie der Macht«, erklärt Firestone (ebd., S. 50), über Freud hinausgehend. Firestone verstand ihre Thesen als ein generelles Geschichtsverständnis, das den Marxismus ersetzen sollte. Der Hauptanwendungsbereich ihres Zugangs war aber tatsächlich die Familie.

Das Verständnis der Familie als Ort der Arbeit und Macht hat die Bedeutung der Heterosexualität mitunter auf eine fast karikatureske Weise verändert. Sogar selbsternannte sozialistische Feministinnen wie Ellen Dubois und Linda Gordon beschrieben die heterosexuelle Erfahrung der Frauen als eine »Ekstase auf dem Schlachtfeld«, mit anderen Worten: Frauen müssen sich die sexuelle Lust, die ihnen der Geschlechtsverkehr vielleicht bereiten mag, in ihrem unablässigen Kampf, nicht zur Beute des Mannes zu werden, erobern (Dubois & Gordon 1983). Die radikale Feministin Catharine MacKinnon

1 Die Anerkennung der Frauenarbeit als notwendiger Bestandteil eines funktionierenden Kapitalismus brachte die Bewegungen hervor, die sich für die Bezahlung der Hausarbeit, für flexible Arbeitszeiten und Mutterschaftsurlaub einsetzten.

äußerte sich noch deutlicher: »Sexualität ist für den Feminismus, was die Arbeit für den Marxismus ist: das, was einem mehr als alles andere gehört, aber mehr als alles andere weggenommen wird«. Heterosexueller Sex ist laut MacKinnon »etwas, was Männer mit Frauen *machen*«. »Dominanz, penile Penetration, Besitz konstituieren die *männliche* Definition von Sex« (Ring 1987, S. 471). »Eine Frau ist ein Geschöpf, das sich als jemand identifiziert und als jemand identifiziert wird, dessen Sexualität für jemand anderen, der sozial männlich ist, existiert« (MacKinnon 1982, S. 532). Die logische Folgerung lautete, dass jeder Heterosexualität unweigerlich ein Hauch von Vergewaltigung innewohnt; selbst wenn sie auf Freiwilligkeit zu beruhen scheinen, sind sexuelle Beziehungen zwischen Männern und Frauen erotisierte Formen der Herrschaft und Unterwerfung (vgl. MacKinnon 1989, S. 318). Nicht alle Frauen waren mit diesen Formulierungen einverstanden, gänzlich unbeeindruckt blieben aber nur sehr wenige.

Die Betonung der sexuellen Ambivalenz traf bei Frauen auf einen Nerv. Juliet Mitchell setzte sich in ihrem Buch *Psychoanalyse und Feminismus* (1976 [1974]) mit derselben emotionalen Herausforderung auseinander, allerdings um die Psychoanalyse für das feministische Projekt zu *retten*. Sie widersprach der Vorstellung, dass Freuds Werk sexistisch sei, und charakterisiert es als eine Theorie der Art und Weise, wie in der frühen Kindheit eine Psychologie der weiblichen Minderwertigkeit konstruiert wird. Als Freud sich vornahm, die Auswirkungen der Ideologie und der Gesetze der menschlichen Ordnung zu analysieren, musste er einsehen, dass diese Ordnung und diese Ideologie patriarchalisch sind. Infolgedessen habe er eine *Beschreibung* der patriarchalen Gesellschaft verfasst, aber beileibe keine *Vorschriften* dazu erlassen (ebd., S. 386).

Um ihren Standpunkt zu untermauern, griff Mitchell die Debatten über die infantile »Prähistorie« der Weiblichkeit wieder auf, denen sich die Psychoanalyse in den 1930er Jahren so intensiv gewidmet hatte. Freuds habe, so erklärte sie, zuallererst erklären wollen, wie aus einem Kind mit angeborener bisexueller Konstitution eine heterosexuelle Frau wird. In seinen Augen stellt sich dem Mädchen die schwierige Aufgabe, sein Sexualobjekt zu wechseln, sich also dem Vater anstatt, wie zuvor, der Mutter zuzuwenden. In diesem Prozess werden die Triebe des Mädchens so modifiziert, dass sie an Aktivität einbüßen und passiver werden. Demnach gestalten sich die ödipalen Erfahrungen von Jungen und Mädchen Freud zufolge also unterschiedlich. Der Ödipuskomplex des Jungen (seine frühe Liebe zur Mutter) geht unter, während das Mädchen einen schwierigeren und umständlicheren Weg einschlägt, auf dem es sich selbst zunächst in das Objekt des väterlichen Begehrens und schließlich in das begehrte Objekt der Männer im Allgemeinen verwandelt. Die von Freud beschriebenen Herausforderungen der frühkindlichen Entwicklung zur Weiblichkeit können das kleine Mädchen seiner Ansicht nach psychisch überfordern. Seine frühen feministischen Kritikerinnen, etwa Karen Horney, vermochten dieses Problem nicht zu erkennen. Sie betonten vielmehr, dass Mädchen sich zu Frauen entwickeln, indem sie sich mit ihren Müttern identifizieren. Mitchell ist der Ansicht, dass diese Kritikerinnen etwas Entscheidendes übersehen haben, nämlich den konstruierten, gefährdeten und fast artifiziellen Charakter der so genannten Weiblichkeit.

Obwohl Mitchell Freud zu verteidigen versuchte, ging auch sie von der radikal-feministischen Annahme aus, dass die Familie der Ort patriarchaler Macht sei, und war sich mit ihren feministischen Kritikerinnen in dem Punkt einig, dass die passive, empfängliche, »feminine« Seite der weiblichen Sexualität die Herrschaftsstruktur der traditionellen Familie widerspiegele. Mitchell ging jedoch insofern weiter als der radikale Feminismus, als sie die patriarchale oder traditionelle Familie anthropologisch verortete und auf diese Weise die marxistische Fokussierung auf die ökonomische Struktur durch einen neuen Fokus auf Verwandtschaftsverhältnisse ersetzte. Damit postulierte Mitchell den Geschlechtsunterschied als Ursprung und Grundlage der Gesellschaft. Die Existenz des Inzesttabus, so behauptete sie mit Claude Lévi-Strauss, setzt die Verschiedenheit der Geschlechter voraus. Diese Verschiedenheit führt zu jenem »kleinsten aller Unterschiede«, der Männer zwingt, ihre biologische Familie zu verlassen, um die Schwestern und Töchter anderer Männer zu heiraten und die patriarchalen Verwandtschaftsbeziehungen zu begründen, die sämtlichen früheren Gesellschaftsorganisationen zugrunde liegen.[2] Mitchells

2 Mitchells anthropologischer Ausgangspunkt hätte sie auch veranlassen können, das patriarchale Gesetz in einen marxistischen Kontext einzuordnen: die enorme Masse an vorkapitalistischer Geschichte, ihre Trägheit, ihren Animismus, ihr magisches und ihr omnipotentes Denken sowie ihre überdauernden Strukturen der Un-

Interesse am kulturellen im Gegensatz zum biologischen Charakter des Geschlechterunterschieds fiel mit Lévi-Strauss' Interesse an der Unterscheidung zwischen Kultur und Natur in eins. Was das Mädchen in der frühen Kindheit »lernt«, so erklärt sie, ist nicht die Überlegenheit des Penis gegenüber der Klitoris, sondern die Überlegenheit der Kultur gegenüber der Biologie. Infolge seiner frühen Erfahrung entwickelt das Mädchen das Gefühl »einer *ursprünglichen* Benachteiligung [...], gleichsam infolge einer Nachlässigkeit der Natur, nicht [...] infolge einer kulturell erwünschten Notwendigkeit« (Mitchell 1976 [1974], S. 116).

In dieser zweiten Phase ihrer Begegnung mit dem Freudianismus versuchten Feministinnen, die Psychoanalyse zu revidieren und ihr Beiträge zu einer feministischen Theorie abzugewinnen. Blinde Flecken sowohl im Feminismus als auch in der Psychoanalyse machten dieses Vorhaben jedoch zunichte. Die Psychoanalyse postulierte ein patriarchales, über beiden Geschlechtern stehendes Gesetz, erkannte aber nicht an, in welcher Weise die Frau durch ebendieses Gesetz dem Mann untergeordnet wurde. Feministinnen sahen die Herrschaft des Mannes über die Frau, nahmen aber das Gewicht »des Gesetzes« weder im kafkaesken Sinn eines Gebotes oder einer Tradition noch im Sinn des Über-Ichs, als das Freud das Gesetz des Vaters verstanden hatte, in den Blick. Freud war überzeugt, dass der eigentliche Konflikt, der zum Verständnis der Herrschaftslogik notwendig sei, nicht der Widerstreit zwischen Männlichkeit und Weiblichkeit, sondern der Kampf zwischen Libido und Triebverdrängung sei. Feministinnen hielten den Konflikt zwischen Männern und Frauen für mindestens ebenso wichtig wie die sexuelle Unterdrückung – und dieser vielleicht vorgängig, was bedeutete, dass sexueller Fortschritt den Sturz der männlichen Herrschaft voraussetzte. Für Freud erklärte die »Ablehnung der Weiblichkeit« sowohl Misogynie als auch Penisneid. Für die Feministinnen war schon das Konzept des Penisneides Ausdruck der Misogynie. Gayle Rubin hat die Psychoanalyse als eine »verhinderte feministische Theorie« bezeichnet, doch ebenso könnte man den radikalen Feminismus als verhinderte Psychoanalyse bezeichnen. Wie dem auch sei, Mitchells Versuch,

freiheit, die mit der geschlechtlichen Arbeitsteilung begann. Für eine entsprechende Kritik an Mitchell siehe Zaretsky (1975).

Freud für den Feminismus zu retten, scheiterte, weil sich die Kluft aus emotionalem Misstrauen und Verbitterung zwischen den beiden Theoriegebäuden als unüberwindbar erwies.

Verantwortlich für die Sackgasse waren zwei unterschiedliche Konzeptionen der Familie und letztlich der menschlichen Evolution. Die feministische Theorie betonte die Rolle der Macht, die ihren Ausdruck in der Idee des Patriarchats, verstanden als männliche Kontrolle über die Sexualität und die Arbeit der Frau, fand. Gerda Lerner (1991 (1986]) zufolge war es nach 3.500 Jahren weiblicher Unterwerfung für Feministinnen an der Zeit zu erklären, was der Grund sein könnte »für die ›historische Komplizenschaft‹ der Frauen bei der Aufrechterhaltung des patriarchalen Systems, das sie in untergeordneten Positionen hielt, sowie bei der traditionsgebundenen Weitergabe dieses Systems von Generation zu Generation an ihre Kinder beiderlei Geschlechts« (S. 22f.). Freud hingegen sah beide Geschlechter, wenngleich auf unterschiedliche Weise, an den Folgen des Vaterkomplexes leiden, der ihnen Schuldgefühle und Verdrängung als Erbe aufbürdete. Während Feministinnen wie Lerner eher von einer ursprünglichen »welthistorischen Niederlage des weiblichen Geschlechts« etwa im antiken Mesopotamien ausgingen, stützte Freud sich auf eine evolutionäre (Lamarck'sche) Konzipierung der Geschlechter, die die Bedeutsamkeit der Paarbildung, die lang hingezogene Abhängigkeit des Menschenkindes und die Verwandtschaftsbeziehungen im langen Paläolithikum, vor allem in dessen später, prähistorischer Phase, betonte. Freilich waren beide Denkrichtungen – männliche Macht einerseits, Vaterkomplex, Sexualität und Schuldgefühl andererseits – letztlich miteinander vereinbar, doch die Feministinnen jener Zeit lehnten die Freud'sche Richtung ab. Das Ergebnis war eine einseitige Betonung der Macht. Sie unterstützte die dritte Phase in der Begegnung zwischen Freudianismus und Feminismus, schwächte letztlich dessen kritische Dimension und erleichterte seine Zusammenführung mit dem aufsteigenden Neoliberalismus.

Zwei Aspekte der feministischen Theorie des Patriarchats sollten sich als folgenreich erweisen. Erstens fokussierte das Modell, analog jenen der Sklaverei, auf Eins-zu-eins-Beziehungen von Herrschaft und Unterwerfung. Somit eignete es sich für die klassische liberale Lösung der Rechtsrevolution, d. h. den Schutz des Individuums vor Diskriminierung im Gegensatz zu einer Strukturreform. Insofern Feministinnen ihren Blick über die unmittelbare Herrschaft hinaus auf die Sozialstrukturen lenkten, blieben sie innerhalb des liberalen Paradigmas, indem sie die Meritokratie im Gegensatz zu einer robusteren Konzipierung der Gleichheit betonten, die eine Transformation der Gesellschaft insgesamt erfordert hätte. Dieses liberale Paradigma lag der radikal-feministischen Annahme zugrunde, dass Männer als Gruppe ihre Macht gegenüber Frauen als Gruppe zu stärken versuchen. Beispiele für diese Annahme sind Mitchells und Rubins Überlegung, dass Verwandtschaft auf dem Austausch von Frauen durch Männer beruhe, Heidi Hartmanns Theorie, dass das Familieneinkommen als Ergebnis des Kampfes verstanden werden sollte, den Männer gegen Frauen führen (Heidi Hartmann 1997), und Joan Kellys These, dass es die Renaissance für Frauen nicht gegeben habe (Kelly-Gadol 1989 [1984]). All diese Formulierungen enthielten etwas Wahres, doch gleichzeitig wurde allzu viel verdunkelt oder verleugnet: Männer und Frauen kooperieren in Verwandtschaftsverhältnissen; ihren Beitrag zur Steigerung des Familieneinkommens verstanden die meisten Arbeiterfrauen als Teil des Kampfes der Arbeiterschaft gegen das Kapitel; Frauen hatten eine Renaissance, wenngleich eine andere als Männer. Um diese Komplikationsfaktoren verstehen zu können, bedurfte es eines im höheren Maß anthropologisch und historisch fundierten Zugangs zu den Geschlechterbeziehungen, der auch deren Wurzeln in der sozialen Produktion und Reproduktion und insbesondere in der sich wandelnden Rolle der Familie als Produktions- und Konsumeinheit Rechnung trug.

Darüber hinaus verkennt das patriarchale Modell das Autoritätsproblem, dem naturgemäß eine intrapsychische und unbewusste Dimension eignet. Die für die radikale feministische Sichtweise so zentrale scharfe Trennung zwischen väterlicher Autorität und mütterlicher Fürsorge war jüngeren Datums und wurzelte weitgehend im viktorianischen Zeitalter, das die Ideologie des »Hafens in einer herzlosen Welt«[3] in Reaktion auf die sich vertiefende Kluft zwischen Kapitalismus und Privatleben hervorgebracht hatte. Für Freud, der

3 Anm. der Übers.: Der amerikanische Originaltitel von Christopher Laschs Buch *Geborgenheit. Die Bedrohung der Familie in der modernen Welt* (1981 [1977]) lautet *Haven in a Heartless World – The Family Besieged.*

die erste umfassende Theorie des modernen privaten Lebens formulierte, beruhte der Gehorsam gegenüber den Gesetzen der Kultur auf der Liebe zu den Bezugspersonen der Kindheit und nicht lediglich auf Befehlen und Angst. So war der patriarchale Vater gleichermaßen Beschützer wie Kastrator, derjenige, der seine Kinder abends zu Bett bringt, ihnen aber auch mit dem Verlust ihrer Genitalien droht. Um die Ungleichheit der Geschlechter analysieren zu können, waren die Feministinnen folglich auf eine Theorie angewiesen, die nicht allein der Herrschaft, sondern auch dem Respekt, der Liebe und dem sexuellen Begehren Rechnung trug.

Vor allem aber zog die einseitige Interpretation der Familie als Stätte patriarchaler Macht der feministischen Selbstreflexion Grenzen. Sie regte zu Fragen an, die das Paradigma der patriarchalen Unterwerfung bestätigten, z. B. selbstkritische Fragen bezüglich des Rassismus oder der Homophobie von Frauen, lenkte aber gleichzeitig vom Nachdenken über den psychologischen Inhalt des Feminismus selbst ab. Entscheidend für das Verständnis der kulturellen Revolution, die Amerika damals beschäftigte, ist die Tatsache, dass der unbewusste Inhalt der feministischen Revolution weitgehend unanalysiert blieb. Von maßgeblichen Einfluss war hier die neu ins Zentrum gerückt Mutterimago, die präödipale Mutter, die mit der Eruption des Feminismus sichtbar geworden war.[4] Dieser explosive Moment der frühen 1970er Jahre, der potenziell revolutionäre Implikationen in sich barg, profitierte von den in höchstem Maß primitiven Formen der Abhängigkeit, die der gesamten Gruppenpsychologie zugrunde liegt – der in Gruppen regelmäßig auftretenden Tendenz zu Spaltung und Paranoia und der Besetzung von Narzissmus, Idealisierung und Identität, die allesamt für das Verständnis der damals auftauchenden neoliberalen Gesellschaft entscheidend waren.

Indem die Feministinnen die Bindung der Frau an den Mann lockerten, stärkten sie ihre Verbundenheit untereinander. Der Antinomismus der Neuen

4 In seiner letzten Abhandlung schrieb Freud (1940a): »Das erste erotische Objekt des Kindes ist die ernährende Mutterbrust [...]. Dies erste Objekt vervollständigt sich später zur Person der Mutter, die nicht nur nährt, sondern auch pflegt [...]. In diesen beiden Relationen wurzelt die einzigartige, unvergleichliche, fürs ganze Leben unabänderlich festgelegte Bedeutung der Mutter als erstes und stärkstes Liebesobjekt, als Vorbild aller späteren Liebesbeziehungen — bei beiden Geschlechtern« (S. 115).

Linken, der mit Phantasien von primitiver Verschmelzung, mit dem Verwischen der Identität und mit der Bildung riesiger Massen einherging, hatte einer explosiv anwachsenden Frauengemeinschaft den Weg gebahnt, die auf der Idee der »woman-identified woman« (Radicalesbians 1970) beruhte – sei's in der lesbischen Form oder in der sublimierten Form der Loyalität von Frauen gegenüber Frauen. Das Ergebnis war eine begeisterte Wiedervereinigung von Müttern und Töchtern oder Schwestern und Schwestern. Die damit verbundenen intensiven Lustgefühle ließen auf die Aufhebung einer Verdrängung schließen. So schrieb Kathy Amatniek: »Als jene Treffen begannen […], wusste plötzlich jede eine Geschichte über die negative Reaktion des Mannes, mit dem sie zusammenlebte, zu erzählen.« Und Nancy Hawley kommentierte: »Zuerst wurden die Dämme rissig, dann brachen sie vollständig. Wir sprachen über unsere Familien, unsere Mütter, unsere Väter, unsere Geschwister; wir sprachen über unsere Männer; wir sprachen über die Schule; wir sprachen über ›die Bewegung‹ (d.h. über die Männer der Neuen Linken). Wir redeten uns stundenlang alles von der Seele und fühlten uns großartig, wenn wir auseinandergingen.« Joanne Cook, feministische Wirtschaftswissenschaftlerin, schrieb: »Keine einzige Frau entschuldigte sich dafür, dass sie ihr Schicksal beklagte. […] Jede Frau war eine Schwester« (zit. nach Hansen & Philipson 1990, S. 7; vgl. auch Rosen 2006). Freilich gab die euphorische Schwesternschaft in der Zeit unmittelbar nach der radikalfeministischen Explosion auch Anlass zu Auseinandersetzungen über die Macht der Mutter – das sogenannte »trashing« –, die sich gegen Frauen richteten, die »mit dem Feind« schliefen, oder gegen Frauen, die »männlich identifiziert« waren oder ihre Ziele auf »nichtschwesterliche« Weise verfolgten. Langfristig aber wurde die Idee der Schwesternschaft zu einem stabilen Bezugspunkt der Geschichtsschreibung, der Gesellschaftstheorien und der Politik.

Hier also feierte der Narzissmus in seiner gruppenpsychologischen Form Triumphe. Während der Antinomismus der Neuen Linken einer Politik der »Entidentifizierung«, der »Zerschlagung der sozialen Identität«, zugearbeitet hatte, bezog der Feminismus der 1970er Jahre seine emotionale Antriebskraft aus der *Identifizierung*, aus der allerersten Bindung an einen anderen Menschen, die das Fundament für die Entwicklung des Selbst und den Mechanismus der Gruppenbildung legt. Was unter einem bestimmten Blickwinkel als weibliche Solidarität ungeachtet individueller Unterschiede erscheinen mochte, zeigte sich unter einem anderen Blickwinkel als Selbstbehauptung der Gruppenmitglieder. Cathy Cade, eine lesbische Dokumentarfotografin, erklärte: »In der schwarzen Bewegung habe ich für die Befreiung aller anderen aus der Unterdrückung gekämpft, und nun hatte ich eine Möglichkeit, für meine eigene Freiheit zu kämpfen« (Evans 1980, S. 205). Und Mimi Feingold sagte: »Frauen konnten ihren Einberufungsbescheid nicht verbrennen und nicht ins Gefängnis gehen. Sie konnten lediglich durch ihre Männer Stellung beziehen, und das war für mich die gemeinste Erniedrigung überhaupt« (ebd., S. 182). Diese Kommentare legen die Vermutung nahe, dass die »woman-identified woman« für einen schmerzhaften Bruch mit der Neuen Linken stand, der die Annäherung des Feminismus an den Neoliberalismus maßgeblich unterstützte. Um diesen Bruch zu verstehen, muss man sich aber klar machen, dass die »gemischte« Linke weniger auf einer *generellen* Annahme der Opferung im Dienst kollektiver Ziele basierte als auf der – von der Selbstaufopferung der Frau in der Familie hergeleiteten – Annahme, dass *Frauen* opfern würden. Die Frauenbefreiungsbewegung war eine Möglichkeit klarzustellen, dass dies nicht länger akzeptabel war, weder in der Linken noch in der Gesellschaft insgesamt.

Der Bruch mit der Linken leitete die dritte Phase der Begegnung zwischen Feminismus und Psychoanalyse ein – die feministische Revision der Psychoanalyse in einer relationalen Form, die die neoliberale Erweiterung des Marktes zu konsolidieren half. Zum wichtigsten Repräsentanten der neuen relationalen Ideologie wurde Nancy Chodorows Buch *The Reproduction of Mothering* von 1978 (dt.: *Das Erbe der Mütter*, 1985), das Mitchells und Firestones Arbeiten als führende feministische/psychoanalytische Texte ersetzte. Der wesentliche Kern von Chodorows Buch war die, wie Julia Kristeva es ausgedrückt hat, »homosexuelle Facette« der Mutterschaft – die Mutter-Tochter-Beziehung, die feministische Psychoanalytikerinnen der 1930er Jahre, z. B. Karen Horney, Freuds Theorien entgegengehalten hatten, um die weibliche Entwicklung zu erklären. Ebenso wie diese frühen Vorgängerinnen ersetzte Chodorow das Thema der sexuellen Objektwahl, das die klassische Psychoanalyse charakterisiert hatte, durch das Thema der Identifizierung. Demnach *identifiziert* sich die präödipale Mutter mit ihrer Tochter, behandelt ihren Sohn aber *anders*. Die wichtige Achse der frühkindlichen Entwicklung ist also die Bildung der Geschlechtsidentität, nicht die Wahl eines Sexualobjekts. Durch Identifizierung mit ihrer Mutter gelangen Mädchen zur »Errichtung einer eindeutigen und unangezweifelten sozialen Geschlechts-Identität und eines realistischen, biologisch-geschlechtlichen Körper-Ichs« (Chodorow 1985 [1978], S. 214), während die Geschlechtsidentität und das »Beziehungs-Potential« (ebd., S. 216) des Jungen instabiler sind. Deshalb schätzen Frauen Verschmelzung und Nähe, Männer hingegen das Getrenntsein. Von einer Theorie, die die Schwierigkeit des Mädchens betonte, seinen Weg zu heterosexuellem Begehren zu finden, verwandelte sich die Psychoanalyse so in eine Theorie, die die Schwierigkeiten beschrieb, die Jungen mit der Entwicklung von Intimität haben. Noch als öffentliche Äußerungsformen der Sexualität in der Massenkultur, in der Werbung und Pornographie explodierten, gab die auftauchende Fokussierung der Psychoanalyse auf Identifizierung und Identität eine Entsexualisierung zu erkennen.

Vor allem durch ihre Transformation der Ethik der Reife in eine Beziehungsethik konnte die Frauenbefreiung den Freudianismus als finale Form des kapitalistischen Geistes für das Zeitalter des Massenkonsums ersetzen. Ebenso wie die ursprüngliche, von Weber beschriebene protestantische Ethik spiegelte die feministische Variante des kapitalistischen Geistes einen kontinuierlichen Wandel der Familie wider. Begonnen hatte dieser mit der Ethik der Reife, die Männer und Frauen aus ihren traditionellen, homosozialen Welten hinaus und in die sexuelle Dyade hineinzog. Er setzte sich fort mit den Kämpfen der Neuen Linken gegen Elternfiguren, Kavaliersverhalten und die Idealisierung weiblicher Jungfräulichkeit und gipfelte schließlich in der feministischen Kritik am Nepotismus und dem »Netzwerk der old boys«. Das Ergebnis war eine weitere Förderung der Doppelverdienerfamilie, der fiktiven Verwandtschaft und der Schwulenehe. Im Kontext dieser Veränderung der Familie ergänzte und bereicherte die dritte Phase der feministischen Begegnung mit der Psychoanalyse die Hinwendung der amerikanischen Gesellschaft zum Markt, zu Theorien der rationalen Entscheidung und zu den Neurowissenschaften. Ebenso wie jene Amerikaner, die der schwierigen, asketischen Prädestinationslehre in den 1730er Jahren den Rücken gekehrt und sich dem für die Allgemeinheit leichter einsichtigen freien Willen zugewandt hatten, kehrten die Feministinnen der 1970er Jahre der freudianischen Analyse den

Rücken und wandten sich dem sekundären Narzissmus oder der Selbstbehauptung zu – eine arminianische Lösung der kulturellen Konflikte jener Zeit.

Die erste und wichtigste Veränderung des kapitalistischen Geistes erfolgte, als der Narzissmus, das libidinöse Antlitz des Egoismus, die Askese, die erste Komponente des von Weber beschriebenen Geistes des Kapitalismus, ersetzte. Weber war der Ansicht, dass der Kapitalismus aufgrund des Sparsamkeitsgebotes den Triebverzicht oder die Askese voraussetze. Als das Mantra des Sparens durch ein Mantra des Ausgebens verdrängt wurde, verlor die protestantische Ethik an Bedeutung. In den 1970ern setzte der neue Geist des Kapitalismus den Egoismus oder, wie man es nun nannte, die rationale Entscheidung als naturgegeben voraus. Die Legitimierung des Egoismus übte auf die Psychotherapie einen enormen Einfluss aus. Die Gesellschaft sollte, so die neoliberale Vorstellung, ein »zeitloses, ortloses, sich selbst ausbalancierendes Tableau individueller Präferenzen« (Rodgers 2012, S. 47) sein. Um dies zu erreichen, stießen Neoliberale ein totalisierendes Projekt zur Erneuerung der Gesellschaft an, indem sie Distanzierung, Objektifizierung, Verhaltenskriterien, Quantifizierung und Szientismus aufwerteten. Unter Preisgabe jeglicher Selbstreflexion bezüglich der Zielsetzung wurden auf jede Einrichtung Effektivitätskriterien angewandt. Vor allem aber versuchte man, speziell jene Professionen zu unterdrücken, die sich auf nicht messbare menschliche Eigenschaften stützen: Medizin, Lehre, Künste und Psychotherapie. Hier erwies sich die tendenziöse und unzutreffende feministische Etikettierung Freuds als »Sexist« als Geschenk von unschätzbarem Wert. Es folgten Managed Care, Kosten-Nutzen-Kalkulation, das »diagnosebasierte« medizinische Modell, Messungen der »Effektivität« und die gut belegten »Aufbereitungen« von Forschungsergebnissen durch die Pharmariesen sowie eine Welle des Freud-Bashing. Die Psychoanalyse verschwand nicht, wurde aber mehr und mehr an die vorherrschende psychologische Kultur Amerikas angepasst: die »Mind cure«.

Dies zeigt, dass die Neudefinition des Subjekts als eines egoistischen nur die Oberfläche der neoliberalen Wende war. Man begrüßte den Egoismus, weil man den Narzissmus wertschätzte. Auch hier erwiesen sich die radikalfeministische Revolte gegen die Ödipustheorie, die Neudefinition der Psychoanalyse als Theorie des Selbst und der Triumph des Gruppennarzissmus oder der Gruppenidentität als entscheidend. Foucaults Theorie einer produktiven

Macht, für die z. B. die Ethik der Reife stand, erhielt eine libidinöse Grundlage nicht lediglich im sekundären Narzissmus der Selbstbehauptung, sondern wurde noch tiefer, nämlich im primären Narzissmus der Identitätspolitik, verankert. Abermals wiederholte sich etwas. In den 1730er Jahren hatte Jonathan Edwards den Arminianismus als eine »Gier nach Selbstheit« bezeichnet und erklärt, dass dessen Anhänger dem Motto folgten: »Ich bin meine eigene Ursache« (zit. nach Miller 1949, S. 106, 124).[5] Heute, fast 300 Jahre später, ist die Anerkennung der Bedeutung, die der Narzissmus für die kapitalistische Gesellschaftsorganisation besitzt, ein Motiv von Kazuo Ishiguros Roman *Never Let Me Go* von 2005 *(dt.: Alles, was wir geben mussten,* 2017*).* In der Geschichte fördern Lehrer, Aufseher genannt, die musischen Fähigkeiten von Kindern, die als Klone einzig zu dem Zweck gezeugt wurden, im jungen Erwachsenalter ihre Organe für die Angehörigen der neoliberalen, technokratischen Eliten zu spenden.

Die zweite Komponente des neuen kapitalistischen Geistes war die Ideologie der Flexibilität, die die Zwanghaftigkeit der protestantischen Ethik in der mitunter so genannten Netzwerkgesellschaft ersetzte, für die Globalisierung, verstärkte Immigration und Doppelverdienerfamilien typisch sind. Auch diesem Wandel haben die Neue Linke und die Ablehnung der Tiefenpsychologie durch den Feminismus die Bühne bereitet. Einerseits wurde das intrapsychische Leben unter dem Blickwinkel von Kybernetik und Neurowissenschaften umgeschrieben. Das »Gender« wurde aus seinen Ursprüngen in der Sexualität oder Biologie herausgetrennt und als Zeichen oder Token neu definiert. Andererseits *ergänzte* der »relationale« Psychoanalytiker, gestützt auf die Imago der präödipalen Mutter, die neoliberale, kybernetische Welt der Neurobiologie. Die Halte- und Spiegelfunktion der frühen Mutter sowie die sogenannte reale Beziehung zum Patienten ersetzten die »kalte«, »versagende«, ödipal orientierte freudianische Mutter. Die Triebtheorie, der zufolge Menschen Objekte in erster Linie suchen, um ans Triebziel zu gelangen – Oralität (durch Sprechen), Genitalität (durch

5 Auch Rousseau erfasste die Ambiguität der Selbstheit. Er räumte ein, dass in einer Republik etwas weniger Allgemeines und stärker Persönliches notwendig sei als gegenseitiger Respekt, machte aber auch geltend, dass die Eigenliebe – *amour propre* – mit der Entwicklung des Handels zur Grundlage gehässiger Formen des Vergleichs, der Performance und Theatralik zu werden drohe.

Geschlechtsverkehr) –, wich der Vorstellung, dass sie Objekte suchen, weil die Beziehung an sich Befriedigung vermittelt. Pragmatische Denker wie George Herbert Mead, der eine entsexualisierte, auf die frühe Kindheit fokussierte Sozialpsychologie begründet hatte, wurden wiederentdeckt. Die Subjektivität wurde der *Inter*subjektivität untergeordnet, und zwar insbesondere im therapeutischen Kontext einer »haltenden«, quasi-mütterlichen Beziehung. Zusammen bewirkten diese Strömungen ihren Vertretern zufolge eine Dezentrierung der Autorität und eine Stärkung des Pluralismus, des Kontextualismus und der Sensibilität für Unterschiede. In Wirklichkeit aber lenkten sie die Aufmerksamkeit von der unbewussten Struktur der Autorität ab, die in liberalen Gesellschaften im Appell an die Eigenliebe, die *amour propre*, gründet. So wie die auftauchende Sprache der »Netzwerke« und des »flat-worldism« den Blick auf ökonomische und politische Strukturen als Erzeuger von Klassenherrschaft verstellte, so verstellte die Sprache der »Differenz« und der »Anerkennung« den Blick auf die Autorität, von der diese Herrschaft aufrechterhalten wird.

Die dritte Komponente des neuen Geistes des Kapitalismus – neben Narzissmus und Sensibilität für den Unterschied – war die Ideologie des Empowerments, die Nachfolgerin der puritanischen Heuchelei. Sie fand ebenfalls gute Gründe, die klassische Psychoanalyse infrage zu stellen. War es möglich, dass Freud infolge übermäßiger Konzentration auf regressive psychische Tendenzen die positive, optimistische, nach außen gerichtete Seite des menschlichen Charakters übersehen hatte? Entwickelte er seine auf der Widerstandsanalyse beruhende analytische Methode womöglich deshalb, weil er die narzisstischen und eigennützigen Kräfte unterschätzte, die Männer und Frauen dazu drängen, sich selbst besser kennenzulernen? William James (2014 [1901/1902]) beispielsweise war von diesen Kräften überzeugt. Die »kranke Seele«, so schrieb er, pflegt »in Rattenlöchern zu wühlen […], Ängste zu produzieren und sich mit den ungesundesten Formen von Elend zu beschäftigen« (S. 185). Mit einer »heilsbewussten Lebensanschauung« hingegen, einem gesunden Geist, »findet die bewusste Annahme einer optimistischen Geisteshaltung Eingang in die Philosophie« (ebd., S. 120).[6]

6 Was die Psychotherapie betrifft, so kommt die Vorstellung, dass Menschen tatsächlich nach Lösungen für ihre Probleme suchen und deshalb Therapeuten oder Ärzte

Zweifellos stand das Empowerment mit der Anwendung des systemorientierten medizinischen Modells auf die Psychotherapie im Einklang. Aber es entzog der traditionellen Familie narzisstische Energien und lenkte sie in eine neue Form des politischen Lebens, die »Identitätspolitik«, das Pendant zur Markterweiterung. Obwohl schon von der Black-Power-Bewegung antizipiert, verlieh der radikale Feminismus mit seiner Wertschätzung der »woman-identified woman« dem Identitätsparadigma seinen generellen Charakter. Soziologinnen und Historikerinnen wie Carol Smith-Rosenberg (1975) riefen die »weibliche Welt der Liebe und des Rituals« aus dem 19. Jahrhundert in Erinnerung, die lebenslangen schwesterlichen Freundschaften, die letztlich auf Mutter-Tochter-Bindungen beruhen und für Frauen angeblich wichtiger sind als die Beziehung zum eigenen Ehemann. Die Dichterin Adrienne Rich (1979) hat die starken regressiven Kräfte, die der neuen Politik innewohnten, treffend charakterisiert: »Wir Frauen sprechen miteinander, halten eine Sprachkultur am Leben, erzählen unsere Lebensgeschichten, lesen einander die Bücher vor, die uns berührt und geheilt haben, analysieren die Sprache, in der Lügen über uns verbreitet wurden und lesen einander unsere eigenen Worte laut vor« (S. 13). Philosophen wie Charles Taylor (1994) waren in den 1980er Jahren überzeugt, dass die Zukunft progressiver Politik auf der Identitätspolitik beruhe[7], während Axel Honneth (1994) Identität zu einer allgemeineren Politik der Anerkennung erweiterte, die aus der »relationalen Wende« hervorging und diese wiederum verstärkte.[8]

aufsuchen, der Ich-Psychologie sehr nahe, denn sie betonte die relative Autonomie des Ichs gegenüber unbewussten Wünschen, sein Bedürfnis nach Kontrolle und Bemeisterung sowie seine Fähigkeit, die therapeutische Situation zielführend zu nutzen.

7 Freilich explodierten allerorten auch konventionellere Formen der Identität bezüglich Nationalität oder Sprache – etwa in Quebec, Jugoslawien, Polen und Belgien. Doch während das ältere Konzept der nationalen Selbstbestimmung die Stärkung der männlich geführten Familie voraussetzte, suchte die neue, feministisch inspirierte Identitätspolitik diese zu schwächen.

8 Jessica Benjamin charakterisierte *Die Geschichte der O.* als Geschichte einer Frau, die nach Anerkennung sucht, und nicht als Geschichte eines weiblichen Unterwerfungswunsches, den man zwar regelmäßig in der Religion oder im Sexualleben beobachtet, der aber dem auf Anerkennung fokussierten Denken anscheinend unbegreiflich ist.

Keine Gruppe verkörpert diese neue Betonung der Identität besser als Schwule und Lesben. In den 1890er Jahren, als die Psychoanalyse geboren wurde, standen Homosexuelle für die damals neue Vorstellung eines persönlichen, privaten Lebens, d. h. eines Sexuallebens, das nicht durch den Platz, den man in der Familie einnimmt, definiert ist. Damalige Freudianer konnten eine homosexuelle Objektwahl psychologisch verstehen, doch eine Entität »die/der Homosexuelle« gab es nicht.[9] Im Laufe der 1970er Jahre aber nahmen die Bemühungen, die Psychologie der Homosexualität zu verstehen, mehr und mehr bigotte Züge an, ähnlich den Bemühungen um ein Verständnis der Psychologie von Rassen. Das Letzte, was Homosexuelle bräuchten, so betonte die Community, sei die Psychoanalyse; notwendig seien vielmehr Dienstleistungen, Gemeinschaftsinstitutionen und politische Organisationen. Im Laufe der Zeit verstanden Homosexuelle sich zunehmend als Angehörige einer historisch spezifischen Community und Menschen mit einer spezifischen Lebensweise. An diesem Punkt wurde die Homosexualität zu einer auf der

9 Vor Freud wurden lesbische Frauen weitgehend ignoriert, während der männliche Homosexuelle als passiver Sexualpartner eines aktiven Mannes betrachtet wurde. Anders ausgedrückt: Das passive, penetrierte Objekt war die »Tunte« oder »Schwuchtel« – um nur zwei Beispiele für ein Vielzahl abwertender Bezeichnungen zu nennen –, der Penetrierende war der »Mann«. Diese Wortwahl spiegelt die überwältigende Macht des Genders in Bereichen wie Psychologie, Sexualwissenschaften und Kriminologie wider. Man nahm wie selbstverständlich an, dass Männer aktiv und Frauen passiv seien, und übertrug diese Annahme auch auf die Homosexualität. Freud lehnte sie ab, als er seine Theorie der Bisexualität formulierte. Diese unterscheidet sich von dem – älteren – Konzept der Androgynie, entspricht aber auch nicht der heutigen Bedeutung von Bisexualität, also der Wahl von Sexualpartnern beiderlei Geschlechts. Für Freud beruhte die Bisexualität auf dem Unterschied zwischen Triebziel und Triebobjekt und bedeutete Ambivalenz in Bezug auf die Objektwahl. Das heißt, die vor Freud herrschende Annahme, dass das Gender die Psychologie insgesamt präge, wich Freuds Überlegung, dass das Gender für die Psychologie allein in der Wahl eines Sexualobjekts relevant werde. Erst nachdem er diese Veränderung explizit formuliert hatte, konnte man sagen, dass ein (männlicher) homosexueller Mensch ein Mann sei, der ein männliches Objekt wählt, und zwar ungeachtet der Tatsache, ob er dieses Objekt zur Befriedigung aktiver oder passiver Ziele benutzt. Die in den 1970ern aufkommende Idee, dass Homosexuelle eine Identität konstituieren, ist nicht nur eine post-freudianische, sondern auch eine prä-freudianische.

Mitgliedschaft in einer Community beruhenden *Identität*. Lesben wiederum sind laut Shane Phelan (1989) »Frauen, die Frauen lieben und Frauen wählen, um eine lebendige Umwelt zu schaffen und zu erhalten, in der sie kreativ und eigenständig arbeiten können. [...] Man kann Lesben nicht lediglich als Frauen definieren, die miteinander bestimmte körperliche Riten vollführen« (S. 73f.).

Der radikale Feminismus war also der Kulminationspunkt eines bedeutenden historischen Umbaus, auf dessen Errungenschaften er aufbaute und den er zu Ende führte. Seiner glühenden Intensität sind enorme Fortschritte zu verdanken, aber darüber gingen zwei große Ressourcen, die zum Verständnis dieser Fortschritte und zum Anknüpfen an sie notwendig sind, verloren. Die erste ist die psychoanalytische Erforschung dessen, was Freud (1926d) als »die lang hingezogene Hilflosigkeit und Abhängigkeit des kleinen Menschenkindes« bezeichnet hat, eine Phase, in welcher »der Wert des Objekts, das [den Säugling] allein [...] schützen« kann, »enorm gesteigert« wird. Sie »schafft das Bedürfnis, geliebt zu werden, das den Menschen nicht mehr verlassen wird« (S. 186f.). In dieser Einsicht ist eine ganze Welt enthalten. Die zweite, eng damit zusammenhängende Ressource ist die sozialistische Vision einer gerechten Gesellschaft, die von der Annahme ausgeht, dass Menschen fähig sind, sich über Egoismus und Narzissmus zu erheben und kooperative Beziehungen zueinander aufzubauen, die in jedermanns Interesse sind. Weder der Freudianismus noch der Sozialismus wurzeln in einem ahistorischen Patriarchat, sondern in einem Verständnis der Evolution, das Platz hat für die Anerkennung der Vaterschaft und für die Kooperation der Geschlechter, welche die »lang hingezogene« frühe Kindheit (die Entwicklung des menschlichen Gehirns) allererst ermöglichten. Beide Visionen liegen einem Verständnis des privaten Lebens als einer *historischen* Entwicklung zugrunde. Nicht lediglich Freud, sondern der politische Freud ist entscheidend dafür, sie zu begreifen.

Der Verlust der beiden großen kritischen Paradigmen, die in den vorausgegangenen zwei Jahrhunderten erarbeitet wurden, bahnte den Weg für den Aufstieg des Neoliberalismus, der seit den 1970er Jahren vorherrschenden Philosophie. Indem Neoliberale nicht nur den Egoismus, sondern auch den Narzissmus entfesselten, fanden sie einen neuen, effektiveren Weg, um ein Kernziel der Ethik der Reife zu erreichen: die politische Sphäre einzuhegen und einzugrenzen. Die Kanalisierung des Narzissmus in nachdrückliche Forderungen nach Meritokratie, kulturellen Rechten für Minderheiten und Anerkennung trug erfolgreich zur Transformation des privaten Lebens von einer kritischen zu einer affirmativen Entwicklung und zur Schwächung jeder pauschalen Opposition gegen den Angriff auf kollektive Werte wie öffentliche Güter und soziale Solidarität bei. Das Verständnis der Vergangenheit als eine Frage der Macht hat Männer und Frauen machtlos zurückgelassen. Abermals erkennen wir hier den ambiguösen Charakter des politischen Freudianismus. In den Sechzigern als Banner der Revolution hochgehalten, endete er, indem er den Spiegel des Selbst spiegelt.

Nachwort

Freud im 21. Jahrhundert

Ist Freuds Denken lediglich von historischem Interesse, oder ist es auch für unser heutiges Leben noch relevant? Können wir Freud sinnvollerweise als unseren Zeitgenossen betrachten? Sollte und kann er möglicherweise ein solcher werden? Ich möchte mich an einer Antwort auf diese Frage versuchen, indem ich in Erinnerung rufe, weshalb die Psychoanalyse einmal solch außergewöhnliche Aufmerksamkeit fand und aus welchen Gründen sich dies geändert hat.

Die einstige enorme Anziehungskraft der Psychoanalyse ist leichter zu verstehen, wenn wir uns eine komplizierte Synthese dreier verschiedener Projekte vorstellen: einer Therapie oder medizinischen Praxis, eines Paradigmas der Kulturinterpretation und einer ethischen Strömung im Alltagsleben. Alle drei Projekte sind ursprünglich aus den miteinander zusammenhängenden politischen Krisen im Europa des 20. Jahrhunderts und dem auf neue Medien wie Werbung und Film konzentrierten Aufstieg der Konsumgesellschaft hervorgegangen. Gemeinsam repräsentierten sie eine profunde Veränderung des westlichen Denkens über Subjektivität und über das Individuum, und ebendiese Veränderung spiegelte Freuds beeindruckende Synthese wider. Gleichwohl hatte jedes der Projekte auch seinen eigenen Charakter, und jedes verfolgte seine eigene Richtung.

Das therapeutische Projekt begann als Lösung des Rätsels der Neurose, einer Kraft, die sich, wie Freud (1926d) es ausdrückte, »als unzweckmäßig dem Strom des Lebens entgegenstell[t]« (S. 180). Um dieses Rätsel zu ergründen, brachte Freud den britischen Empirizismus und dessen Konzept der Ideenassoziation mit der französischen Medizin und deren Theorie der Übertragung sowie mit der deutschen idealistischen Philosophie und der Idee des Unbewussten zusammen. Diese drei Stränge betrachtete er durch die darwinianische Linse, d. h. er begriff den Menschen als einen Organismus, der von inneren Bedürfnissen angetrieben wird und diese in spezifischen Umweltnischen zu befriedigen sucht. Freuds Auflösung der Rätselhaftigkeit der Neurose stützte sich auch auf die hebräische Bibel und die griechischen Tragödien, auf Archäologie und Bildhauerei, auf Alltagspsychologie und Volksweisheiten. Letztlich verschmolz er all diese Stränge in einer bezwingenden, weder durch und durch wissenschaftlichen noch gänzlich humanistischen Synthese. Diese warf im Mikrokosmos des Behandlungszimmers Licht auf die ethischen Kämpfe des Menschen, die ihren Anfang in seiner Beziehung zu den Eltern nehmen und in seiner Konfrontation mit dem Tod enden.

Zwar sind aus der Geschichte zahlreiche andere Methoden zur Behandlung seelischer Erkrankungen bekannt, doch die Psychoanalyse beruhte auf einer neuartigen psychologischen Theorie, für die der Mensch ein Schauplatz innerer Konflikte ist. Freud war überzeugt, dass sich Menschen nicht in erster Linie in Therapie begeben, um ihre Probleme zu lösen. Stattdessen wollen sie infantile Wünsche befriedigen – Wünsche, die sie gleichzeitig mit aller Macht zu unterdrücken versuchen. Der analytischen Theorie zufolge wird der Drang, diese Wünsche zu befriedigen, zusammen mit dem Drang, sie zu unterdrücken, auf einen Kampf mit dem Arzt oder Analytiker verschoben. Erst wenn dieser Kampf verebbt, kann sich der eigentliche Gewinn der Behandlung zu erkennen geben, nämlich der Zugang zum inneren Leben einschließlich der ihm inhärenten Konflikte oder Widersprüche. Als Therapie betrachtet, war die Psychoanalyse also ein ehrgeiziges Projekt, das die konventionellen medizinischen Behandlungsziele weit hinter sich ließ. Selbst auf dem Höhepunkt ihres Einflusses war klar, dass andere Behandlungen viele Symptome erfolgreicher heilen konnten. Die Analyse versprach jedoch etwas anderes: eine ergebnisoffene, nicht zweckgebundene, sondern »freie« Orientierung mit dem Ziel, die Autonomie und die Einsicht des Individuums in sich selbst zu fördern.

Das therapeutische Projekt verband sich mit dem zweiten großen Projekt der Psychoanalyse, ihrem Beitrag zum modernen Verständnis der Kultur. Ausgangspunkt auch des freudianischen Zugangs zur kulturellen Hermeneutik war die Beobachtung der Neurose, verstanden als Schlüssel zum Verständnis der allgemeinen Situation des Menschen gegenüber den sozialen und kulturellen Systemen, in die er hineingeboren wird. In Freuds Augen war Kultur – oder Zivilisation (er weigerte sich, zwischen beiden zu unterscheiden) – eine Art Kollektivprojekt, das sowohl Liebesbedürfnissen als auch ökonomischen

Erfordernissen Rechnung trägt; es wird dem Einzelnen aufgenötigt, löst seinen inneren Widerstand aus und wird als etwas Fremdes erlebt. So schrieb Freud in *Das Unbehagen in der Kultur*, dass die Schwierigkeiten der Menschen, ihre Beziehungen zueinander zu regulieren, den Verdacht wecken, es könne »ein Stück der unbesiegbaren Natur dahinterstecken« (Freud 1930a, S. 445). Dieser Zugang zum Kulturverständnis ist Teil eines Kontextes aus vergleichenden Religionswissenschaften und Mythologie, Archäologie und Anthropologie, Ritual und Totemismus, nicht-westlichen Familienformen und Muttergöttinnen. Darüber hinaus aber betonten sämtliche freudianische Kulturtheorien die einzigartige Rolle der Beziehungen in der Familie, die, wie Freud schrieb, »eine größere Anzahl von Menschen aneinander [...] binden und in intensiverer Art, als es dem Interesse der Arbeitsgemeinschaft gelingt« (ebd., S. 462).

Zudem war Freud ein Pionier der seinerzeit neuen Tendenz, Kultur als *Gedächtnis* zu rekonzipieren, d. h. als kollektive Gruppenprozesse der Selbsterkenntnis und Selbstinterpretation, die es von *Geschichte* im Sinne historischer Forschung, dem Projekt professioneller Historiker und Gesellschaftstheoretiker, zu unterscheiden gilt. Im Zentrum des freudianischen Kulturverständnisses stand die Überlegung, dass Kultur eine Art Unbewusstes – mit anderen Worten: ein Gedächtnis – hat. Und ebenso wie das individuelle Unbewusste geht auch das kulturelle Gedächtnis aus Konflikten hervor. Das heißt, ebenso wie Analytiker das individuelle Bewusstsein nicht für transparent, sondern für symptomatisch halten, betrachten sie auch Architektur, religiöse Rituale, Romane, Filme, Kleidung, Werbung, philosophische Texte, ja sogar die Arbeit von Mathematikern als Leinwände, als Inszenierungen und Ausdrucksweisen von Abwehrkonflikten, als Versuche, Ordnung zu schaffen, wo es keine gibt – was nicht bedeutet, dass kulturelle Produkte nicht auch in ihrem eigenen Recht, eigenständig, gewürdigt werden können. Dieser analytische Zugang fand seinen Weg in die Anthropologie, in die Literaturwissenschaften und in die künstlerische Arbeit – denken wir nur an die Surrealisten, den Bewusstseinsstromroman, aber auch an Fotografie, Film und moderne Musik. Das Fundament der freudianischen Kulturinterpretation wie auch der freudianischen Psychotherapie aber war die Traumdeutung. Freudianer verstanden kulturelle Praktiken so, wie sie auch die Träume verstanden, nämlich als

Palimpseste oder archäologische Stätten, Ansammlungen von Spuren mit komplexer Struktur, abgelagert in Schichten quasi geologischen Charakters. Wie die Träume enthalten auch kulturelle Hervorbringungen Inakzeptables, Brüche, Unstimmigkeiten und Verzerrungen, die es zu deuten oder zu dekodieren gilt. Kulturelle Praktiken reagieren darauf in derselben Weise wie Individuen auf ihre Träume: Sie überarbeiten unbewusste Inhalte, damit sie für das Ich bzw. im Fall der Kultur für das kollektive Ich oder das Gedächtnis der sozialen Gruppe annehmbar werden. Mithin ist Kultur sekundäre Bearbeitung: »Nur ein Traum.« In seiner zweiten Gestalt führte der Freudianismus demnach eine neue Lesart kultureller Artefakte ein, die die Aufmerksamkeit auf das lenkte, was nicht offen ausgedrückt wurde. In einer Zeit der explodierenden neuen Medien verlieh dies dem freudianischen Beitrag zu einer kritischen Perspektive zusätzlichen Nachdruck.

Der dritte Strang der Synthese, aus der sich die Psychoanalyse aufbaute, war ein ethisches Projekt der Selbstreflexion, das für junge Menschen und für die neuen Mittelschichten eine spezielle Bedeutung besaß. Mit ihrem Streben nach Aufrichtigkeit und Direktheit im privaten Leben sowie nach Klarheit und Einfachheit in Bereichen wie der Architektur, dem Design und dem philosophischen Denken fühlten sich junge Leute von der Idee angezogen, dass ein sinnerfülltes Leben gründliche Selbstreflexion erfordere. Manchmal eignete der Ethik der Selbstreflexion die Leidenschaft einer Berufung, z. B. wenn Floyd Dell sich selbst als einen »Missionar« der Psychoanalyse bezeichnete oder Max Eastman sagte, dass er quasi zu einem »Amateurspezialisten« für analytische Theorie geworden sei. Auch dieser Ethik lag die neue freudianische Konzipierung des menschlichen Subjekts zugrunde. Dem Subjekt des 20. Jahrhunderts wurde sein Platz weder durch allgemeine Vernunft, Moral und Selbstkontrolle zugeteilt, wie die Viktorianer annahmen, noch wurde es durch kollektive Arbeit definiert, wie die Sozialisten glaubten. Es war vielmehr individuell, einzigartig, idiosynkratisch. Großangelegten bürokratischen Strukturen entfremdet, pflegte es enge Beziehungen mit einigen wenigen Liebesobjekten oder Rivalen, die eine reiche, sinnerfüllte und moralaffine innere Welt belebten. Die Analyse stellte die auf ein solches Leben passende Ethik zur Verfügung – eine Ethik, die mehr auf persönlicher Ehrlichkeit beruhte als auf Moral oder Ästhetik – und stand auch in dieser Hinsicht für einen epochalen Fortschritt. Wenngleich mitunter als amoralisch attackiert, erweiterte sie den präfreudianischen Sinn der individuellen Moral über willkürliche, bewusste Entscheidungen und Handlungen hinaus auf unbewusste Wünsche. Indem sie für die Fähigkeit eintrat, sich selbst objektiv – »analytisch« – zu betrachten und sich der inneren Welt anderer Menschen empathisch zu nähern, förderte die Analyse die Erweiterung der moralischen Kompetenz, deren Anwendungsbereich sie gleichzeitig begrenzte und kontextualisierte.

Dieses dritte Projekt – die psychoanalytische Ethik des persönlichen Alltagslebens – war nie direkt politisch, aber auch nicht apolitisch. In den neuen Milieus der künstlerischen Moderne, der Bohème und der kulturellen Revolution, in denen sich Politik mit dem neuen Denken über das Selbst mischte, wurde Freud viel gelesen und diskutiert. Erinnern wir uns an Lincoln Steffens (1948 [1931]) Bericht darüber, wie er 1911 zum ersten Mal von Freud hörte und erfuhr, »daß das menschliche Denken durch unbewußte Verdrängungen oft so verkrampft ist, daß es ganz unzurechnungsfähig wird [...]. Keine der Gespräche bei Mabel Dodge [in ihrem Salon in Greenwich Village] waren wärmer, ruhiger, hatten mehr nachdenkliche Vertiefung als diese Diskussionen über Freud und seine Lehre« (S. 651). In ganz Europa, vor allem in Mitteleuropa, aber auch in England und sogar in Russland, ging die Analyse eine Verbindung mit sozialistischer und zionistischer Politik ein. Man denke nur an die Polikliniken, die Sexualaufklärung und die kostenfreien oder fast kostenfreien analytischen Behandlungen, die Elizabeth Danto in *Freud's Free Clinics* (2005) beschrieben hat. In der Weimarer Republik identifizierte Kurt Tucholsky (1919), Herausgeber der *Weltbühne*, Freud mit der Position, dass alle Reformen nutzlos seien, »wenn nicht die rechte Redlichkeit das Land durchzieht« (S. 279). Sogar – oder vielleicht vor allem – in Zeiten der Entfremdung ließ sich die Psychoanalyse nie von politischem Bewusstsein trennen. In Lateinamerika wurde die Psychoanalyse von Diktaturen in der Annahme unterstützt, dass sie politischen Unruhen vorbeuge; tatsächlich haben viele Analytiker kollaboriert, während andere forderten, die Erinnerung an die konterrevolutionäre Gewalt wachzuhalten. Ganz ähnlich hielten geheime Netzwerke die Analyse während der kommunistischen Jahrzehnte in der Tschechoslowakei am Leben, Panzern und Geheimdiensten zum Trotz. Und in den Vereinigten Staaten betonte Christopher Lasch, dass das leidenschaftliche

Interesse am Leben der eigenen Freunde keineswegs Ausdruck eines Rückzugs aufs Gefühlsleben gewesen sei (siehe 5. Kapitel).

Beeindruckend an diesen drei Projekten – dem therapeutischen, dem hermeneutischen und dem ethischen – ist die Tatsache, dass sie überhaupt eine Verbindung eingehen konnten. In unterschiedlichen Wirkungsbereichen unterschiedliche Ziele verfolgend und mit unterschiedlichen Hindernissen konfrontiert, war dieses Labyrinth divergierender Impulse in sich gleichwohl stabil. Zusammengehalten wurde es durch die innovative freudianische Sichtweise der menschlichen Psyche, die das historisch neue Phänomen des persönlichen, privaten Lebens widerspiegelte: eines intrapsychischen Lebens, das nicht auf die sozialen Beziehungen reduziert werden konnte, in dem aber die frühe Familie über außergewöhnliche Macht verfügte. Diese Sichtweise stand mit den progressiven Strömungen der Zeit in Einklang, solange ältere Bewegungen, die für Triebkontrolle eintraten, den neueren Möglichkeiten der Triebbefreiung zuwiderliefen. Als aber die Triebbefreiung in den 1970er Jahren selbst zu einer Art der sozialen Kontrolle wurde, begannen sich die drei Projekte zu scheiden. Seither ist das therapeutische Projekt den Neurowissenschaften, der Hirnforschung und der Psychopharmakologie gewichen. Die kulturelle Hermeneutik wurde von der populären Kultur in der Form von Entertainment und »zynischer Vernunft«, von Kybernetik, Informations- und Datensammlung absorbiert, floss aber auch in akademische Enklaven ein, etwa in die Kulturwissenschaften, die feministische Theorie und queere Theorie. Und schließlich hat die Ethik der Selbstreflexion, sofern sie nicht vollständig verlorengegangen ist, zumindest ihre privilegierte Position in postmodernen Milieus verloren.

Betrachten wir zunächst das Schicksal der Analyse als Therapie. Heute sind viele – vielleicht sogar die meisten – Psychiater davon überzeugt, dass die freudianische Abwendung von der Hirnforschung hin zur Erforschung der unbewussten Psyche ein überflüssiger Umweg war. Sie sind zur Neurologie des 19. Jahrhunderts zurückgekehrt, in der Freud ursprünglich ausgebildet wurde. Doch dieser Schritt beruht auf einem gravierenden Missverständnis. Als Neurologe hat Freud 20 Jahre, von 1876 bis 1896, im Labor mit der Erforschung des Gedächtnisses und der Aktivität des Nervensystems verbracht und sich im Großen und Ganzen derselben empirischen Methoden und weitgehend sogar derselben Sprache (wenn auch nicht derselben Technologie) bedient wie die Neurowissenschaftler des 21. Jahrhunderts, z. B. Eric Kandel und Gerald Edelman. Darüber hinaus hat Freud diese naturwissenschaftliche Denkweise zeitlebens nie verworfen, im Gegenteil. Die Psychoanalyse beruht auf der noch heute aktuellen Annahme, dass das psychische Leben im Wesentlichen unbewusst ist, d. h. automatisch, neurologisch oder reflexbedingt. Wir haben jedoch gesehen, dass die Psychoanalyse nicht das *neurologische Unbewusste* erforscht, sondern das *verdrängte* oder *dynamische Unbewusste*, das auf regressivem Weg, etwa durch Träume, zugänglich wird und lediglich aus seinen Einwirkungen auf das bewusste Seelenleben rückgeschlossen werden kann. Wissenschaftler wie Kandel mögen zwar prophezeien, dass die Hirnforschung dereinst in Synthese mit der kognitiven Psychologie eine genuine Wissenschaft des Geistes begründen werde, aber diese Prognose ist bestenfalls fragwürdig. Jahrhundertelange Versuche, Psyche und Geist mit dem Geschehen im Gehirn oder im Nervensystem zu erklären, haben nicht annähernd eine Psychologie hervorgebracht, die das psychische Leben lebendiger Wesen beschreibt, ihre Erfahrungen mit Sexualität und Familienleben, ihre Fähigkeit zu Empathie und abstraktem Denken, vor allem aber ihre Erinnerungen. Wissenschaftsphilosophen erklären uns, dass die Neurowissenschaft einen Fortschritt bedeutet, und sie haben zweifellos recht, aber es handelt sich um einen Fortschritt gegenüber den ihr vorausgegangenen Hirnwissenschaften – der Wissenschaft eines Wilder Penfield oder Charles Sherrington – und nicht gegenüber der Psychoanalyse. In Wirklichkeit gibt es keinen Grund anzunehmen, dass die Biologie des Gehirns die Psychoanalyse ersetzen könnte oder dass in absehbarer Zukunft mit einer belastungsfähigen Synthese beider Disziplinen zu rechnen wäre.[1]

Kein Wunder also, dass die wichtigsten Behandlungsfortschritte seit den 1970er Jahren mit eng umschriebenen Krankheitsbildern zusammenhängen –

1 Vielleicht werden wir irgendwann in der Lage sein, Psychoanalyse, Neurowissenschaften, kognitive Psychologie, Sprachwissenschaften, Epigenetik, künstliche Intelligenz und andere Wissenszweige zu einem neuen Paradigma der Erforschung der Psyche zusammenzuführen. Eines aber ist sicher, nämlich dass ein solches Paradigma genauso wenig auf die Biologie reduzierbar sein wird wie die Biologie auf die Physik.

mit Autismus, Drogenabhängigkeit und bipolaren Störungen, für die der biologische Faktor möglicherweise eine vorrangige Rolle spielt, mit deren Therapie sich Freud aber gar nicht befasst hat.[2] Amerikanische Ich-Psychologen haben die Voraussetzungen für die Verlagerung von der Psychoanalyse auf die Psychopharmakologie geschaffen, als sie die Analyse neu definierten, um sie den Vorgaben des medizinischen Modells, z. B. der Verhaltensdiagnostik und überprüfbaren Hypothesen, anzupassen. In der Theorie diagnostiziert das medizinische Modell Krankheit auf Basis der Symptome oder auf der Grundlage von Tests, um die Behandlung dann entsprechend zu spezifizieren. Manche psychischen Symptome, beispielsweise Zwangsstörungen, entsprechen dem medizinischen Modell, die meisten jedoch nicht. Sie hängen vielmehr mit jener Art innerer Spaltung oder inneren Konflikts zusammen, die ich in den vorangegangenen Kapiteln beleuchtet habe. Aus diesem Grund ist es absolut restriktiv, die menschliche Psyche lediglich unter dem Blickwinkel des äußerlich beobachtbaren Verhaltens begreifen zu wollen, wie die Psychiater es zu tun behaupten. Sobald die Analyse in Anpassung an das medizinische Modell neudefiniert worden war, konnte sie sich zudem auch den Forderungen nach quantitativen und komparativen Ergebnisstudien und juristischen Überprüfungen ihrer Wissenschaftlichkeit nicht länger entziehen. Das Paradebeispiel ist der Fall Rafael Osheroffs, des Internisten, der erfolglos von mehreren Analytikern behandelt wurde und behauptete, schließlich durch Medikamente geheilt worden zu sein (vgl. Luhrmann 2000). Es steht außer Frage, dass bestimmte psychische Erkrankungen medikamentös erfolgreich behandelbar sind, insgesamt gesehen aber haben amerikanische Analytiker, Therapeuten und psychiatrische Sozialarbeiter allzu große Zugeständnisse an das medizinische Modell gemacht und den unverwechselbar subjektiven Charakter der menschlichen Psyche vernachlässigt.

Als wissenschaftlich fundierte medizinische Praxis war die Psychoanalyse also eher glücklos, doch wie ist es um ihre Rolle als kulturelle Hermeneutik bestellt? Hier spielte sich im Grunde die gleiche Geschichte ab. Seit in den 1970er Jahren die »Veralterung« der Psychoanalyse einsetzte, haben auch die

2 Ein weiteres Gebiet, auf dem Behandlungsfortschritte zu verzeichnen sind, ist die Depression, insofern sie biologische Ursachen hat.

Kulturwissenschaften die Subjektivität zugunsten des Verhaltens weitgehend beiseitegeschoben. Zwei scheinbar entgegengesetzte Paradigmen, das kybernetische und das kognitive, auf der einen Seite und das Paradigma der Identitätspolitik und der Kulturwissenschaften auf der anderen teilen diese Tendenz zur Ausgrenzung der Subjektivität.

Das Auftauchen einer kybernetischen, vernetzten oder digitalen Weltsicht hat tiefe intellektuelle Wurzeln in den Projekten der anglo-amerikanischen analytischen Philosophie und des Wiener Kreises, die die Philosophie nach dem Vorbild der Naturwissenschaften zu modeln versuchten. Der unmittelbare Ursprung der Abkehr von der Psychoanalyse zugunsten einer digitalen Konzipierung des psychischen Lebens lag in der kybernetischen Bewegung der 1940er bis 1950er Jahre, die Fragen der Subjektivität und Innerlichkeit ausklammerte und stattdessen »Daten«, wie wir heute sagen, erzeugte: vorhersagbare und kontrollierbare Verhaltenswahrscheinlichkeiten. Die kybernetische Bewegung hat nicht überlebt, doch die daten-, informations- oder netzwerkgestützte Weltsicht gewann an Boden. Wendepunkte waren u. a. die Entdeckung der Doppelhelixstruktur der DNS 1953, mit der das auf Informationsalgorithmen rekurrierende Denken Eingang in die Biologie fand; in den 1970er Jahren die Weiterentwicklung der Neurowissenschaften und der kognitiven Psychologie, die die Psychoanalyse aus den Universitäten drängten; und die Entwicklung des Mikroprozessors in den 1980er Jahren, die der weltweiten Verbreitung kleiner, tragbarer Computer, Bildschirme und Schnittstellen den Weg bahnte. Innerhalb der polyzentrischen, marktorientierten, mediendurchzogenen Welt, die sich fortan entwickelte, wurden die Vorstellungen von Tiefe und Innerlichkeit durch solche von Netzwerk, Bild und Feedback sowie Zeichen, Faltungen und Netzen ersetzt. Der wahrscheinlich einflussreichste Exponent dieses Wandels ist Gilles Deleuze.

Die radikalen politischen Bewegungen der 1960er Jahre erzeugten einen zweiten, komplementären Strang, der das freudianische Kulturverständnis ersetzte: die Idee, dass objektive soziale Bedingungen direkte Verursacher von inneren, psychischen Zuständen, z. B. dem Wahnsinn, seien. Diese Vorstellung führte nach den Sechzigern zur Schaffung akademischer Felder wie der Kulturwissenschaften, der Frauenforschung und der Queer Studies und beeinflusste andere Gebiete wie die Film- und die Medienwissenschaften.

Obwohl sie häufig bei der Psychoanalyse ansetzten, schrieben Kulturwissenschaftler nicht über Sexualität und Neurose, sondern über Macht und Widerstand. Nicht selten beruhte ihr Denken dabei auf gravierenden Fehlinterpretationen der Psychoanalyse. Beispiele sind etwa Michel Foucault, Jacques Lacan und Jacques Derrida. Infolge der »poststrukturalistischen« Entstellungen der Psychoanalyse haben diejenigen, die heute Kulturstudien betreiben, kaum eine Vorstellung davon, wie ein komplexes, facettenreiches Paradigma der Untersuchung menschlicher Subjektivität aussieht. Ergo fallen sie auf moralisch-politische Formulierungen zurück – mit anderen Worten, auf politische Korrektheit. Indem sie die Aufmerksamkeit auf Verhaltensweisen – Sprache inbegriffen – richten, ignorieren sie das intrapsychische Leben, das unweigerlich mehrdeutig ist und als solches verstanden werden muss. Bezeichnenderweise teilt sich die »political correctness« mit der Kybernetik die Annahme, dass Identitäten wie Rasse, Gender oder Sexualität Relais-, Tausch- und Überschneidungspunkte sind, die sich genauso einfach verändern lassen wie Computercodes – eine Vorstellung, die mit dem psychoanalytischen Bild eines Subjekts mit unverwechselbarem, überdauerndem innerem Leben unvereinbar ist.

Ebenso wie die Annäherung an die Neurowissenschaften ging auch der Wandel von einer Tiefenpsychologie in eine Verhaltenspsychologie innerhalb der Psychoanalyse selbst vonstatten. In den 1950er Jahren unterstützten Ich-Psychologen wie Ernst Kris und Lawrence Kubie eine subtile Abkehr von der Überbetonung der Innerlichkeit oder Tiefe zugunsten einer stärkeren Orientierung auf Oberfläche, Bild und Selbstdarstellung. Freud war sich der Leiblichkeit von Sprache, Bild und »Schrift« im Derrida'schen Sinn stets bewusst gewesen, wie Derrida selbst 1966 gezeigt hat (Derrida 1972 [1966]). Dieser Aspekt der Psychoanalyse berührte sich mit der enormen Ausbreitung neuer Medien wie Film, Fotografie und TV, was die Frage nach der Darstellung, dem Framing oder der Kontextualisierung eines individuellen Subjekts aufwarf. Im Prinzip schließen die Erforschung der Oberfläche und die Erforschung der Tiefe einander nicht aus. Im Zuge des szientistischen und totalisierenden Ansatzes aber, der sich in den 1970ern durchzusetzen begann, fand eine Verschiebung von der Subjektivität auf das Verhalten statt, die sich auch in der Sprache der Psychotherapie selbst niederschlug. Die klassische Psychoanalyse hatte die Bisexualität als Ambivalenz in Bezug auf die Wahl des Sexualobjekts verstanden; heute bezeichnet man jemanden als bisexuell, der mit Angehörigen beider Geschlechter schläft. Und während man unter Homosexualität eine Männern und Frauen gemeinsame sexuelle Tendenz verstanden hatte, bezeichnet der Begriff heute eine Identität im Sinne einer Lebensweise. Das Gender, ein soziologisches Konzept, hat die analytische Fokussierung der unbewussten Anerkennung des Geschlechtsunterschiedes auf Machtunterschiede verschoben. Zum gegenwärtigen Zeitpunkt haben wir das Bewusstsein für ein idiosynkratisches, unbewusstes intrapsychisches Leben, das doch das eigentliche Verdienst der Psychoanalyse ausmachte, verloren. Als eine der beiden großen Flanken des Psychoanalysegebäudes in der Psychopharmakologie und der Hirnwissenschaft verschwand, entglitt die andere in die Identitätspolitik und ins Internet.

Was ist aus dem dritten großen, mit der Psychoanalyse assoziierten Projekt, dem ethischen Projekt der Aufrichtigkeit, Direktheit und Selbsterkenntnis geworden? Einfach formuliert, wurde ein Großteil der Energie, die man einst in Methoden zur Förderung der Selbsterkenntnis und der Reflexion über das eigene Leben in Gruppen investiert hat, umgeleitet in Methoden zur Förderung von Empowerment, Soziabilität und Partizipation. In dieser wie auch vielerlei anderer Hinsicht war das Schicksal der Psychoanalyse an eine folgenschwere historische Veränderung gebunden. Mit der Formulierung und Propagierung von Konzepten wie dem der Triebe oder des Unbewussten hatte Freud – worauf Wittgenstein hinwies – die Aufmerksamkeit stets auch auf die mächtigen sozialen Kräfte gelenkt, die alles daransetzten, seine Entdeckungen zu unterdrücken oder zu marginalisieren; dabei ignorierten sie aber deren starke Anziehungskraft. Tatsächlich hing diese Anziehungskraft, wie wir in den vorangegangenen Kapiteln ein ums andere Mal gesehen haben, damit zusammen, dass die Analyse auf der Welle eines epochalen historischen Wandels ritt, der Abkehr von der furchteinflößenden patriarchalen Imago und der Hinwendung zur Triebentfesselung, zur Befriedigung anstelle von Entsagung und zu einer erheblichen Reduzierung oder Ruhigstellung des Schuldgefühls. Freuds Betonung der Sublimierung oder des »Triebverzichts«, konzipiert als Alternative zu Hemmung oder Verdrängung, war schon in den 1960er Jahren überholt, und zwar teils gerade infolge der Erfolge, die die Psychoanalyse selbst zu verbuchen hatte. Daher hielten die Rebellionen jener Epoche es für notwendig, Freud in einen Befreier der Triebe umzumodeln. So schlugen sie den letzten Nagel in den Sarg der Verdrängungen und Entsagungen, denen Freudianer in der Vergangenheit den Kampf angesagt hatten. Doch war das Ergebnis tatsächlich der behauptete Erfolg? Können wir aufrichtig sagen, dass eine Gesellschaft, die auf Triebbefreiung, Gratifikation und – zumindest auf der bewussten Ebene – auf einer Abkehr vom Schuldgefühl beruht, freier sei, gerechter und zivilisierter als die repressive, an deren Stelle sie getreten ist?

Damit sind wir wieder bei unserer Ausgangsfrage angelangt. Ist Freud überhaupt noch unser Zeitgenosse? Und falls er es nicht ist: Kann er und sollte er es wieder werden? Natürlich ist er im Leben der meisten Menschen keine lebendige Kraft mehr, aber spielt das eine Rolle? Veränderung ist schließlich normal, und jeder Denker wird, zumindest wenn er Glück hat, irgendwann Teil der Geschichte. Was das wissenschaftliche Renommee der Psychoanalyse angeht, so erwartet, ja hofft, jeder empirisch orientierte Forscher, dass sie sich als überholt erweisen wird. Warum sollten wir uns sorgen, wenn das hochkomplizierte psychoanalytische Bild der Psyche – im Wesentlichen die Kreation eines ausgesprochen phantasiebegabten, gefährlich charismatischen, extrem enthusiastischen Individuums – gemächlichen, steten kollektiven Bemühungen gewichen ist, die Mechanismen des Gedächtnisses, des Denkens und der Gefühle in den Genen, Aminosäuren, Proteinen und Neuronen des Gehirns zu lokalisieren? Was das Projekt der kulturellen Hermeneutik betrifft, so korrigiert unser gegenwärtiges Verständnis der Rolle, die Rasse, Gender, sexuelle Orientierung und Ethnizität im menschlichen Leben spielen, zweifellos einen politischen blinden Fleck oder eine gezielte Vernebelung, zu der sich die Psychoanalyse mitunter hergegeben hat.

Und was lässt sich sagen über den hohen Wert, den man während des langen freudianischen Jahrhunderts der Selbsterforschung beigelegt hat? Die scheinbar endlosen, unnützen Analysen, das hoffnungslose Streben nach Einsichten, die sich nie fassen ließen, die Verwandlung von Frauen und Männern in lebenslange Patientinnen und Patienten, nie genügend devot, nie wirklich bereit, ihren Analytiker zu verlassen: All dies lässt vermuten, dass analytische Selbsterkenntnis, um das mindeste zu sagen, zu teuer verkauft wurde. Warum sollten nicht Empowerment, Soziabilität und Gruppenidentität die Selbsterkenntnis wenigstens teilweise ersetzen? Die selbstreflexive Wende nach innen, wie sie die Psychoanalyse repräsentiert, erfolgt im Leben gewöhnlich nur hin und wieder, zum Beispiel in der Adoleszenz, im Zusammenhang mit traumatischen Umbrüchen wie Tod, Krankheit oder Scheidung oder vielleicht im hohen Alter. Normalerweise orientiert sich die Psyche nach außen, auf begehrte Objekte, und zwar mit dem Ziel, Rivalen auszubremsen und Hindernisse zu beseitigen. Dass die Introspektion einst eine Epoche der Sozial- und Kulturgeschichte – die freudianische Epoche – definierte, hatte historische Gründe, die naturgemäß nicht länger zutreffen.

Dies sind starke Argumente, und sie könnten mich selbst überzeugen, gäbe es nicht einen ganz bestimmten Vorbehalt. Ich habe in diesem Buch durchgehend auf die kritische Dimension des analytischen Projekts verwiesen. Wenn die Psychoanalyse schwarzen Radikalen helfen konnte, über die Langzeitfolgen von Sklaverei und Rassismus nachzudenken, wenn sie den Zweiten Weltkrieg auf eine Weise charakterisieren konnte, die Licht auf die spezifische Rolle des Antisemitismus warf, wenn sie zeigen konnte, dass Weiblichkeit für Frauen eine Qual sein kann: Ist sie dann heute wirklich entbehrlich? Was die moderne radikale Tradition auszeichnet und vom anglo-amerikanischen Liberalismus unterscheidet, ist die Überlegung, dass individuelle Subjektivität und kritische Gesellschaftsanalyse auf eine Tiefenpsychologie angewiesen sind. Die Tatsache, dass die drei analytischen Projekte – Therapie, Kulturwissenschaften und Selbsterforschung – zu einer Einheit verschmolzen wurden, lässt vermuten, dass unterschiedliche Aspekte der Gesellschaft – Wissenschaft, Kultur, Psychologie – in der Psyche des Individuums miteinander verschmelzen. In ebendiesem Sinn stellte Robert Musil im Zusammenhang mit dem Fall des Zimmermanns Moosbrugger, dem im Wien des Fin des Siècle wegen des brutalen Mordes an einer jungen Frau der Prozess gemacht wurde, fest, dass jeder einzelne Mensch, den man sich genau ansieht, »einem herausstehenden Fadenende« gleicht, »und wenn man daran zieht, beginnt sich das ganze Gesellschaftsgewebe aufzutrennen« (Musil 1970 [1930, S. 263). Die Auflösung der analytischen Synthese, ihre Umwandlung in drei getrennte, nicht miteinander zusammenhängende Projekte war Anzeichen der Schwächung ihrer kritischen Dimension, wie uns heute schmerzhaft klar ist.

Um die Frage zu beantworten, ob Freud nach wie vor relevant ist, könnten wir uns abschließend noch einmal ansehen, wie er Teil der Geschichte wurde. Freuds Bild, seine Imago, hat die allmähliche Entidealisierung und Trauer, die das Dahinscheiden bedeutender Persönlichkeiten normalerweise begleiten, nicht durchgemacht. Stattdessen haben Personen wie Frederick Crews und Jeffrey Masson, gestützt auf die zwar tendenziösen, aber zumindest nachvollziehbaren Psychoanalyse-Karikaturen radikaler Feministinnen, einen Großteil sowohl seiner wahren Identität als auch des realen Beitrags des Freudianismus mit ihren zerstörerischen, demagogischen und zutiefst irreführenden Angriffen unterdrückt. So paradox es klingt: Freud ist für diejenigen, die ihn respektierten und sogar verehrten, zu einer historischen Persönlichkeit geworden, während seine Feinde in ihm nach wie vor einen lebendigen Zeitgenossen sehen, der leidenschaftliche Gefühle in ihnen weckt. Allein dies sollte reichen, um die Behauptung, dass »das freudianische Menschenbild« obsolet sei, nicht unwidersprochen zu lassen.

Literatur

Abraham, Karl (1982 [1926]). Psychoanalytische Bemerkungen zu Coués Verfahren der Selbstbemeisterung. In: ders., *Gesammelte Schriften in zwei Bänden.* Bd. 1. Hrsg. von J. Cremerius. Frankfurt am Main (Fischer), S. 357–382.

Adler, Alfred (2007 [1911]). Zur Kritik der Freud'schen Sexualtheorie der Nervosität. In: ders., *Persönlichkeit und neurotische Entwicklung. Frühe Schriften (1904–1912).* Hrsg. von A. Bruder-Bezzel. Göttingen (Vandenhoeck & Ruprecht), S. 161–180.

Ahad, Badia Sahar (2010). *Freud Upside Down: African American Literature and Psychoanalytic Culture.* Urbana (University of Illinois Press).

Anderson, Perry (2011). From progress to catastrophe. *London Review of Books* 33, no. 15 (28. Juli).

Andreas-Salomé, Lou (1921). Narzißmus als Doppelrichtung. *Imago* 7: 361–386.

Arendt, Hannah (2012 [1968]). *Menschen in finsteren Zeiten.* Übers. von M. Büning. München (Piper).

Auden, W. H. (1940). In Memory of Sigmund Freud. In: ders., *Another Time.* New York (Random House).

Auerbach, Erich (2015 [1946]). *Mimesis. Dargestellte Wirklichkeit in der abendländischen Literatur.* Tübingen (Francke).

Bachofen, Jakob J. (1975 [1861]). *Das Mutterrecht. Eine Untersuchung über die Gynaikokratie der alten Welt nach ihrer religiösen und rechtlichen Natur. Eine Auswahl.* Hrsg. von H.-J. Heinrichs. Frankfurt am Main (Suhrkamp).

Bakan, David (1979). *And They Took Themselves Wives: The Emergence of Patriarchy in Western Civilisation.* New York (Harper & Row).

Baldwin, James (1981 [1978]). *Zum Greifen nah.* Übers. von Th. Lindquist. Reinbek bei Hamburg (Rowohlt).

Baraka, Amiri (2003 [1963]). *Blues People. Von der Sklavenmusik zum Bebop.* Übers. durch ein Berliner Studentenkollektiv. Überarbeitete Neuaufl. Freiburg i. Br. (Orange Press).

Baraka, Amiri (ca. 1970 [1964]). *Dutchman.* Übers. von S. Lucas-Hoch. Frankfurt am Main (Fischer).

Barker, Pat (1997 [1991]). *Niemandsland.* Übers. von M. Fienbork. München (Hanser).

Baron, Hans (1955). *The Crisis of the Early Italian Renaissance.* Princeton, NJ (Princeton University Press).

Benda, Julien (1947). *L'Esprit Européen.* Neuchatel (Edition de la Baconnière).

Benedict, Ruth (1955 [1934]). *Urformen der Kultur.* Übers. von R. Salzner. Hamburg (rororo).

Benjamin, Walter (1991 [1936]). Der Erzähler. Betrachtungen zum Werk Nikolai Lesskows. In: ders., *Gesammelte Schriften.* Bd. II.1. Hrsg. von R. Tiedemann und H. Schweppenhäuser. Frankfurt am Main (Suhrkamp)

Bernheimer, Charles, & Claire Kahane (1985). *In Dora's Case.* New York (Columbia University Press).

Bettelheim, Bruno (1980 [1943]). Individuelles und Massenverhalten in Extremsituationen. In: ders., *Erziehung zum Überleben. Zur Psychologie der Extremsituation*. München (dtv).

Bhaba, Homi K. (1994). Foreword. In: Frantz Fanon, *Black Skin, White Masks*. Übers. von C. L. Markmann. London (Pluto Press).

Bion, Wilfred R. (2013 [1959]). Angriffe auf Verbindungen. In: ders., *Frühe Vorträge und Schriften mit einem kritischen Kommentar: »Second Thoughts«*. Übers. von E. Vorspohl. Frankfurt am Main (Brandes & Apsel), S. 105–124.

Bloom, Lynn Z. (1972). *Doctor Spock*. Indianapolis (Bobbs-Merrill).

Boltanski, Luc, & Ève Chiapello (2006 [1999]). *Der neue Geist des Kapitalismus*. Übers. von M. Tillmann. Köln (Halem).

Bowers, Claude G. (1929). *The Tragic Era: The Revolution after Lincoln*. Boston, MA (Houghton Mifflin).

Boyer, John (1978). Freud, marriage and late Viennese liberalism: A commentary from 1905. *Journal of Modern History* 50: 91–99.

Brecht, Karen, Volker Friedrich, Ludger Hermanns, Isidor K. Kaminer & Dierk H. Juelich (Hrsg.) (1985). *»Hier geht das Leben auf eine sehr merkwürdige Weise weiter ...«. Zur Geschichte der Psychoanalyse in Deutschland.* Hamburg (Verlag Michael Kellner).

Breines, Wini (1982). *Community and Organization in the New Left, 1962–1968: The Great Refusal.* New York (Praeger).

Breines, Wini (1992). *Young, White, and Miserable: Growing Up Female in the Fifties*. Boston, MA (Beacon Press).

Breton, André (1945). Interview mit Rene Belance. *Haiti-Journal*. Haiti, 12.–13. Dezember.

Briffault, Robert (1927). *The Mothers. A Study of the Origins of Sentiments and Institutions.* London (George Allen & Unwin).

Brignano, Russell C. (1970). *Richard Wright: An Introduction to the Man and His Works*. Pittsburgh (University of Pittsburgh Press).

Brittain, Vera (2018 [1933]). *Vermächtnis einer Jugend.* Übers. von E. D. Drolshagen. Berlin (Matthes & Seitz).

Brooks, Peter (1976). *The Melodramatic Imagination: Balzac, Henry James, Melodrama, and the Mode of Excess*. New York (Columbia University Press).

Brown, Norman Oliver (1962 [1960]). *Zukunft im Zeichen des Eros*. Übers. von M. Wiedemann. Pfullingen (Neske).

Bruns, Claudia (2008). *Politik des Eros: der Männerbund in Wissenschaft, Politik und Jugendkultur (1880–1934)*. Wien (Böhlau).

Buell, Lawrence (2014). *The Dream of the Great American Novel.* Cambridge, MA (Harvard University Press).

Bultmann, Rudolf (1998 [1949]). *Das Urchristentum im Rahmen der antiken Religionen.* Düsseldorf (Patmos).

Bush, George W. (2001). Rede vor einer gemeinsamen Sitzung des Kongresses. 20. September. https://usa.usembassy.de/etexts/docs/ga1-092001d.htm (zuletzt aufgerufen am 4.8.2021).

Butler, Judith (2005 [2004]). *Gefährdetes Leben. Politische Essays*. Übers. von K. Wördemann. Frankfurt am Main (Suhrkamp).

Butler, Judith (2007). Interview mit Elisabetta Ambrosi, in: *Reset Dialogues*, 7. Februar. http://www. resetdoc.org/story/00000000307 (zuletzt aufgerufen am 26. April 2021).

Castro, Américo (1954). *The Structure of Spanish History.* Princeton, NJ (Princeton University Press).

Cayton, Horace (1948). A psychological approach to race relations. *Presence Africaine*, no. 5.

Cayton, Horace (1965). *Long Old Road.* New York (Trident).

Cayton, Horace (1967). Personal experience of race relations. Box 3. Cayton Collection, Chicago Public Library.

Cayton, Horace (1969). The search for Richard Wright. Box 4. Cayton Collection, Chicago Public Library.

Césaire, Aimée (2021 [1950]). *Über den Kolonialismus.* Übers. von H. Becker. Berlin (Alexander).

Chambers, Whittaker (1952). *Witness.* New York (Random House).

Chapais, Bernard (2010). *Primeval Kinship: How Pair-Bonding Gave Birth to Human Society.* Cambridge, MA (Harvard University Press).

Charles, Charles V. (1942). Optimism and frustration in the American negro. *Psychoanalytic Review* 29: 270–299.

Chase, Alton (2003). *Harvard and the Unabomber: The Education of an American Terrorist.* New York (Norton).

Chodorow, Nancy (1985 [1978]). *Das Erbe der Mütter. Psychoanalyse und Soziologie der Geschlechter.* Übers. von G. Mühlen-Achs. München (Frauenoffensive).

Cixous, Hélène, & Cathérine Clement (1986). *The Newly Born Woman.* Minneapolis (University of Minnesota Press).

Collins, Randall (1992). Weber's last theory of capitalism. In: Mark Granovetter und Richard Swedberg (Hrsg.). *The Sociology of Economic Life.* Boulder (Westview).

Confino, Alon (2014). *A World Without Jews. The Nazi Imagination from Persecution to Genocide.* New Haven (Yale University Press).

Coser, Lewis A. (1984). *Refugee Scholars in America: Their Impact and Their Experiences.* New Haven (Yale University Press).

Crossman, Richard (Hrsg.) (2001 [1949]). *The God That Failed.* New York (Columbia University Press).

Danto, Elizabeth (2005). *Freud's Free Clinics: Psychoanalysis and Social Justice, 1918–1938.* New York (Columbia University Press).

Derrida, Jacques (1972 [1966]). Freud und der Schauplatz der Schrift. In: ders., *Die Schrift und die Differenz.* Frankfurt (Suhrkamp), S. 302–350.

Derrida, Jacques (1997 [1995]). *Dem Archiv verschrieben: Eine Freudsche Impression.* Übers. von H.-D. Gondek. Berlin (Brinkmann & Bose).

Deutscher, Isaac (1988 [1954]). *Der nichtjüdische Jude. Essays.* Übers. von E. Geisel, M. Offenberger und A. Leszczynska. Berlin (Rotbuch).

Dirke, Sabine von (1997). *All Power to the Imagination! The West German Counter Culture from the Student Movement to the Greens.* Lincoln, NE (University of Nebraska Press).

Douglas, Ann (1995). *Terrible Honesty: Mongrel Manhattan in the 1920s.* New York (Farrar, Strauss & Giroux).

Dower, John (2010). *Cultures of War.* New York (Norton).
Dubois, Ellen, & Linda Gordon (1983). Seeking ecstasy on the battlefield: Danger and pleasure in nineteenth-century feminist thought. *Feminist Studies* 9(1): 7–25.
Du Bois, William E.B. (1954). Apologia. In: ders., *The Suppression of the African Slave Trade to the United States of America.* New York (The Social Science Press), S. 327–329.
Du Bois, William E.B. (1965 [1940]). *Mein Weg, meine Welt.* Übers. von E. Salewski. Berlin (Dietz).
Du Bois, William E.B. (2003 [1903]). *Die Seele der Schwarzen.* Übers. von J. und B. Meyer-Wendt. Freiburg (orange-press).
Eksteins, Modris (1989). *Rites of Spring: The Great War and the Birth of the Modern Age.* Boston (Houghton Mifflin).
Eliot, T.S. (1967 [1948]). *Beiträge zum Begriff der Kultur.* Übers. von G. Hensel. Frankfurt am Main (Suhrkamp).
Elkins, Stanley M. (1976). *Slavery. A Problem in American Institutional and Intellectual Life.* 3., erweiterte Aufl. Chicago, London (University of Chicago Press).
Ellison, Ralph (1945). Richard Wright's Blues. *Antioch Review* 3.
Ellison, Ralph (1995). *The Collected Essays of Ralph Ellison.* Hrsg. von John F. Callahan. New York (Random House Inc.).
Ellison, Ralph (2002 [1999]). *Juneteenth.* Übers. von M. Allié & G. Kempf-Allié. Reinbek bei Hamburg (Rowohlt).
Ellison, Ralph (2003 [1945]). Richard Wright's Blues. In: ders., *The Collected Essays of Ralph Ellison.* Hrsg. von John F. Callahan. New York (Random House Inc.), S. 128–144.
Ellison, Ralph (2003 [1948]). Harlem is nowhere. In: ders. *The Collected Essays of Ralph Ellison.* Hrsg. von John F. Callahan. New York (Random House Inc.), S. 320–327.
Engels, Friedrich (1962 [1884]. *Der Ursprung der Familie, des Privateigentums und des Staates.* In: *MEW*, Bd. 21, S. 61. Berlin (Dietz).
Erikson, Erik H. (1974 [1950]). *Kindheit und Gesellschaft.* Übers. von M. von Eckardt-Jaffé. Stuttgart (Klett).
Evans, Richard J. (2010). Who remembers the Poles. *London Review of Books*, 4. November. https://www.lrb.co.uk/the-paper/v32/n21/richard-j.-evans/who-remembers-the-poles (zuletzt aufgerufen am 4. August 2021).
Evans, Sara (1980). *Personal Politics: The Roots of Women's Liberation in the Civil Rights Movement and the New Left.* New York (Vintage).
Fabre, Michel (1986). Frantz Fanon et Richard Wright. In: Elo Dacy (Hrsg.). *L'Actualité de Frantz Fanon.* Paris (Karthala), S. 169–180.
Fabre, Michel (1991). *From Harlem to Paris: Black American Writers in France, 1840–1980.* Urbana (University of Illinois Press).
Fanon, Frantz (2013 [1952]). *Schwarze Haut, weiße Masken.* Übers. von E. Moldenhauer. Wien, Berlin (Turia & Kant).
Fanon, Frantz (2020 [1961]). *Die Verdammten dieser Erde.* Übers. von T. König. Frankfurt am Main (Suhrkamp).
Fenichel, Otto (1976 [1938]). Der Bereicherungstrieb. *Psyche – Zeitschrift für Psychoanalyse* 30(1): 81–103.

Ferenczi, Sándor, & Otto Rank (2009 [1924]). *Entwicklungsziele der Psychoanalyse. Zur Wechselbeziehung von Theorie und Praxis*. Nach der Ausgabe von 1924. Wien (Turia + Kant).

Firestone, Shulamith (1975 [1970]). *Frauenbefreiung und sexuelle Revolution*. Übers. von G. Strempel-Frohner & T. Lindquist. Frankfurt am Main (Fischer).

Foley, Barbara (2010). *Wrestling with the Left: The Making of Ralph Ellison's Invisible Man*. Durham, NC (Duke University Press).

Forsyth, D. (1915). Functional nerve disease and shock of battle. *The Lancet*, Dezember.

Foucault, Michel (1977 [1975]). *Überwachen und Strafen. Die Geburt des Gefängnisses*. Übers. von W. Seitter. Frankfurt am Main (Suhrkamp).

Freud, Sigmund (1900a). *Die Traumdeutung. GW* 2/3.

Freud, Sigmund (1910d). Die zukünftigen Chancen der psychoanalytischen Therapie. *GW 8*, S. 104-115.

Freud, Sigmund (1912b). Zur Dynamik der Übertragung. *GW* 8, S. 364–374.

Freud, Sigmund (1912–13a). *Totem und Tabu. GW* 9.

Freud, Sigmund (1914d). Zur Geschichte der psychoanalytischen Bewegung. *GW 10*, S. 43–113.

Freud, Sigmund (1915e). Das Unbewusste. *GW 10*, S. 264–303.

Freud, Sigmund (1917a). Eine Schwierigkeit der Psychoanalyse. *GW 12*, S. 3–12.

Freud, Sigmund (1919a). Wege der psychoanalytischen Therapie. *GW 12*, S. 183–194.

Freud, Sigmund (1919h). Das Unheimliche. *GW 12*, S. 229–268.

Freud, Sigmund (1920g). *Jenseits des Lustprinzips. GW 13*, S. 1–69.

Freud, Sigmund (1923b). Das Ich und das Es. *GW 13*, S. 237–289.

Freud, Sigmund (1925d). Selbstdarstellung. *GW 14*, S. 31–96.

Freud, Sigmund (1926d). Hemmung, Symptom und Angst. *GW 14*, S. 111–205.

Freud, Sigmund (1927c). Die Zukunft einer Illusion. *GW 14*, S. 325–380.

Freud, Sigmund (1930a). Das Unbehagen in der Kultur. GW *14*, S. 419–506.

Freud, Sigmund (1931b). Über die weibliche Sexualität. *GW 14*, S. 517–537.

Freud, Sigmund (1933a). *Neue Folge der Vorlesungen zur Einführung in die Psychoanalyse. GW 15*.

Freud, Sigmund (1933b). Warum Krieg? *GW 16*, S. 13–27.

Freud, Sigmund (1937c). Die endliche und die unendliche Analyse. *GW 16*, S. 59–99.

Freud, Sigmund (1939a). *Der Mann Moses und die monotheistische Religion. GW 16*, S. 103–246.

Freud, Sigmund (1940a). *Abriß der Psychoanalyse. GW 17*, S. 63–138.

Freud, Sigmund (1960a [1873-1939]). *Briefe 1873–1939*. Hg. von Ernst und Lucie Freud. Frankfurt am Main (Fischer). 3., korr. Aufl. 1980.

Freud, Sigmund, & Karl Abraham (1965). *Briefe 1907–1926*. Hrsg. von H.C. Abraham und E.L. Freud. Frankfurt am Main (Fischer).

Freud, Sigmund, & Sándor Ferenczi (1993). *Briefwechsel. Bd. I/2*. Hrsg. von E. Falzeder, E. Brabant und Patrizia Gampieri-Deutsch. Wien/Köln/Weimar (Böhlau).

Freud, Sigmund, & Carl Gustav Jung (1974). *Briefwechsel*. Hrsg. von W. McGuire & W. Sauerländer. Frankfurt am Main (Fischer).

Freud, Sigmund, & Arnold Zweig (1968). *Briefwechsel*. Hrsg. von E. L. Freud. Frankfurt am Main (Fischer).

Friedan, Betty (1963). *The Feminine Mystique.* New York (Norton). (1970). *Der Weiblichkeitswahn oder die Selbstbefreiung der Frau. Ein Emanzipationskonzept.* Übers. von M. Carroux. Reinbek bei Hamburg (Rowohlt). [Gekürzte Ausgabe.]

Fromm, Erich (1966 [1947]). *Die Furcht vor der Freiheit.* Frankfurt am Main (EVA).

Garcia, Jay (2012). *Psychology Comes to Harlem: Rethinking the Race Question in Twentieth-century America.* Baltimore (Johns Hopkins University Press).

Gates, Henry Louis, & Anthony Appiah (1993). *Richard Wright: Critical Perspectives, Past and Present.* New York (Amistad).

Gay, Peter (1989 [1988]). *Freud. Eine Biographie für unsere Zeit.* Übers. von Joachim A. Frank. Frankfurt am Main (Fischer).

Geary, Daniel (2009). *Radical Ambition: C. Wright Mills, the Left, and American Social Thought.* Berkeley (University of California Press).

Geddes, Patrick (1915). *Cities in Evolution.* London (Williams & Norgate).

Gilman, Sander L. (1994 [1993]). *Freud, Identität und Geschlecht.* Übers. von H. J. Bussmann. Frankfurt am Main (Fischer).

Gittings, John (2012). *The Glorious Art of Peace.* New York (Oxford University Press).

Graebner, William (1991). *The Age of Doubt: American Thought and Culture in the 1940s.* Boston, MA (Twayne).

Gramsci, Antonio (1971). Americanism and Fordism. In: Quintin Hoare & Geoffrey Nowell Smith (Hrsg.): *Selections from the Prison Notebooks of Antonio Gramsci.* New York (International University Press), S. 277–321.

Graves, Robert (1999 [1948]). *Die weiße Göttin. Sprache des Mythos.* Übers. T. Lindquist & L. Wilkens. Reinbek bei Hamburg (Rowohlt).

Guex, Germaine (1983 [1950]). *Das Verlassenheitssyndrom.* Übers. von M.-C. Beck. Bern (Huber).

Habermas, Jürgen, & Jacques Derrida (2004 [2003]). *Philosophie in Zeiten des Terrors.* Zwei Gespräche, geführt, eingeleitet und kommentiert von Giovanna Borradori. Übers. von U. Müller-Schöll. Berlin, Wien (Philo).

Hale, Nathan (1995). *The Rise and Crisis of Psychoanalysis in the United States.* New York (Oxford University Press).

Hansen, Karen V., & Ilene J. Philipson (1990). *Women, Class, and the Feminist Imagination: A Socialist-Feminist Reader.* Philadelphia (Temple University Press).

Hartmann, Heidi (1997). The unhappy marriage of feminism and socialism. In: Linda Nicholson (Hrsg.). *The Second Wave: A Reader in Feminist Theory.* New York (Routledge), S. 97–122.

Hartmann, Heinz, Ernst Kris & Rudolph Loewenstein (1946). Comments on the formation of psychic structure. *Psychoanalytic Study of the Child* 2: 11–38.

Hayden, Sterling (1964). *Wanderer.* New York (Knopf).

Hemenway, Robert E. (1977). *Zora Neale Hurston: A Literary Biography*. Urbana (University of Illinois Press).

Hemingway, Ernest (1963 [1929]). *In einem andern Land.* Übers. von A. Horschitz-Horst. Reinbek bei Hamburg (Rowohl).

Herzl, Theodor (1935). *Das Neue Ghetto. Altneuland. Aus dem Nachlass.* Tel Aviv (Hozaah Ivrith).

Herman, Ellen (1995). *The Romance of American Psychology: Political Culture in the Age of Experts, 1940–1970.* Berkeley (University of California Press).

Himes, Chester (2002 [1947]). *If He Hollers Let Him Go.* Cambridge (DaCapo).

Hobsbawm, Eric (1985–1989 [1968]). *Industrie und Empire. Britische Wirtschaftsgeschichte seit 1750.* 2 Bde. Übers. von U. Margetts. Frankfurt am Main (Suhrkamp).

Hofstadter, Richard (1964). The paranoid style in American politics. Harpers, November. https://harpers.org/archive/1964/11/the-paranoid-style-in-american-politics/ (zuletzt aufgerufen am 4. August 2021).

Holmes Jr., Oliver Wendell (1987 [1895]). The Soldier's Faith. In: ders. & Richard Posner (Hrsg.). *The Essential Holmes.* Chicago (University of Chicago Press).

Honneth, Axel (1994). *Kampf um Anerkennung: zur moralischen Grammatik sozialer Konflikte.* Frankfurt am Main (Suhrkamp).

Howells, John G. (Hrsg.) (1975). *World History of Psychiatry.* New York (Brunner/Mazel).

Hull, James P. (1996). From Rostow to Chandler to you: how revolutionary was the second industrial revolution? *Journal of European Economic History* 25: 191–208.

Huntington, Samuel P. (1975). The United States. In: Crozier, Michel, Samuel P. Huntington & Joji Wakanuki (Hrsg.). *The Crisis of Democracy.* New York (New York University Press), S. 59–118.

Hurston, Zora Neale [2011 [1937]). *Vor ihren Augen sahen sie Gott.* Übers. von H.-U. Möhring. Gräfelfing (Verlag Silke Weniger).

Hurston, Zora Neale (1939). *Moses, Man of the Mountain.* New York (Lippincott).

Ishiguro, Kazuo (2017 [2005]). *Alles, was wir geben mussten.* Übers. von B. Schaden. München (Blessing).

James, Cyril Lionel Robert (1984 [1938]). *Die Schwarzen Jakobiner. Toussaint L'Ouverture und die San-Domingo-Revolution.* Übers. von G. Löffler. Köln (Pahl-Rugenstein).

James, William (2014 [1901/1902]). *Die Vielfalt religiöser Erfahrung. Eine Studie über die menschliche Natur.* Übers. von E. Herms und C. Stahlhut. Berlin (Verlag der Weltreligionen im Insel Verlag).

Jameson, Frederic (1977). Imaginary and Symbolic in Lacan. *Yale French Studies* 55–56.

Jamieson, Alastair (2009). Women more avid readers than men. *Telegraph,* 23. März.

Janmohamed, Abdul R. (1986). The economy of Manichaean allegory: the function of racial difference in colonialist literature. In: Henry Louis Gates Jr. & Kwame Anthony Appiah (Hrsg.). »*Race*«. *Writing and Difference.* Chicago (University of Chicago Press).

Janowitz, Morris (1978). *Last Half Century.* Chicago (University of Chicago Press).

Jaspers, Karl (1949). *Vom Ursprung und Ziel der Geschichte.* München, Zürich (Piper & Co.).

Johnson, James Weldon (1922). »Preface«, in: ders. (Hrsg.). *Book of American Negro Poetry.* New York (Harcourt Brace).

Jones, LeRoi (1999). *Blues People: Negro Music in White America.* New York (Harper).

Jong, Erica (1976 [1973]). *Angst vorm Fliegen.* Übers. von K. Molvig. Frankfurt am Main (Fischer).

Jung, Carl Gustav (1991 [1912]). *Wandlungen und Symbole der Libido.* München (dtv).

Kant, Immanuel (1974 [1793]). *Kritik der Urteilskraft.* In: *Gesammelte Schriften.* Bd. 5. 2. Aufl. Berlin (Reimer).

Karpman, Benjamin (1954). *The Sexual Offender and His Offenses: Etiology, Pathology, Psychodynamics, and Treatment.* New York (Julian).

Katz, Jonathan Ned (2007). *The Invention of Heterosexuality.* Chicago (University of Chicago Press).

Kelly-Gadol, Joan (1989 [1984]). Gab es die Renaissance für Frauen? In: *Männer Mythos Wissenschaft. Grundlagentexte zur feministischen Wissenschaftskritik.* Hrsg. von B. Schaeffer-Hegel & B. Watson-Franke. Pfaffenweiler (Centaurus), S. 33–65.

Kent, Susan Kingsley (1993). *Making Peace: The Reconstruction of Gender in Interwar Britain.* Princeton, NJ (Princeton University Press).

Kernberg, Otto (1983 [1975]). *Borderline-Störungen und pathologischer Nazißmus.* Übers. von H. Schultz. Frankfurt am Main (Suhrkamp).

Kerouac, Jack (1959 [1957]). *Unterwegs.* Übers. von T. Lindquist. Reinbek bei Hamburg (Rowohlt).

Kimmage, Michael (2009). *The Conservative Turn: Lionel Trilling, Whittaker Chambers, and the Lessons of Anti-Communism.* Cambridge, MA (Harvard University Press).

Klausner, Samuel (1964). *Psychiatry and Religion.* New York (Free Press of Glencoe).

Klein, Rudolph (2000). *The New Politics of the NHS. From Creation to New Invention.* London (Radcliffe Publ.).

Kluger, Richard (1976). *Simple Justice: The History of Brown v. Board of Education and Black America's Struggle for Equality.* New York (Knopf).

Knowles, John (1961). Outstanding books 1931–1961. *American Scholar 30*, no. 4.

Kohut, Heinz (1979 [1977]). *Die Heilung des Selbst.* Übers. von E. vom Scheidt. Frankfurt am Main (Suhrkamp).

Kohut, Heinz (2001 [1981]). Introspektion, Empathie und der Halbkreis psychischer Gesundheit. Übers. von E. Vorspohl. *Selbstpsychologie. Europäische Zeitschrift für psychoanalytische Therapie und Forschung* 2(4): 147–168.

Kurzweil, Edith (1995 [1989]). *Freud und die Freudianer. 100 Jahre Psychoanalyse.* Übers. von M. Looser. München (dtv).

Landes, David (1973 [1969]). *Der entfesselte Prometheus.* Köln (Kiepenheuer & Witsch).

Lasch, Christopher (1980 [1978]). *Das Zeitalter des Narzißmus.* Übers. von G. Burmundt. München (Steinhausen).

Lasch, Christopher (1981 [1977]). *Geborgenheit. Die Bedrohung der Familie in der modernen Welt.* Übers. von B. Osterwald und A. Ehlers. München (Steinhausen).

Lasch, Christopher (2013 [1991]). *The True and Only Heaven.* New York (Norton).

Lasswell, Harold (1971 [1917]). *Propaganda Technique in World War I.* Cambridge, MA (MIT Press).

Leed, Eric J. (1981). *No Man's Land: Combat and Identity in World War One.* Cambridge, MA (Cambridge University Press).

Lerner, Gerda (1991 [1986]). *Die Entstehung des Patriarchats.* Übers. von W. Möller-Falkenberg. Frankfurt am Main (Campus).

Locke, Alain (Hrsg.) (1925). *The New Negro. Voices of the Harlem Renaissance.* New York (Albert & Charles Boni, Inc.). Neuausgabe New York (Touchstone) 1997.

Löwy, Michael (2002 [1988]). *Erlösung und Utopie. Jüdischer Liberalismus* und *libertäres Denken. Eine Wahlverwandtschaft.* Übers. von D. Kurz und H. Töpfer. Berlin (Philo Verlagsgesellschaft).

Luce, Henry (1999 [1941]). The American Century. *Diplomatic History* 23, no. 2 (1999): 159–171. http://www-personal.umich.edu/~mlassite/discussions261/luce.pdf (zuletzt aufgerufen am 3. Juni 2021).

Luhrmann, Tanya M. (2000). *Of Two Minds: The Growing Disorder in American Psychiatry.* New York (Knopf).

MacKinnon, Catharine A. (1982). Feminism, Marxism, method, and the state: An agenda for theory. *Signs* 7(3).

MacKinnon, Catharine A. (1989). Sexuality, pornography, and method: »Pleasure under patriarchy«. *Ethics* 99(2).

Maier, Charles S. (1977). The politics of productivity: Foundations of American international economic policy after WW II. *International Organization* 13: 607–633.

Marcuse, Herbert (1963). Das Veralten der Psychoanalyse. In: ders., *Kultur und Gesellschaft 2.* Frankfurt am Main (Suhrkamp), S. 85–106.

Marcuse, Herbert (1970 [1955]). *Triebstruktur und Gesellschaft. Ein philosophischer Beitrag zu Sigmund Freud.* Übers. von M. von Eckardt-Jaffé. Frankfurt am Main (Suhrkamp). (Zuvor unter dem Titel: *Eros und Kultur. Ein philosophischer Beitrag zu Sigmund Freud.* Stuttgart: Ernst Klett 1957).

Mayer, Arno (1988). *Why Did the Heavens Not Darken?* New York (Pantheon).

Mayurama, Masao (1963). *Thought and Behaviour in Modern Japanese Politics.* London (Oxford University Press).

Mazower, Mark (2000 [1999]). *Der dunkle Kontinent. Europa im 20. Jahrhundert.* Übers. von H.-J. Maass. Berlin (Fest).

McKendrick, Neil (1982). *The Birth of a Consumer Society: The Commercialization of Eighteenth Century England.* Bloomington (Indiana University Press).

Memmi, Albert (1973). The impossible life of Frantz Fanon. *Massachusetts Review* 14: 9–39.

Mendes, Gabriel N. (2010). A Deeper Science: Richard Wright, Frederick Wertham, and the Fight for Mental Health Care in Harlem, N.Y., 1940–1960. Ph.D. Diss., Brown University, Providence, RI. https://repository.library.brown.edu/studio/item/bdr:183/PDF/ (zuletzt aufgerufen am 4.8.2021).

Mendes, Gabriel N. (2015). *Harlem's Lafargue Clinic and the Promise of an Antiracist Psychiatry.* New York (Cornell University Press).

Menninger, William Claire (1948). *Psychiatry in a Troubled World: Yesterday's War and Today's Challenge.* New York (Macmillan).

Miller, Arthur (1989 [1987]). *Zeitkurven. Ein Leben.* Übers. von M. Ohl & H. Sartorius. Frankfurt am Main (Fischer).

Miller, Perry (1938). *The New England Mind. The Seventeenth Century.* New York (Macmillan).

Miller, Perry (1949). *Jonathan Edwards.* New York (World).

Miller, Perry (1953). *The New England Mind. From Colony to Province.* Cambridge, MA (Harvard University Press).

Millett, Kate (1971 [1970]). *Sexus und Herrschaft. Die Tyrannei des Mannes in unserer Gesellschaft.* Übers. von E. Schlant. München (Kurt Desch).

Mitchell, Juliet (1976 [1974]). *Psychoanalyse und Feminismus: Freud, Reich, Laing und die Frauenbewegung.* Übers. von B. Stein und H. Fließbach. Frankfurt am Main (Suhrkamp).

Mitscherlich, Alexander, & Margarete Mitscherlich (1967). *Die Unfähigkeit zu trauern.* München (Piper).

Molnar, Michael (1996 [1992]). Einführung. In: Sigmund Freud, *Tagebuch 1929–1939. Kürzeste Chronik.* Hrsg. von M. Molnar. Übers. von C. Tögel. Basel, Frankfurt am Main (Stroemfeld), S. 11–28.

Morrison, Toni (1989 [1987]). *Menschenkind.* Übers. von H. Pfetsch. Reinbek bei Hamburg (Rowohlt).

Mumford, Lewis (1934). *Technics and Civilization.* New York (Harcourt, Inc.).

Musil, Robert (1970 [1930]). *Der Mann ohne Eigenschaften.* Hrsg. von A. Frisé. Reinbek bei Hamburg (Rowohlt).

Novak, Frank G. Jr. (Hrsg.) (1995). *Lewis Mumford and Patrick Geddes: The Correspondence.* New York (Routledge).

Oliver, Paul (1978 [1960]). *Die Story des Blues: Worksongs, Ragtime, Rhythm and Blues.* Übers. von W. Hartmann. Reinbek bei Hamburg (Rowohlt).

Orwell, George (1984 [1941]). The Lion and the Unicorn: Socialism and the English Genius. In: ders., *The Orwell Reader: Fiction, Essays, and Reportage.* London (Harcourt).

Panofsky, Erwin (1979 [1944]). *Die Renaissance der europäischen Kunst.* Übers. von H. Günther. Frankfurt am Main (Suhrkamp).

Parsons, Talcott (1954 [1942]). Propaganda and social control. In: ders., *Essays in Sociological Theory, Pure and Applied.* Glencoe, IL (Free Press), S. 89–109.

Patterson, Orlando ((1985). *Slavery and Social Death: A Comparative Study.* Cambridge, MA (Harvard University Press).

Peacock, Sandra J. (1988). *Jane Ellen Harrison: The Mask and the Self.* New Haven (Yale University Press).

Perkin, Harold James (1989). *The Rise of Professional Society: England Since 1880.* New York (Routledge).

Perls, Frederick S., Ralph Hefferline & Paul Goodman (1951). *Excitement and Growth in the Human Personality.* New York (Julian).

Polanyi, Karl (1990 [1944]). *The Great Transformation. Politische und ökonomische Ursprünge von Gesellschaften und Wirtschaftssystemen.* Über. Von H. Jelinek. Nachdr. Frankfurt am Main (Suhrkamp).

Poor, Harold L. (1968). *Kurt Tucholsky and the Ordeal of Germany, 1914–1935.* New York (Scribner's).

Radicalesbians (1970). *Woman-Identified Woman.* https://repository.duke.edu/dc/wlmpc/wlmms 01011 (zuletzt aufgerufen am 10. Juni 2021).

Ramas, Maria (1980). Freud's Dora, Dora's hysteria. *Feminist Studies* 6: 472–510.

Rank, Otto (1997 [1924]). *Das Trauma der Geburt.* Gießen (Psychosozial).

Reich, Wilhelm (1933). *Die Massenpsychologie des Faschismus.* Kopenhagen (Verlag für Sexualpolitik).

Reich, Wilhelm (1971 [1930]). *Die sexuelle Revolution. Zur charakterlichen Selbststeuerung des Menschen.* Frankfurt am Main (Europ. Verlagsanstalt).

Reich, Wilhelm (1972 [1932]). *Der Einbruch der sexuellen Zwangsmoral. Zur Geschichte der sexuellen Ökonomie.* Köln (Kiepenheuer & Witsch).

Reilly, John M. (1986). Richard Wright and the art of non-fiction: Stepping out on the stage of the world. *Callaloo* 29: 507–520.

Rich, Adrienne (1975). *On Lies, Secrets, and Silence: Selected Prose, 1966–1978.* New York (Norton).

Rieff, Phillip (1951). The meaning of history and religion in Freud's thought. *Journal of Religion* 31(2).

Rieff, Philip (1971). *Freud: The Mind of the Moralist.* Chicago (University of Chicago Press).

Riesman, David (1956 [1950]). *Die einsame Masse.* Übers. von R. Rausch. Reinbek bei Hamburg (Rowohlt).

Ring, Jennifer (1987). Saving objectivity for feminism: MacKinnon, Marx, and other possibilities. *Review of Politics* 49(4).

Riviere, Joan (1940). Brief an Melanie Klein, 3. Juni. PP/KLE/C95, British Psychoanalytic Society Archives.

Robinson, Cedric J. (1978). The emergent marxism of Richard Wright's ideoloy. *Race and Class*, 1. Januar.

Robinson, Paul A. (1969). *The Freudian Left: Wilhelm Reich, Geza Roheim, Herbert Marcuse.* New York (Harper & Row).

Rodgers, Daniel T. (2012). *Age of Fractures.* Cambridge, MA (Harvard University Press).

Rogin, Michael Paul (1967). *The Intellectuals and McCarthy: The Radical Specter.* Cambridge, MA (MIT Press).

Rosen, Ruth (2006). *The World Split Open: How the Modern Women's Movement Changed America.* New York (Penguin).

Rosenberg, N. (1982). The growing role of science in the innovation process. In: Carl Gustaf Bernhard et al. (Hrsg.). *Science, Technology and Society in the Time of Alfred Nobel.* New York (Oxford University Press), S. 231–246.

Ross, Kristin (2002). *May '68 and Its After-Lives.* Chicago, IL (University of Chicago Press).

Rowley, Hazel (2001). *Richard Wright: The Life and Times.* New York (Henry Holt).

Rubin, Gayle (1975). The traffic in women. In: Rayna R. Reiter (Hrsg.). *Toward an Anthropology of Women.* New York (Monthly Review).

Sadie, John, & Stanley Tyrell (Hrsg.) (2001). *The New Grove Dictionary of Music and Musicians. Vol. 3.* London / New York (Grove Macmillan).

Said, Edward (2004 [2003]). *Freud und das Nichteuropäische.* Übers. von M. Mandelkow. Zürich (Dörlemann).

Sartre, Jean-Paul (1994 [1946]). *Überlegungen zur Judenfrage.* Übers. von V. von Wroblewsky. Reinbek b. Hamburg (Rowohlt).

Sartre, Jean-Paul (2010 []). *Das Sein und das Nichts.* Übers. von H. Schöneberg und T. König. Reinbek b. Hamburg (Rowohl).

Sassoon, Siegfried (1937). *The Complete Memoirs of George Sherston.* London (Faber and Faber).

Scarry, Elaine (1987). *The Body in Pain. The Making and Unmaking of the World.* New York (Oxford University Press).

Schlesinger, Arthur Jr. (1970). *The Vital Center: The Politics of Freedom.* London (Deutsch).

Scholem, Gershom (1975]). *Walter Benjamin. Die Geschichte einer Freundschaft.* Frankfurt am Main (Suhrkamp).

Scholem, Gershom (1980 [1941]). *Die jüdische Mystik in ihren Hauptströmungen.* Frankfurt am Main (Suhrkamp).

Schorske, Carl E. (2004 [1998]). Die ägyptische Ausgrabung: Freuds Pseudo-Archäologie der Kulturen. In: ders., *Mit Geschichte denken. Übergänge in die Moderne.* Übers. von G. Illetschko und E. M. Vogt. Wien (Löcker), S. 223-249.

Schorske, Carl E. (2017 [1980]). *Wien. Geist und Gesellschaft im Fin de Siècle.* Übers. von H. Günther. Wien (Molden).

Schrecker, Ellen (1999). *Many Are the Crimes.* Princeton (Princeton University Press).

Sengoopta, Chandak (1996). The Unknown Weininger: Science, Philosophy, and Cultural Politics in Fin-de-Siècle Vienna. *Central European History* 29(4), Dezember.

Simmel, Ernst (1918), Kriegs-Neurosen und »Psychisches Trauma«. Ihre gegenseitigen Beziehungen dargestellt auf Grund psycho-analytischer, hypnotischer Studien. München, Leipzig (Nemnich). http://idb.ub.uni-tuebingen.de/opendigi/JfII501#p=88 (zuletzt aufgerufen am 4. August 2021).

Skidelsky, Robert (1977). *The End of the Keynesian Era.* New York (Palgrave Macmillan).

Slezkine, Yuri (2004). *The Jewish Century.* Princeton (Princeton University Press).

Smith, Adam (1905 [1799]). *Untersuchung über das Wesen und die Ursachen des Volkswohlstandes.* Berlin (Prager).

Smith-Rosenberg, Carol (1975). The female world of love and ritual. *Signs* 1, no. 1: 1–29.

Snyder, Timothy (2013 [2010]). *Bloodlands. Europa zwischen Hitler und Stalin.* Übers. von M. Richter. München (dtv).

Sollors, Werner (2001). Jean Toomer's *Cane*: Modernism and Race in Interwar America. In: Geneviève Fabre & Michael Feith (Hrsg.). *Jean Toomer and the Harlem Renaissance.* New Brunswick, NJ (Rutgers University Press).

St. Clair Drake, John Gibbs, & Horace R. Cayton (1945). *Black Metropolis: A Study of Negro Life in a Northern City.* New York (Harcourt, Brace & Co.). Erweiterte Neuausgabe Chicago (Chicago University Press) 2015.

Stalley, Marshall (Hrsg.) (1972). *Patrick Geddes: Spokesman for Man and the Environment.* New Brunswick, NJ (Rutgers University Press).

Stansky, Peter, & William Abrahams (1994). *London's Burning: Life, Death, and Art in the Second World War.* London (Constable).

Stanton, Elizabeth Cady (1892). Solitude of the Self. Rede vor dem U.S. Sentate Committee on Woman Suffrage. 20. Februar. In: Mario Jo Buhle & Paul Buhle (Hrsg.). *The Concise History of Women's Suffrage.* Urbana, IL (University of Illinois Press) 1978, S. 325f.

Steffens, Lincoln (1931). *Die Geschichte meines Lebens.* Übers. von Heidi Specker. Zürich (Artemis) 1948.

Stein, Gertrude (1996 [1937]). *Jedermanns Autobiographie.* Übers. von M.-A. Stiebel. Frankfurt am Main (Suhrkamp).

Steinbeck, John (1940 [1939]). *Früchte des Zorns.* Übers. von K. Lambrecht. Zürich (Humanitas).
Sterba, Richard (1985 [1982]). *Erinnerungen eines Wiener Psychoanalytikers.* Frankfurt am Main (Fischer).
Sullivan, Harry Stack (1950). The illusion of personal identity. *Psychiatry* 13: 317–332.
Suttie, Ian (1935). *The Origins of Love and Hate.* London (Kegan, Trench, Trubner).
Szasz, Thomas Stephen (1963). *Law, Liberty, and Psychiatry: An Inquiry into the Social Uses of Mental Health Practices.* New York (Macmillan).
Tate, Claudia (1998). *Psychoanalysis and Black Novels: Desire and the Protocols of Race.* New York (Oxford University Press).
Taylor, Charles (1994). *Multiculturalism: Examining the Politics of Recognition.* Princeton (Princeton University Press).
Temin, P. (1981). The future of the new economic history. *Journal of Interdisciplinary History* 12(2).
Tilly, Louise A., & Joan Scott (1988). *Women, Work, and the Family.* New York (Routledge).
Tocqueville, Alexis de (1945 [1835]). *Democracy in America.* New York (Vintage).
Tolstoi, Leo (1982 [1863–1869]). Zweiter Teil des Epilogs. Übers. von W. Kasack. in: *Krieg und Frieden.* Bd. 4. Frankfurt am Main (Insel).
Toomer, Jean (1985[1923]). *Zuckerrohr.* Übers. von M. Plessner. Berlin (Ullstein).
Toomer, Jean (1996 [1921]). Negro Psychology in *The Emperor Jones.* In: *Jean Toomer: Selected Essay and Literary Criticism.* Hrsg. von Robert B. Jones. Knoxvielle (University of Tennessee Press).
Torrey, E. Fuller (1992). *Freudian Fraud: The Malignant Effect of Freud's Theory on American Thought and Culture.* New York (Harper Perennial).
Toynbee, Arnold J. (1949 [1934ff.]). *Studie zur Weltgeschichte. Wachstum und Zerfall der Zivilisation.* Übers. von F. W. Pick. Zürich, Wien (Europa-Verlag).
Tucholsky, Kurt (1919). Wir Negativen. *Die Weltbühne*, Nr. 12, 10. März. https://tucholsky-gesellschaft.de/1919/03/13/kurt-tucholsky-wir-negativen/ (zuletzt aufgerufen am 24. Mai 2021).
Turner, Lou (2003). Fanon Reading (W)right, the (W)right Reading of Fanon: Race, modernity and the fate of humanism. In: Robert Bernasconi & Sybol Cook (Hrsg.). *Race and Racism in Continental Philosophy.* Bloomington (University of Indiana Press).
Vergès, Françoise (1997). Creole skin, black mask: Fanon and disavowal. *Critical Inquiry* 23(3).
Wagner, Richard (1913 [1881]). Erkenne Dich selbst! In: *Sämtliche Schriften und Dichtungen.* Bd. X. Leipzig (Breitkopf & Härtel).
Walker, Margaret (2000). *Richard Wright. Daemonic Genius.* Brentwood, TN.
Waring, Stephen P. (1991). *Taylorism Transformed: Scientific Management Theory Since 1945.* Chapel Hill, NC (University of North Carolina Press).
Weber, Marianne (1989 [1926]). *Max Weber. Ein Lebensbild.* München, Zürich (Piper).
Weber, Max (1986 [1904–1905]). Die protestantische Ethik und der Geist des Kapitalismus. In: ders., *Gesammelte Aufsätze zur Religionssoziologie.* 8. Aufl. Bd. 1. Tübingen (Mohr).
Weber, Max (2013 [1921–1922]). *Wirtschaft und Gesellschaft. Soziologie. 1919–1920. Unvollendet.* Max Weber Gesamtausgabe, Bd. I/23. Hrsg. von K. Borchardt, E. Hanke & W. Schluchter. Tübingen (Mohr).

Weber, Max (2017 [1915]). Zwischenbetrachtung: Theorie der Stufen und Richtungen religiöser Weltablehnung. In: ders., *Ausgewählte Beiträge zur Religion und Gesellschaftsordnung.* (Musaicum Books), S. 796-844. https://play.google.com/books/reader?id=RIJFDwAAQBAJ&pg=GBS.PT1&hl=de&printsec=frontcover (zuletzt aufgerufen am 4. August 2021).

Weininger, Otto (1980 [1903]). *Geschlecht und Charakter. Eine prinzipielle Untersuchung.* München (Matthes & Seitz).

Weinstein, Fred, & Gerald M. Platt (1969). *The Wish to be Free: Society, Psyche, and Value Change.* Berkeley, CA (University of California Press).

Wertham, Fredric (1941). *Dark Legend. A Study in Murder.* New York (Duell, Sloan, and Pearce).

Westbrook, Robert (2004). *Why We Fought: Forging American Obligations in World War II.* Washington, DC (Smithsonian).

Wolfe, Alan (1981). *America's Impasse: The Rise and Fall of the Politics of Growth.* New York (Pantheon).

Woolf, Virginia (2018 [1938]). *Ein Zimmer für sich allein.* Übers. von A. Monte. Stuttgart (Reclam).

Wright, Richard (1937). Blueprint for Negro Writing. *New Challenge* 2. https://genius.com/Richard-wright-author-blueprint-for-negro-literature-annotated (zuletzt aufgerufen am 4. April 2021).

Wright, Richard (1944). I tried to be a communist. https://genius.com/Richard-wright-author-i-tried-to-be-a-communist-annotated (zuletzt aufgerufen am 4. August 2021).

Wright, Richard (1946). Psychiatry Comes to Harlem. *Time*, 1. Dezember.

Wright, Richard (1948). Clinic for Sick Minds. *Life*, 23. Februar.

Wright, Richard (1954). *Savage Holiday.* Jackson, MI (University Press of Mississippi).

Wright, Richard (1960). »Forword«, in: Paul Oliver, *Blues Fell This Morning: The Meaning of the Blues.* New York (Horizon).

Wright, Richard (1960 [1958]). *Der schwarze Traum.* Übers. von W. von Grünau. Hamburg (Claassen).

Wright, Richard (1961 [1961]). Der Mann, der nach Chicago ging. Übers. von E. von Cramon. In: ders., *Der Mann, der nach Chicago ging. Erzählungen.* Hamburg (Claassen), S. 221–266.

Wright, Richard (1961 [1942]). Der Mann, der unter der Erde lebte. In: ders., *Der Mann, der nach Chicago ging. Erzählungen.* Hamburg (Claassen), S. 9–78.

Wright, Richard (1961 [1957]). Mann für alles. In: ders., *Der Mann, der nach Chicago ging. Erzählungen.* Hamburg (Claassen), S. 121–169.

Wright, Richard (1962 [1949]). Ohne Titel, in: *Ein Gott, der keiner war.* München (dtv), S. 110–161.

Wright, Richard (1962 [1957]). *Heidnisches Spanien.* Übers. von W. von Grünau. Hamburg (Claassen).

Wright, Richard (1966 [1953]). *Der* Mörder und die Schuldigen. Übers. von R. Malchow-Huth. Hamburg (Claassen).

Wright, Richard (1978 [1945]). *Black Boy.* Übers. von K. H. Hansen. Köln (Kiepenheuer & Witsch).

Wright, Richard (1994 [1956]). *The Color Curtain. A Report on the Bandung Conference.* New York (Banner Books).

Wright, Richard (1995). *White Man, Listen.* New York (Harper).

Wright, Richard (2000). *Black Boy. A Record of Childhood and Youth.* London (Vintage Books).

Wright, Richard (2019 [1940]. *Sohn dieses Landes.* Übers. von K. Lambrecht. Berlin (Kein & Aber).

Yergin, Daniel (1990). *Shattered Peace.* New York (Penguin).

Yerushalmi, Yosef Hayim (1992 [1991]). *Freuds Moses. Endliches und unendliches Judentum.* Übers. von W. Heuß. Berlin (Wagenbach).

Zaretsky, Eli (1975). Male supremacy and the unconscious. *Socialist Revolution* 21(2).

Zaretsky, Eli (2006 [2004]). *Freuds Jahrhundert. Die Geschichte der Psychoanalyse.* Übers. von K. Binder und B. Leineweber. Wien (Zsolnay).